鈴木順子 *Suzuki Junko*

シモーヌ・ヴェイユ
「犠牲」の思想

藤原書店

シモーヌ・ヴェイユ
（1942 年頃〔34 歳〕、米、ニューヨークにて。©Sylvie Weil）

両親、兄とともに。（1916年〔8歳〕、仏、マイエンヌまたはパリにて。©Sylvie Weil）

写真館でのポートレート。（1921年〔12歳〕、スイス、バーデンバーデンにて。©Sylvie Weil）

兄アンドレと共に。
（1922年〔13歳〕、ベルギー、クノック・ル・ズットにて。©Sylvie Weil）

「哲学者シモーヌ・ヴェイユ　1929年から1940年までここに住む」。（パリ、リュクサンブール公園そば。著者撮影）

ヴェイユが寄稿した論文「待機するドイツ」の掲載された月刊誌『プロレタリア革命』表紙。（1932 年〔23 歳〕）

8e Année. N. 138. — 25 Octobre 1932. Prix : 2 frs.

la Révolution prolétarienne

Revue bi-mensuelle Syndicaliste Révolutionnaire

DANS CE NUMÉRO :

UNE VAGUE DE FOND

La Grève des Messageries Maritimes

par UN MARIN

NOS ENQUÊTES EN ALLEMAGNE

L'ALLEMAGNE EN ATTENTE

par Simone WEIL

Le Congrès des Services Publics

par L. JAYAT

高校での授業風景。（1934 年〔25 歳〕、仏、ロアンヌにて）
（*SIMONE WEIL*, Adpf, 2000 より）

スキーを楽しむ。（1935年〔26歳頃〕。Simone Pètrement, *La vie de Simone Weil*, 2ème édition, Paris, Fayard, 1997.）

ヴェイユが工場労働に従事した、ルノー工場内の風景。（1930年代、仏、ブローニュ・ビランクール。前掲 *SIMONE WEIL* より）

スペイン戦争時の軍服姿のヴェイユ。（1936年〔27歳〕、スペイン、バルセロナにて。©Sylvie Weil）

ヴェイユが神秘体験を得たソレムの教会の堂内。（仏、ソレム。*L'Abbaye Saint-Pierre de Solesmes*, 1994より）

友人デル・ヴァストと共に。
（1941 年〔32 歳〕、仏、マルセイユにて。前掲 *SIMONE WEIL* より）

『カイエ』K12 の表紙に描かれた福音書の聖句。（1942 年。*Œuvres complètes,* VI 4, Paris, Gallimard, 2006より）

FRANCE COMBATTANTE

LAISSEZ-PASSER

No. 1663 Nom lle WEIL

Prenoms SIMONE

Grade ou Profession REDACTRICE

Bureau ou Service C.N.I

Londres le 30 MARS 1943

Le Chef du Service de Sécurité

レジスタンスの身分証。（1943 年〔34 歳〕、英、ロンドンにて。©Sylvie Weil）

墓標。（英、アッシュフォード。前掲 *SIMONE WEIL* より）

はじめに

シモーヌ・ヴェイユ（一九〇九―四三）の思想と生涯をいかに語るかについては、この半世紀以上の間に、さまざまな試みがなされてきた。しかしいまだに、それらは包括的には示されていない。

ヴェイユの人生は、三十四歳八カ月と短かった。その短さは、彼女とほぼ同年生まれのフランス知識人たち、例えばシモーヌ・ド・ボーヴォワール（一九〇八―八六）、モーリス・メルロ＝ポンティ（一九〇八―六一）、クロード・レヴィ＝ストロース（一九〇八―二〇〇九）らと比較してみると、一層印象深い。彼らの名声が、主に彼らの第二次大戦以後の言論活動によるものであるのと比較すると、そうした彼らの壮年期における活躍が始まろうとする頃、すでにシモーヌ・ヴェイユは、戦時下のロンドンでのレジスタンスに渾身の力をふりしぼって力尽き、その人生を終えていたのである。

しかし、その生涯の短さが信じられないくらい、ヴェイユの活躍した地域は非常に広範囲に渡り、また書き残した文献の量も多い。ヴェイユが稀に見る充実度で、三五年足らずの生涯を生き切ったことがそこから伝わってくる。したがって、シモーヌ・ヴェイユという人間、彼女の思想は、たとえ彼女が早逝したからといって、一つのレッテルを貼ってそれで把握してしまえるようなコンパクトなものでは決してなく、それはかなり複雑で重量感のある多面体と言っても過言ではない。これまで彼女の真実の姿に接近しようとする試みは多々あったにもかかわらず、得られてきたヴェイユ像が、その人の立場、信条、興味、時代などによって様々だったのはそのためである。

ここで手短にヴェイユの一生を振り返ってみよう。

シモーヌ・ヴェイユは、一九〇九年、パリのユダヤ系知識人家庭に生まれ、名門フェヌロン校に二年飛び級で入学、その後アンリ四世高校に進むと、哲学をアランに学び、多大な影響を受ける。高等師範学校を出てからは、フランス各地で女子高校の教授として哲学の講座を受け持つ。受験指導とは無縁の個性的な授業をして学生には深い印象を与えたが(『哲学講義』)、教育行政当局からは評価されず、フランス南部(ル・ピュイ)、中央部(オセール、ロアンヌ、ブールジュ)、北部(サンカンタン)の五つの高校を転々とすることになった。教育活動としては、その他、社会人とくに労働者のための民衆大学や教養講座の設立・運営に積極的にかかわり、パリでも、また赴任先でも、長い間ボランティアで教えていた。

彼女の肩書きは高校哲学教授であるに違いないが、しかし彼女の情熱は、教育や哲学研究以外にも向けられていた。国内政治については、二十代の間は積極的に労働組合運動や、平和運動にかかわり、政治的パンフレットも多数書き、集会やデモに熱心に参加した。国際情勢については、両大戦間の暗い時代の中で、ナチスの台頭について耳にすると、自分の目で確かめにドイツに行き、報告記を発表した。また、スペインで内戦が始まれば、周囲の反対をよそに参加し、危険な目にあって九死に一生を得る体験もした。そして、常に植民地の状況には目を配っていた。二十代半ばになると、党主導の組合運動の限界やロシア革命の失敗を悟り、『自由と社会的抑圧の原因をめぐる考察』を完成させて革命思想と訣別した(一九三四年)。さらに三十歳になると絶対平和主義者らにも幻滅して、それ以後は政治運動から離れる。しかし植民地支援や難民援助だけは行い続けた。

高校教授の仕事は、持病の偏頭痛のため、休職と復職を繰り返すことになったが、一九三四―三五年の休職期間中にヴェイユは、工場労働を八カ月間体験し、単純肉体労働者の労働状況や日常の実態、みずからの労働観の変化を『工場日記』に書き記した。肉体労働としては、工場での労働のほか、農場での農作業も何度か体験している。

怪我をして工場を辞めた一九三五年には、肉体的・精神的に深刻な危機が訪れるが、まさにその年以降、三回にわたって、キリスト教(とくにカトリック)との神秘的接触をする。さらに以後、四一年夏まで、キリストの現存を感じるという神秘体験を二回以上得た。

一九四〇年にドイツがパリを占領し、ユダヤ人排斥法が発令され、ヴェイユ家は全員が仕事を失うこととなった（父は軍医、兄は数学者）。身の安全を確保するため、一家はマルセイユに避難、さらにアメリカに亡命することになったので、シモーヌも家族に従ったが、しかしニューヨークに着いてから、「フランスでレジスタンスに参加したい」という希望が高まり、単身ロンドンまで帰欧する。

ヴェイユは二十代半ばから『カイエ』とよばれる雑記帳を書いていた。途中中断はあったものの、死の直前まで書き続けて、計一八冊残した。これは、彼女が激動の時代状況や波乱にみちた生活の中でも、読んだ本の内容や哲学的思索を書き留めるのを続けたということに他ならない。この『カイエ』は珠玉のアフォリズムの宝庫であるが、これを見ると、彼女の晩年の思索がどのように深まったか、特にどのように宗教的傾向を強めていったかがよくわかる。

マルセイユ、ニューヨーク、ロンドンと、四〇年以降ヴェイユの行動範囲は一層広がっていった。そして、迫害を逃れて避難し、また抵抗運動参加のため危険を顧みず舞い戻る、という常に緊迫した状況下だったにもかかわらず、彼女の執筆量は加速度的に増えていった。『カイエ』のほか、『科学について』『神を待ち望む』『ギリシアの泉』『神の愛に関する雑感』『前キリスト教的直観』『ある修道者への手紙』『ロンドン論集とさいごの手紙』、さらに主著『根をもつこと』。これらの作品が全て、四〇―四二年の三年間に集中して書かれていることは、彼女の当時の状況を考えると驚異的である。

ロンドンではド・ゴールのレジスタンスグループにしばらく加わっていたが、最終的には方向性の違いから袂を分かつ。そして、フランスでのより危険な地下活動に参加したいと熱望していたのにかなわず、ロンドンに足止めをされつづけたことや、当時最も力を入れていた「最前線看護婦部隊編成計画」が日の目をみなかったことなど、彼女にとっての絶望的な事態が重なり、生来の拒食傾向が一層強まる。さらに睡眠を削って行う執筆活動の無理がたたって、一九四三年四月、下宿で倒れた。栄養不良と急性肺結核とで、四カ月後に亡くなった。

本書が主眼としているのは、短い生涯の中で、このように八面六臂に活躍し、また深い思索を行いつづけた、複雑な多面体としてのヴェイユの人と思想の全体像を捉えることである。その際重要なのは、ヴェイユの一生を貫く情熱、すべての活動（哲学、政治、宗教）の背後にある一貫した内的動機、多面体の中心にあって決して変わらない軸が何であったかを把握することに他ならない。それと同時に、ヴェイユの思想が晩年に見せた宗教的な深まり、すなわちヴェイユという多面体が見せた変化の部分も有機的に把握したいと考えている。つまり晩年の宗教性の深まり、思想的変化のきっかけとなったと推測される彼女の神秘体験が、彼女の生涯変わらない一貫した動機、揺るぎない内的軸とどのような関係性にあったかを把握し、分析することを併せて行うことである。

これら二つの試み（変化しない一貫した部分を明らかにしつつ、その変化しない部分と変化した部分との関係を理解すること）を行うことで、はじめてシモーヌ・ヴェイユという多面体の全体像は把握できると思われる。その際、これまであまり取り上げられてこなかった彼女のテクストを積極的に使っていくことが必要とされることは言うまでもない。

本論に入る前に、「晩年」「最晩年」という用語について定義しておく。本論では、便宜上、一九四〇―四二年（三十一―三十三歳、マルセイユ移住期。場合によっては四〇年以降死去まで）を「晩年」、一九四二―四三年（三十三―三十四歳、ニューヨーク、ロンドン滞在期）を「最晩年」とする。三十代の一時期を「晩年」と呼ぶのは、確かに通常の感覚とはそぐわないかもしれないが、ただこの最期の数年間のヴェイユの思想的深化は顕著であり、思想分析上、これらの時期に特別な呼称が必要であるため、あえて「晩年」「最晩年」という用語を用いることにする。

シモーヌ・ヴェイユ「犠牲」の思想——目次

はじめに　1
本文中で使用するヴェイユ著作他の略号　13
序章　17
1　見出されたヴェイユ　18
2　ヴェイユ像の転換　20
3　ヴェイユ研究の現在——包括的なヴェイユ像を求めて　21
第一章　犠牲観念の誕生　31
一　暗き時代の青春——一九三〇年代のヴェイユ　32
1　労働組合運動への参加　32
2　革命への希望　36
3　大戦前夜のドイツ旅行　38
4　工場労働体験　41
5　平和主義との決別　45
6　犠牲観念の誕生　48
二　犠牲観念の深化の要因　54
1　現代の奴隷、奴隷という不幸　54

2 全体主義への危機感 58
3 神秘体験 60
三 聖書、キリストとの出会い 69
1 聖書を読むヴェイユ 69
2 キリストとの出会い 79
四 神を知る、神を食する 87
1 神 論 87
2 聖餐論 89
五 神秘体験再考 97
第二章 諸宗教における犠牲…………………………111
一 諸宗教研究の中心にある犠牲 112
1 ディオニュソス 113
2 禅仏教 129
二 新しい知の影響と犠牲 135
1 フレイザー『金枝篇』 137

2 キリストの諸表象リスト 149
三 「犠牲」を軸にした包括主義 155

第三章 社会における犠牲 …… 161

一 最晩年のヴェイユ 162
二 集団に対する自己犠牲への批判 166
1 国家に対する犠牲 167
2 祖国と犠牲——カントロヴィッチとの比較 172
3 国家、祖国、国民——ルナンとの比較 176
三 犠牲と「善への愛」 181
1 自然圏としての共同体と犠牲 181
2 伝統——普遍的な善およびその多様な現れとして 192
3 滅びゆく自然圏のための犠牲から「善への愛」へ 200
4 愛の狂気と真の犠牲——最前線看護婦部隊編成計画 204
四 社会思想の中の義務 221
1 人格主義から非人格中心へ 223

2 権利概念批判 246
3 義務の思想 259

終章 269
1 包括的なヴェイユ像の提示という試み 270
2 思想史上の「犠牲」観念について 272
3 キリスト教を超えるキリスト教 275
4 他者を生かす思想 278
5 愛の狂気による語りかけ 282

あとがき 285
注 290
シモーヌ・ヴェイユ略年譜（1909-43） 324
主要参考文献 339
人名・神名等索引 342

論集　ギリシア—インド—オック語圏」）

VI 1 : *Cahiers (1933-septembre 1941)*, 1994.（「カイエ」1）

VI 2 : *Cahiers (1941-février 1942)*, 1997.（「カイエ」2）

VI 3 : *Cahiers (février 1942-juin 1942)*, 2002.（「カイエ」3）

VI 4 : *Cahiers (juillet 1942-juillet 1943)*, 2006.（「カイエ」4）

Œ : *Œuvres* (sélection), Paris, Gallimard, coll. « Quarto », 1999.（『作品選集』）

OL : *Oppression et liberté*, Paris, Gallimard, coll. « Espoir », 1955.（『抑圧と自由』）

P : *Poèmes,* suivis de *Venise sauvée,* Paris, Gallimard, coll. « Espoir », 1968.（『詩集』）

PSO : *Pensées sans ordre concernant l'amour de Dieu,* Paris, Gallimard, coll. « Espoir », 1962.（『神の愛についての雑感』）

R : *Réflexions sur les causes de la liberté et de l'oppression sociale,* Paris, Gallimard, coll. « Idée », 1980.（『自由と社会的抑圧の原因をめぐる考察』）

S : *Sur la science,* Paris, Gallimard, coll. « Espoir », 1966.（『科学について』）

SG : *La source grecque,* 2ème édition, Paris, Gallimard, coll. « Espoir », 1963.（『ギリシアの泉』）

■ヴェイユに関する著作、刊行物■

SP : Simone Pètrement, *La vie de Simone Weil*, 2ème édition, Paris, Fayard, 1997.（シモーヌ・ペトルマン『詳伝シモーヌ・ヴェイユ』）

CSW : *Cahiers Simone Weil* ; Revue trimestrielle publiée par l'association pour l'Etude de la Pensée de Simone Weil, juin 1978-.（『カイエ　シモーヌ・ヴェイユ』学会季刊誌）

〈本文中で使用するヴェイユ著作他の略号〉

■シモーヌ・ヴェイユの著作■

AD : *Attente de Dieu,* 4ème édition, Paris, Fayard, 1966.（『神を待ち望む』）

C I, II, III : *Cahier 1, 2, 3,* 2ème édition, Paris, Plon, (I : 1970, II : 1972, III : 1975).（『カイエ』）

CO : *La Condition ouvrière,* Paris, Gallimard, coll. « Espoir; Espoir », 1951.（『労働の条件』）

CS : *La Connaissance surnaturelle,* Paris, Gallimard, coll. « Espoir », 1950.（『超自然的認識』）

E : *L'Enracinement,* Paris, Gallimard, coll. « Folio essais », 1990.（『根をもつこと』）

EHP : *Ecrits historiques et politiques,* Paris, Gallimard, coll. « Espoir », 1960.（『歴史的・政治的著作集』）

EL : *Ecrits de Londres et dernières lettres,* Paris, Gallimard, coll. « Espoir », 1957.（『ロンドン論集とさいごの手紙』）

IPC : *Intuitions préchrétiennes,* Paris, Fayard, [1951]1985.（『前キリスト教的直観』）

LP : *Leçons de philosophie de Simone Weil (Roanne 1933-1934),* 3 ème édition, Paris, Plon, 1989.（『哲学講義』）

LR : *Lettre à un religieux,* 2ème édition, Paris, Ed. du Suil, coll. « Livre de vie », 1974.（『ある修道者への手紙』）

OC : *Œuvres complètes,* Paris, Gallimard.（『全集』）

- I : *Premiers écrits philosophiques,* 1988.（「初期哲学論集」）
- II 1 : *Ecrits historiques et politiques. L'Engagement syndical (1927-juillet 1934),* 1988.（「歴史的・政治的著作集　労働運動への参加」）
- II 2 : *Ecrits historiques et politiques. L'Expérience ouvrière et l'adieu à la révolution (juillet 1934- juin 1937),* 1991.（「歴史的・政治的著作集　工場体験と革命との決別」）
- II 3 : *Ecrits historiques et politiques. Vers la Guerre (1937-1940),* 1989.（「歴史的・政治的著作集　戦争の方へ」）
- IV 1 : *Ecrits de Marseille. Philosophie, science, religion, questions politiques et sociales (1940-1942),* 2008.（「マルセイユ論集　哲学、科学、宗教、政治・社会問題」）
- IV 2 : *Ecrits de Marseille. Grèce-Inde-Occitanie (1941-1942),* 2009.（「マルセイユ

シモーヌ・ヴェイユ 「犠牲」の思想

凡例

一、本文中の引用文における省略、傍点などは、言及がない限り、すべて引用者による。
一、引用文への引用者による補足は〔　〕で示した。
一、外国語文献の引用は、邦訳がある場合はその訳文を引用したが、文脈に応じて適宜改訳した。

序章

「はじめに」で述べたように、ヴェイユの一生は、三四年八カ月という短いものだったにもかかわらず、彼女の活動地域は並外れて広範で、フランス各地、ドイツ、スペイン、アメリカ、イギリスに及んでいた。また、たずさわった仕事や活動は、高校哲学教育、労働組合運動、平和運動、工場労働、スペイン内戦、ドイツ視察、難民援助、農作業、自らの亡命、レジスタンス活動、など多岐にわたっていた。何より彼女が書き残したテクストは量・質ともに非常に豊かであって、一九八八年以降刊行中のガリマール社全集では全一六冊が予定され、内容は哲学、宗教、政治、社会、科学、詩、戯曲から手紙まで広範囲に及ぶ。ヴェイユが多面的な存在であったことは確かであり、したがって、ヴェイユの真実の姿に接近しようとする試みは、時代により、また語る者の思想信条、興味によりこれまでかなり多様となったのだった。

1　見出されたヴェイユ

ヴェイユの生前には著作の出版はなく、死後四年経って初めて『重力と恩寵』(一九四七年)[1]が発表された。彼女は一九三三年から四二年の間に書いた一一冊の雑記帳を、アメリカに亡命する前、友人のギュスターヴ・ティボンに託しており、ヴェイユの死後それらをティボンが編集して表題をつけ、世に出したのである。ティボンはカトリックの信仰の篤い農民哲学者として多くの本を書いた人物だが、彼の思想傾向に沿った編集が施されたこの本は、戦後のフランスでベストセラーになるほどの売れ行きを見せ、多くの知識人にも読まれて大きな反響を呼んだ。一九五〇年代フランスにおけるヴェイユの『重力と恩寵』の受容については、アンドレ・ドヴォーの論文に詳しいが、[2] そこでは、当時いかにこの著作がフランスに驚きをもって受け入れられたか、そしていかにヴェイユの思想や文章に対する高い評価が決定的になったかがわかる。戦後で混乱していたフランス人がヴェイユの文章の中に何かしらのゆるぎない価値観を見出したということであったのだろうし、また、ティボンによるパスカル『パンセ』（ブランシュヴィック版）風の編集が読みやすさという点で貢献したことが推測される。

このヴェイユのキリスト教的な側面を引き続き強調して彼女を紹介したのが、ヴェイユが生前に交流のあったペラン神父である。ヴェイユがペラン神父に宛てた手紙その他を、神父自身が編集し題名をつけて出版したのが『神を待ち望む』（一九五〇年）であり、[3] これは、ヴェイユの著作としてはいまだにティボンの『重力と恩寵』と並んで最も一般的知名度の高いものである。この本の中には、ヴェイユが神父に自分の神秘体験を告白した手紙が収録されており、これによってヴェイユが現代におけるキリスト教的神秘家であるという決定的印象が与えられることになった。その後、ペラン神父は『回想のシモーヌ・ヴェイユ』（一九五二年。ティボンとの共著）、『シモーヌ・ヴェイユへの返答』（一九六四年。ヴェイユの教会批判の書である『ある修道者への手紙』（一九五一年）へのカトリック教会側に立っての返答、共著）などの出版を相次いで行った。フランスにおけるヴェイユの受容はまずはティボンとペラン神父の手を通して開始され、特に彼女の晩年におけるキリスト教への傾斜の紹介が主となったといってよいだろう。

2　ヴェイユ像の転換

実は、ティボン、ペラン神父によって紹介された彼女の晩年の宗教性は、一九三〇年代にパリで共に二十代を過ごした友人・知人にとっては驚き以外の何物でもなかった。そのころの彼女は、周囲にはアナルコサンディカリストとして知られており、熱心な組合活動家、反戦平和運動家としての印象が強かったからである。また家族でさえ、彼女が晩年宗教的傾向を強めていたことを知らずにいた。そこで、一九六〇年代という、学園闘争や労働組合のゼネスト、五月革命などが相次いだ時代的背景もあって、ティボンやペラン神父による紹介の仕方は、ヴェイユの生涯の一面しか見せていないものという批判が次第に起きる。

そこで次に読まれるようになったのが、アルベール・カミュ監修のガリマール社「エスポワール叢書」に収録されたヴェイユのさまざまな著作である。実は一九五〇年代を通じて、カミュは、自ら監修した「エスポワール叢書」の中に、多くのヴェイユの著作を採用し、出版に尽力していた。カミュは一九四六年に独自にヴェイユの数多くの遺稿を知ってその真価を見抜き、ティボンやペラン神父とは別の見地から彼女が一九三〇年代の思想家として稀有な価値を持っていることを評価、彼女のさまざまな分野における著作群が刊行されるよう後押しした。そのおかげで、一九六〇年代には彼女の宗教方面に限らない多様な執筆活動が世に知られるようになり、ヴェイユ受容の幅を広げることが可能になったといえる。

『根をもつこと』（一九四九年）、『超自然的認識』（一九五〇年）、『ある修道者への手紙』（一九五一年）、『労働の条件』（一九五一年）、『ギリシアの泉』（一九五三年）、『抑圧と自由』（一九五五年）、『ロンドン論集とさいごの手紙』（一九五七年）、『歴史的・政治的著作集』（一九六〇年）[4]といった著作が立て続けに出版され（ただし題名中、ヴェイユの手によるものは『根をもつこと』のみ）、晩年の文明論、古典ギリシアへの傾倒や教会批判、レジスタンス活動の一面、また、若い頃の労働問題への関与、政治・社会論、植民地経営批判など、ヴェイユのさまざまな側面が多くの著作から見えてくることになった。このように、ヴェイユの著作をガリマール社から出版させたカミュが、ヴェイユの紹介に果たした役割は非常に大きい。

前述の通り、一九六〇年代には、特に『労働の条件』、『抑圧と自由』、『歴史的・政治的著作集』といった著作が注目を集めた。これらは主として、一九三〇年代前半に二十代のヴェイユが書いた政治的文書であり、その中に見られる彼女の、教条的なマルクス主義に対する批判やアナルコサンディカリズムへの共感などが、時代的な要請にも合って高い評価を受けることになった。

3　ヴェイユ研究の現在——包括的なヴェイユ像を求めて

一九七〇年代には、ヴェイユの二十代における政治的言動や三十代における宗教的側面だけでなく、彼女が本質的に一貫して哲学的な人間であったということを示す試み、すなわち形而上学的、宗教哲学的に彼女に接近しようとする研究が始まった。彼女のプラトンやキリスト教的神秘主義からの影響をさまざまな概念やテーマの下に分析し、彼女を哲学史もしくは宗教哲学史に正当に位置づけしようと試みる研究である。そのため、ギリシア古典の素養を持ち、デカルトやカント、スピノザまたラニョーやアランの直接的影響を受けたヴェイユがクローズアップされることになる。

そうした研究においては、彼女の思想の変遷を追うための資料として雑記帳（全一八冊）を扱うことが必要になってくるが、当然のことながら、一九七〇年代以降の研究では、ティボンの編集の手が入っている『重力と恩寵』ではなく、その雑記帳をできる限りそのままの形で出版した『カイエ』（一九七〇―七四年）(5)および『超自然的認識』（一九五〇年）が用いられるようになった。また彼女のマルセイユ時代（一九四〇―四二年）のプラトンやギリシア悲劇研究の成果がみられる『ギリシアの泉』（一九五三年）もよく取り上げられるようになった。

ヴェイユを哲学的にあつかった嚆矢として、ミシェル・ナルシー、そして宗教哲学の分野ではミクロス・ヴェート(6)が挙げられる。ナルシーはプラトンを中心とするギリシア古典の真髄をヴェイユがいかに血とし肉となしたか、またそこから彼女独自の思想が生成した過程を示した。また、ヴェートはドイツ観念論とヴェイユの比較対照も行いながら、ヴェイユを宗教哲学者として評価することを初めて行った。これら両研究はヴェイユ研究史において看過することのできない精密な哲学的研究となった(7)。

また、一九七〇年代には、ヴェイユの決定的な伝記が、ヴェイユを高校時代からよく知る親友であり哲学者のシモーヌ・ペトルマンによって発表され、以後のヴェイユ研究はこれを無視しては行い得なくなった。それまでにも既に、ジャック・カボーによるヴェイユの詳細な伝記が二冊出版されていたが、ペトルマンはヴェイユの遺族からも多くの未公開資料の提供を受け、貴重な一次資料を多く含む、浩瀚な伝記的研究書を書き上げた。[8]

一九八〇年以降も、七〇年代にナルシー、ヴェートによって開始された哲学的研究の流れに沿ったヴェイユ研究が進んでいる。まず、ロルフ・クーン、冨原眞弓、エリック・O・スプリングステッドはそれぞれ「脱創造」(クーン)、「仲介」(冨原、スプリングステッド)という観念がヴェイユの思想の中心にあるとし、そのテーマに従ってヴェイユのテクストを分析、把握しようとした。[9] 特にこれら一九八〇年代のヴェイユ研究の全体的特徴としては、ヴェイユの一九三八年以降の神秘体験を突発的な啓示的出来事ととらえるのではなく、むしろヴェイユにもともとあった宗教哲学的素質が成熟した帰結であったとする傾向が顕著になったことである。ヴェイユの神秘体験を宗教的回心とは結びつけず、彼女元来のキリスト教的プラトニスムの傾向を強めた契機にすぎないと位置づけようと試みているのである。そこで共通して目指されているのは何よりも、彼女の生涯、思想が神秘体験を経て二つに分かれるという一九五〇、六〇年代を通じて培われてしまった「二つのヴェイユ」像の転換を根本から図ることに他ならない。神秘体験をはさんで政治的ヴェイユと宗教的ヴェイユがいるというこの「二つのヴェイユ」の統一を図り、綜合的なヴェイユ像を提示することは、特に一九八〇年代以降のヴェイユ研究の動機の主流となり、多くの研究者がそれに沿ってヴェイユのテクスト読解に取り組むことになった。それに伴い、ヴェイユの哲学者としての評価やフランス哲学史における位置づけなども同時に試みられるようになった。

一九九〇年代以降は、ガリマール社によってヴェイユ全集が順次刊行されつつあり、注の豊富さ、テクストクリティークの正確さなどから見てもその学問的寄与の大きさは計り知れない。『重力と恩寵』『カイエ』(プロン社)『超自然的認識』は、すべて『カイエ』とされ、K1〜K18と番号を振られて執筆順にまとめられた。また『ギリシアの泉』『前キリスト教的直観』『神の愛についての雑感』『科学について』『神を待ち望む』は『マルセイユ論集』と題されて吸収され、全集ではヴェイユの手によらない題名はすべて消滅することになった。また、これまで読むことができなかった彼女のリセ、高等師範時代の書簡も所収され、十代の頃の文学的作品、哲学的習作が研究対象に含められるようになった。

二十一世紀に入ってからの研究傾向を見ても、哲学者としてのヴェイユをどう位置づけるか、統一的ヴェイユ像をどう描くのかという一九七〇年代以来の大きな流れは変化していない。ロベール・シュナヴィエ[10]は、「労働」というテーマこそヴェイユの生涯を一貫している中心テーマであると主張し、またエマニュエル・ガブリエリ[11]は、ポール・リクール等の影響の下、現象学的手法も用いながら、ヴェイユの宗教哲学の中心にキリスト教的「贈与」概念を認めるに至った。

ヴェイユ研究の蓄積は以上のように、既に非常に豊富であり、どれも誠実なテキストの読みに基づいた貴重な研究ではあるのだが、しかし、われわれにはまだ大きな問題が残されていると思われる。

まず、ヴェートは一九七〇年代初めに、ヴェイユの政治的・社会的活動やその他の伝記的事実と彼女のテクストを切り離して考えることからヴェイユの学問的研究を始めるべきであるとし、それ以後のヴェイユ研究の動向が決定づけられたわけだが、果たしてそれがヴェイユ研究における唯一妥当な方法論なのかどうかという問題は、今一度検討されてもよいのではないだろうか。なぜなら、全集の刊行が進み彼女のテクストが一望の下に概観できるようになりつつある今、あらためて彼女の三四年間すべての執筆活動を振り返ってみると、彼女が純粋に形而上学的な興味でテクストを書いていたのは、学生時代とマルセイユ時代の数年間だけであったということに気づかされるからである。一九三〇年代前半は労働問題や平和運動関係の政治的パンフレット、一九三〇年代末の神秘体験以降は諸宗教研究、また一九四〇年代初めの最晩年(一九四二—四三年)は宗教色の色濃い政治的テクストなど、純粋に哲学的とはいえないテクストをヴェイユは一生のうちに非常に数多く書いている。そこから推測するに、形而上学や宗教哲学的思考とその軌跡を書き留めることは、彼女にとっては自らの思考を研ぎ澄ませるための手段として必要ではあったが、しかし自前の哲学を構築することには、彼女は全く興味がなく、したがってそれが彼女の生の目的でなかったことは明らかではないかということだ。それから、彼女は、生涯折に触れて哲学的思考を重ねつつも、一貫して何らかの社会的な活動を続けており、このことから見て取れるのは、思弁や内省の記録を残すことも、人々に現実を変えるよう訴えかける書簡を書くことも、彼女はすべて同じ情熱をもって行っていたと考えるのが自然ではないかということである。またそれらは、すべて同一の動機から行われていたようにも見える。したがってわれわれは、それら個々のヴェイユの活動を細分化することなく、またそれら彼女の行為のあれこれに軽重をつけることなく、彼女を常に前へ前へと押し進めていたものは何か、彼女が生を賭けて目指していたものは何か、彼女の生涯を貫いている唯一の内的動機は何かを突き止めることこそが重要であり、それが真実のヴェイユ像に接近する方法に他ならないと考える。

次に、一九七〇年代以降の研究における形而上学的、宗教哲学的なヴェイユのテクストへのアプローチにおいては、取り扱うことが難しいテクストがあり、いくつかの文献についてはその位置づけがいまだに不明となっているという問題である。それは具体的には、『カイエ』、『ある修道者への手紙』、『神の愛についての雑感』に含まれるヴェイユの諸宗教研究のテクスト類、また『ロンドン論集とさいごの手紙』に含まれる一九四〇年以降彼女の主たる関心であった「最前線看護婦部隊編成計画」などである。これは、特に二〇〇三年に出されたエマニュエル・ガブリエリの包括的かつ詳細な研究を待っても解決されなかった問題であり、こうしたヴェイユ研究史の中でいまだに看過されつづけているヴェイユのテクストに光を当て、正当に評価し位置づけることは必要である。またそのためには、ヴェイユが西洋哲学史の枠組みを超える一面を持っていたことを明らかにし、それよりも一層大きな枠組みの中でヴェイユを見る視点を設定する必要があることを問題提起したい。

また、特に一九八〇年代以降、統一的なヴェイユ像を示そうとする試みがヴェイユ研究の主流であることは既に見たが、たとえば、その中ではロベール・シュナヴィエが行った、ヴェイユの十代から最晩年を一貫する概念として「労働」に注目するという研究は、その点では一定の成功をおさめ得たと思われる。また日本におけるヴェイユ研究の第一人者である冨原眞弓がこれまで提示してきたヴェイユ像も、背後に同様の基本方針に基づく研究があったことは明らかである。(12) しかし、そうした研究方針が徹底されればされるほど、ヴェイユの三〇年代前半の政治的テクストと、晩年の宗教色の濃い政治的テクストとの間の色合いの違いの説明が難しくなることは否めない。やはり、彼女の生涯の一貫性にこだわるあまり、ヴェイユの神秘体験が彼女に与えたインパクトをあまりに軽視することになることはヴェイユ研究においては避けるべきであり、それはかえってヴェイユの真の姿を描きそこなう危険性すら生むのではないか。ヴェイユの神秘体験がもたらした内的変化については、ペラン神父やティボンとは異なるやり方で、しかし彼女のその内的変化と一貫性とを共に視野に入れた客観的テクスト分析のもとで、取り上げてゆく必要があるのではないだろうか。

本書においては、以上の三つの大きなヴェイユ研究史上の未解決の問題に取り組んでいきたい。すなわち、第一に、ヴェイユの神秘家、活動家、哲学者、歴史家などすべての側面を有機的に関連づけ総合したヴェイユ像を描くということである。また、第二に、これまでカトリック神学、社会主義思想史、西洋哲学史のどの枠組みにも属さず、それらの枠組みにヴェイユを押し込めようとした場合にそこからはみ出し評価を拒むようなヴェイユのいくつかのテクストを、むしろ積極的にとりあげ、より大きな視野の中でそれらの位置づけを試みてみたいということである。さらに、第三に、ヴェイユの前半生と後半生の統一性を示そうとするあまり、かえってわれわれがいま見失いつつあるヴェイユの神秘体験の意義を、あらためてその大きな視野におきなおして再考したいと考える。

その際われわれは、本論では「犠牲」の観念に注目してゆくつもりである。なぜなら、この観念こそ、ヴェイユの生涯において一貫してあらわれ続け、また宗教、政治、哲学、諸宗教研究など彼女が書いたほぼすべての分野においてみられるのだが、しかしある時期を境に意味内容が変化する観念だからである。この観念こそ、上記の三つの試みの手がかりとなるものではないか、また彼女の生涯を貫く内的動機と深い関係をもつのではないかと思うからである。

例えば、『哲学講義』(一九三三年)他の著作をみると、そこでは、「犠牲」という言葉はどちらかといえば批判的に用いられ、特に全体主義国家(スターリン体制下のソ連、ファシズム台頭期のドイツ、イタリア）において国家のため個人が社会的・経済的に「犠牲」とされていることにヴェイユが違和感を表明する文脈で使われている。しかし、最晩年に書いた『根をもつこと』（一九四三年）には、共同体の歴史的過去および普遍的倫理価値に根をもち、その共同体のためには生命の「犠牲」を厭わぬ人々が集って創出する社会の姿が描かれている。そのようにして生まれる共同体こそが、第二次大戦後のヨーロッパ各国において目指されるべき、政治的・経済的・文化的に堅実で平和な地域社会とされている。まさに、「犠牲」によって生じた聖性とその聖性にもとづく普遍的宗教性が、個人の魂の救済のみならず、政治においても全体主義に対する民主主義の危機を救い、文明を生き生きと甦らせる作用をする一筋の希望として語られるのである。われわれは、この犠牲の観念を通じて、前述の研究史上の未解決の課題に答えてゆきたいと考えている。具体的には、一九三三年から四三年というこの一〇年の間に、彼女の「犠牲」という用語の用い方の変化、意味内容・使用文脈の拡大はなぜ起きたのだろうか、また、いったいなぜ彼女は最晩年に、これほど激しく「犠牲」の観念にとりつかれたのだろうか、という疑問に取り組むことから始めたい。

第一章　犠牲観念の誕生

一　暗き時代の青春——一九三〇年代のヴェイユ

一九三〇年代は大恐慌の影響が深刻さを増しナチスが台頭するなど、二十世紀の歴史全体を見たとき明らかに転換点となったと思われる出来事が相次いで起きた時代であった。世界が再び戦争に向かおうとするこの暗い時代に二十代を過ごしたシモーヌ・ヴェイユのその若い日々は、平和への強い願いと不平等が増す社会への怒りで満ち、それを実際に行動で示し続けるという、激しいパトスに満ちたものだった。しかし、彼女の切実な思いと行いはことごとく時代の流れの中で押しつぶされ、彼女の青春は結局挫折の連続とならざるを得なかった。彼女の「犠牲」の観念が生まれるその背後には、そうした一九三〇年代の時代・地域的状況の中における彼女の苦悩があったことを見逃すわけにはゆかない。本節では、ヴェイユの若き日の思想や行動をそれら時代・地域的状況と関連づけながら見てゆく(1)。

1　労働組合運動への参加

シモーヌ・ヴェイユが二十歳になった一九二九年は、ニューヨーク株式取引所での株の大暴落をきっかけに世界経済恐慌が始まった年である。この前年からヴェイユはパリ高等師範学校の学生であったが、学士論文を準備する傍ら、当時労働条件が悪くなりつつあった労働者の生活実態を懸念していくつかの労働組合とかかわり、[2]労働者のおかれた状況改善の力になろうと努めていた。特に友人が始めた「民衆大学」に賛同し、無償で毎週時間を割いて鉄道労働者たちに文学・経済学・社会学の基礎を教えていた。[3]

師範学校では、同期生二八名のうち唯一人の女子学生だったが、[4]ヴェイユはいつも数名の仲間の男子学生と共に、他の友人たちや教授連に対して、常に相手の政治的姿勢を問うような闘争的な態度をとっていた。彼女はパリ高等師範学校というエリート校における級友や教授たちの保守的な雰囲気に不満を感じていたのか、学生時代を通じてかなり独断的、挑発的だったので仲間以外の学友たちからは恐れられていた。[5]

ヴェイユ自身も級友同様富裕で知的な家庭環境に生まれ育ち[6]最高の教育を受ける特権階級の一人であったはずだが、なぜ普段生活圏が交わることも少なかっただろう労働階級の人々にこれほどまで深く共感し、かつ同じ階級の人々に厳しく糾弾する態度をとっていたのだろうか。もちろん若さゆえの潔癖さ、体制への反抗心、一九一七年のロシア革命成就からわずか十数年後で社会主義に対する熱い関心があった時代背景などがないとはいえない。ただ、ヴェイユならではの逸話もいくつか残ってはいる。

幼年期より、私の関心は、社会的ヒエラルヒーにおいてさげすまれる階層と自ら標榜する集団のほうに向けられてきました。[7]

という後年の彼女自身の回想からは、生来の社会的正義感の強さがうかがえる。

またその性向が高校生になると哲学的根拠を得るようになったようである。すなわち、ヴェイユはアンリ四世高校時代に、アランおよびその師ラニョーの影響を受け、肉体労働への関心を強く持ったのだった。「最も完成された人間的な人間とは手仕事を行いながら同時にものを考える人間である」と考えた彼女は、実際に友人の実家の農場で畑仕事をし、港町に行けば漁師の仕事を、川岸では石炭運搬労働者の仕事などをやりたがった。(8) 友人と乗った地下鉄の中で、たまたま同じ車両にいた労働者たちを示しながら「私が労働者たちを愛しているのは単に正義の精神からではないの。あの人たちのほうがブルジョアたちよりも美しいと思うからなの」と友人に語ったのもアンリ四世高校時代のことで、(9) これはまさにアラン流の哲学的教育によって得た「完成された人間」のイメージを基に発せられた言葉ではないかと思われる。

前述の労働者のための「民衆大学」への賛同も、労働者が知性を得ることでより自由な「完成された」また「美しい」人間になり、組合活動の自立的主体となれるよう手助けをしたいという意図のもとになされた行為だった。(10) したがって、彼女の労働組合とのかかわり方は、自らが組合の理論的リーダーになって思う方向に彼らを先導しようとするのでは決してなく、あくまでも自らの言語能力を、労働者たちの主張表現がより的確になるべく提供する、いわば労働者の伴走者となるというものだった。

二年後の一九三一年、二十二歳で大学教授試験《アグレガシオン》に合格した後、彼女はル・ピュイの哲学教授に任命される。[11] しかし、その土地でも、パリから来た高等師範学校出の哲学女性教授としては異例の組合運動への積極的な関与の姿勢を示し、[12] 地方紙で繰り返し問題にされてスキャンダルを捲き起こす。彼女は大学区視学局から何度も呼び出されたが、[13] そのころ彼女が書いた「カースト制度の残存」という文章からは、理不尽な反省を求める大学行政当局に対する怒り、労働者階級に対する偏見とその打破を目指す情熱が伝わってくる。[14]

大学の運営はまだ身分制度の段階にある。〔…〕高等中学校の教官が、広場で、経済恐慌のために職から追われ取るに足りない給料で砕石作業に従事せざるを得なくなっている労働者たちと握手をしているところを生徒の父兄に見られては絶対にならないのだ。教授団の各階層は、いかなる条件下でどのような社会的階層の人々とつきあう権利があるのか、それを正確に指示する規則を行政が示してくれることを要求する。

というように、皮肉たっぷりの語調で書かれている。彼女の社会改革に対する情熱は、学生時代よりも、社会に出て地位を得てからのほうが強くなっていた。中でも、彼女が最も力を入れたのは、労働者に知的教養を与える自主講座で教えることだった。結局彼女は一年でル・ピュイを異動になり、さらに次の赴任地オセールでも政治色を隠さない非妥協的な態度によって周囲との摩擦が生じ、そこも一年で転出することになった。

2　革命への希望

以上のように、一九三〇年代の初め頃、ヴェイユは熱心に組合活動に参加していたため、彼女を知る周囲の人々からは、彼女は革命的サンディカリストだと思われていた。

他方、「コミュニスト」というレッテルを貼られることもしばしばあった。確かに彼女は、学生時代から『ユマニテ』(15)を愛読しており、労働階級の社会的矛盾からの解放、自由獲得を心より望んでいたので、おそらく当時中産階級にも支持層があり穏健な改良主義をとっていた社会党より、『ユマニテ』で展開される共産党の骨太の階級闘争の主張に納得できるものが多かったのは事実だったろう。(16)

ただし、だからといってヴェイユは共産党に入党はしなかった。理由は二つある。一つ目は、アランの教室で学んだ、すべての党派なるものに対する警戒心である。共産党がしばしば党の方針に沿わない党員に対して即座に除名処分を行うのを目の当たりにして、ヴェイユはこれを共産党内における言論の自由の不可能性を示すものと見てとり、入党はとどまった。二つ目は、ヴェイユが組合活動における政党の役割をあまり評価していなかったことである。ヴェイユは、共産党なり社会党なりの政党に所属する理論的活動家が、党系列の組合に専従として派遣され、組合運動を主導、労働者たちがそれに唯々諾々と従っているだけの分業状態にある組合がしばしばしば存在するのを苦々しく見ていた。それよりもむしろ、知的訓練を受けた労働者たちが、自主独立して組合を結成・運営し、自分たちの意思を正確に運動に反映してゆくことの方が組合運動としては理想であると考えていた(17)。この点で、常にモスクワの指令を遵守し階級闘争を党主導で行おうとする共産党の路線と自分の立場は相容れないと判断したのだろう。

そして、最終的に革命はどのように達成されるか、という点において、ヴェイユは政党主導ではなく、自立的な組合の力によって革命が遂行される道筋のほうに希望を抱いたのである。一九三〇年代初頭、確かにヴェイユはこうした知的な熟練労働者が自主的に結成する組合が最終的に革命を成し遂げることを期待していた。彼女がル・ピュイ時代に、共産党系、社会党系を問わず多くの組合の統一を探って、組合の力を高めようとしていたのも、やはりこの組合による革命への期待があったからである。その意味で、革命的サンディカリストという呼び名は当時の彼女にはふさわしかったのだ。

以上のように、一九三〇年代初めのフランスにおける労働者のおかれた状況に対して、ヴェイユは改革そして革命への希望を胸に奮闘した。最も力を入れたのは、労働者に知的教育を施す手助け、すなわち民衆大学や自主講座で教えることだった。一人でも多くの労働者が知性を兼ね備えた熟練労働者となり、彼らが自主運営する労働組合こそが革命を担うことを願ったからだった。

その当時彼女が書いたものには、社会・政治問題を扱い、組合機関紙などに投稿した文書が非常に多い[18]。その前の哲学を学んでいた学生時代に書かれたものと比較すると、学生時代の哲学的論文は、みずからの政治・社会的関心と哲学的な考察の主題を結びつけた政治哲学的なものだったが[19]、三〇年代初めの数年間、彼女はより直截的かつ具体的に社会改革の方途を人々に示す目的で書くようになったといえる。

しかし、現実にはヴェイユが期待したような組合活動を通じての労働者の状況改善および革命への歩みは、ヴェイユの考える道筋によっては不可能であることが自らの目に明らかになり、ヴェイユは、深い挫折感を味わうことになった。

3 大戦前夜のドイツ旅行

一九三二年夏、ドイツでナチスが第一党に躍進したというニュースを聞き、ヴェイユはドイツの現状を実際に見てこようと決意した。翌月実際にベルリン他を訪れてみると、意外にも市井の人々は外国人に友好的で感じがよかったが、街にはインフレと多くの失業者が観察されると同時に、不気味な平穏さが漂っていた。ヴェイユはそうしたベルリンについて帰国後「〔ベルリンの街には〕落ち着きそのものの中に何か悲劇的なところがある」と雑誌上で報告する。そして、なぜ「組織的虐殺とすべての自由・文化の圧殺を意味する」ナチスにこれほど多くの労働者たちが投票するかについては「その中に力が感じられるからである。〔…〕そして人々はこの力が自分らの弱さを補い漠然とした夢を〔…〕実現してくれるものと期待している」と述べた。[20]

ヴェイユがこのドイツ旅行でもっとも衝撃をうけたのは、ナチスの台頭に対するドイツ社会民主党とドイツ共産党のあまりの無力さであった。労働者や失業者が無力感に倦み、力への漠然とした郷愁から、大企業と結託していることが明らかなナチスに投票してしまうという危機的な事態が起きているにもかかわらず、この期に及んでも両左翼政党は対立抗争を続け、労働者の利益を優先して考えているとは言いがたかった。[21]また労働組合も同様で、これほど逼迫した社会状況下においてもいかなる組合も有効に機能せず、労働者が行動を起こす手助けをするどころか、彼らを待機状態のまま放置してしまっているのを見て、彼女は労働組合の存在の意味に対しても根本的な疑問を抱き始める。それは、実際に組合運動を通じてうすうす感じていた懐疑が彼女の内部で確実に膨んだ瞬間だった。

その頃ソ連では、一九二九年のトロツキー国外追放を皮切りにスターリンの独裁が本格化していた。ヴェイユは、すでに党に忠実な正統派コミュニストやコミンテルン信奉者のみならず、トロツキーに対しても「除名されたにもかかわらず党への執着心から真実が見えていない」と批判し始めていたが、この三二年夏のドイツ視察によって、彼女はナチスの全体主義とスターリン独裁主義との本質的な共通性を決定的に見抜く。[22]そして、トロツキーが、スターリン独裁体制は社会主義建設における過渡期の現象であるに過ぎないと主張するのに対して「狂った時計も時計の規則の範囲内にある」と指摘、全体主義は社会主義が内包する特質の一つであると断定した。[23]迫り来るファシズムの恐怖の中で、革命や社会主義の到来にわずかな希望を繋ぐ知識人が多かった一九三三年の段階で、ヴェイユは早々と社会主義国家が内包する官僚主義的全体主義の特質を指摘、この体制の行く末を見越したのである。[24]

そして、ヴェイユは次のように述べるに至る。

やがて社会主義社会が到来する――そう人々は思っている。〔…〕この信仰箇条は再検討されねばならない。

革命という語は、それがために人が殺し、それがために人が死に、それがために人民大衆が死に追いやられるにもかかわらず、一切の実体を欠く語なのである。[25]

彼女は最終的には、一九三四年の『自由と社会的抑圧の原因をめぐる考察』の中で、左翼政党のみならず、労働組合への批判やマルクスそのものへの懐疑表明にも踏み切った。初めから正統派コミュニストとも、トロツキストとも距離を置いていたヴェイユだったが、ドイツにおける視察をきっかけに、組合主導の革命にも希望を抱けないことを悟ったのである。苦渋の中での革命的サンディカリスト路線との決別だった。

マルクスが想像した共産主義はこの〔自由についての〕夢想の最新型である。すべての夢想と同じくこの夢想もやはり実現されずに終わった。たとえそれが慰めになりえたとしても、阿片としての慰めにすぎない。(26)

とマルクスの言葉を振りつつ記したのも、この『自由と社会的抑圧の原因をめぐる考察』の中でのことだった。

4 工場労働体験

ドイツから帰り、ヴェイユはかなりの時間をかけて、自分で「遺書」とまで呼んだ上記の『自由と社会的抑圧の原因をめぐる考察』を書き終えた。彼女は次に、一九三四年十二月から一九三五年八月までの約九カ月、工場労働に従事する。三四年の段階で革命的アナルコサンディカリズムの政治的運動と決別したヴェイユであったが、それではどうしたら労働者の問題は改善できるのか、労働の現状に内側から迫って自ら具体的解決策を見出したいと願ったからであろう。果たして、その経験はドイツ旅行にも増して、彼女にとって精神的に苛酷なものとなった。またさらに肉体的に限界に近い状態に追い込まれた。その模様は『工場日記』に詳しく書き残されている。また一九四一―四二年にも「工場生活の経験」として七年前のこの経験を振り返りつつ書いている。

彼女は、それまで理想的な労働者とは熟練労働者であり、また、仕事の全体を把握して手仕事を行いつつ、ものを考える人間を理想としてきた。彼らの間にこそ、労働を介して本当の友愛が存しているのではないかと期待していた。例えば、まだ学生だった一九二八年、彼女は次のように書いていた。

労働は権利、人格の尊厳、平等を出現させる。それゆえ、協働作業が何ものにもかえがたい荒々しい友情を出現させるのだ。平和を生み出すのはこのぶっきらぼうな友愛である。(27)

しかし、彼女が実際に工場で見たものは、圧倒的な数の未熟練工だった。彼らは、仕事の全貌を把握しつつ協働作業をするどころか、徹底した分業体制の中にいて、全体の中で自分がどのような意味を持った仕事をしているかもわからないまま、目の前の機械に従属し与えられた仕事を黙々とこなしていた。そこでは、考えることをやめるほど楽になるので思考の停止状態が常態になっていた。その徹底した管理体制の工場の雰囲気は冷酷で、工員同士の人間関係もこの冷酷さに支配され、工場内に友愛が存在するのはまれなことだった。これはヴェイユにとって非常な驚きであった。

たいていの場合仲間同士の関係すらも、この内部を支配している冷酷さを反映していま

す。(28)

また、ヴェイユは工場内で抑圧された工員たちは、権利意識を持って反抗に向かうのではないかと思っていたが、それはまったくの誤りで、工員たちは従順この上なかった。仲間内で不満こそ言うものの、連帯したり抵抗をしたりという兆しはまったくなかった。ヴェイユは「抑圧は反抗でなく服従を生む」という認識に至った。

明らかに苛酷で、容赦のない抑圧によって、ただちにどういう反動が生じてくるかというと、それは反抗ではなく、服従である。(29)

また、何よりも一番の深刻な問題だとヴェイユに思われたのは、財産も教育も技術力もない単純労働者たちが、工場内でささいなことでしばしば怒鳴られ、また工場の外の社会においても社会的ヒエラルヒーの最底辺にいるため自尊心を失っていて「自分にはまったく価値がない」と感じていることだった。ヴェイユはそれまで社会的威信ということを意識していなかったが、これがすべての人間にとって根本的に重要なものであることに彼女は初めて気づいた。

人間というものは、自分の価値について、外にあらわれたしるしを、つねに自分自身のために必要とする。[30]

以上のように、自分の労働者観が根底から覆され、また精神的・肉体的限界まで達するような経験を経て労働者が抱える真の問題に直面した彼女は、職業的革命家や党の指導者たちの政治的言説が、一見労働者寄りではあるもの、現実の問題解決といかに無関係であるかを実感する。彼らの言説の中には、労働者への知的教育の必要性も、工場内の冷酷なシステムを改善するための具体的な施設や機械、管理体制に関しての提言もない。また、底辺労働者の尊厳をどう取り戻すかという視点も欠けている。彼らは結局、すべてを賃金闘争などの数字に置き換えているだけだ、とヴェイユには感じられた。

ボリシェヴィキの大指導者たちは、自由な労働者階級を作り出すのだと主張していますが、かれらのなかの誰もトロツキーもレーニンも多分工場の中には足を踏み入れたことはないのです。政治なんてろくでもない冗談ごとのように思えてきます。[31]

後年、彼女はこの頃の体験を基に、「奴隷」「不幸」の観念を創出することになる。

5　平和主義との決別

工場体験を終えて、極度の疲労状態にあったヴェイユは、ポルトガルやイタリアへの旅行などによって小康を得る。その後また一年のみブールジュの高校で哲学教師を務めるが、その頃の彼女は、次第に関心の中心が組合運動から国外のフランスの植民地の状況へと移っていたようである。[32] また、ナチス・ドイツの伸張が戦争を感じさせるようになり、特に国際情勢からは目が離せなくなっていた。

工場体験から一年後の一九三六年夏、スペイン内戦が始まった。ヴェイユは高等師範学校以来、平和主義的反戦主義者として有名で、[33] つねに戦争は忌むべきものだと思っていたのは確かだったが、他方戦争が起こった際には、銃後に自分が安住することだけは我慢できないという気持ちになるだろうとも考えていた。いざ左翼連合のスペイン人民戦線政府に対して、フランコ将軍一派が戦いを開始したと知ると、やはり彼女は「銃後でスペイン人民政府の勝利を願うだけの毎日を送ることはどうしてもできない」という心情になり、迷うことなく戦争に参加することを決意する。具体的には、カタロニア農民に対するフランコ側の弾圧に抗議し、農民らの蜂起を手助けするために、はじめは記者の資格で、次いで実弾を込めた銃を携帯し、カタロニア全国労働連合（CNT）義勇軍国際部隊の一員となって行動した。

しかし、ヴェイユがそこで見たものは、内戦、市民戦争といえども実態は国家間の戦争と同じ殺戮の連鎖であり、両者の間には何の違いもないということだった。彼女はそこでの経験と衝撃を作家ベルナノスに後年書き送っている。

人を殺しても、罰をこうむる恐れも、咎めを受ける恐れもなければ、人は殺人を犯すものです。あるいは、少なくとも人殺しをする人々を励ますような微笑で包むものです。たまたま、最初いささか嫌悪をおぼえたとしても、人はそれを口にすることをはばかり、やがてはそれをのどの奥にしまってしまいます。男らしさを欠くと思われたくないからなのです。そこには一種の誘惑、一種の酩酊のようなものがあり、強い精神がなければそれにさからうことは不可能なのですが、このような精神は例外的なものだと思わずにはおられません。というのは、私はそれにあいまみえたことは一度もなかったからなのです。そのかわり、何人かの穏和なフランス人に出会いました。そういう人たちを私はそれまではさげすんでいませんでしたし、彼らは自分たち自身で人殺し沙汰に手を貸そうなどとは思ってもみないような連中でしたが、それでも、あの血に塗りつぶされた雰囲気のなかに明らかに楽しげにつかっていたのです。こういう連中には、これからもけっして敬意を表するようにはなれますまい。

あのような雰囲気は、戦いの目的そのものをたちまち覆い隠してしまいます。というのは、そこでは目的を立てる場合には、どうしてもそれを公益に、つまり人の利益に帰着さ

せなければならず、人々そのものは無価値のものとみなされてしまうからなのです。(34)

スペインより帰国後、その体験も踏まえて一層堅固に平和主義を貫き続けるヴェイユだったが、その後ナチスの国土拡張傾向は一層明白となり、彼女も岐路に立たされる。フランスの国益を第一に考えフランスを全体主義から守るためにナチス・ドイツとの戦争に踏み切るべきか、もしくはフランス植民地の人々の立場を第一に考えその場合彼らにとってはドイツによる占領であろうとフランスの占領であろうと変わりはないため、それならば戦争が起こることだけは回避すべきと考えるか、の二者択一である。ヴェイユは後者を選び、ミュンヘン会談におけるチェンバレンの宥和政策を苦渋の中で支持した。ヴェイユのフランス植民地の人々への共感はそれほど強いものだったのである。

一般に人間は、自分に身近な人間から順番に強く感受性や想像力が働くとされ、時にこれは「愛の秩序（ordo amoris）」とも呼ばれるが(35)、おそらくヴェイユはこれが逆方向に作用する「特殊な想像力」（*EL* 185）の持ち主だったと思われる節がある。たとえば、日本の支配下で中国の飢饉が起きた際の報道に接し実際に友人の面前で嗚咽したり、フランス統治下のインドシナでの窮状の新聞記事に号泣し食事がとれなくなったりするなど、彼女が植民地の人々へ真の共感を示しえた例は枚挙にいとまがない。これは彼女がこうした特殊な想像力、つまり、自分に身近でない人々の方にむしろより強い共感を示せるという逆向きの感受性の秩序を持っていたためではないか。したがって、当時植民地を保持していた第一次大戦の戦勝国フランスについても、すでにナチス・ドイツ興隆の危機に瀕していたにもかかわらず、逆にフランスが身近な祖国であったが故にこそその利益防衛を考慮するに至らずに、最終的な局面まで植民地の立場から判断し平和主義を貫かざるを得ないことになったのであろう。

しかし、ドイツがポーランド侵攻を敢行し、さらに一九四〇年パリを占領するに及んで、いよいよヴェイユはフランスの敗北を目の当たりにすることになった。彼女はいまや崩壊寸前となったフランスを見て、後悔の念にかられつつ、平和主義に決別することになる。

6 犠牲観念の誕生

このように、労働者や植民地支配下の人々などへの共感から、怒りのパトスに突き動かされて政治活動を行ってきたヴェイユであったが、激動する三〇年代の歴史的・社会的状況に自ら飛び込んで様々な経験を経るうちに、彼女の中では、政治への関心・期待こそ失われなかったものの、政治的市民運動による社会改革は何に立脚して行われるべきかをめぐる信念においては、ある種の質的な変化が生じたと思われる。

例えば、一九四三年に書かれた『根をもつこと』および「ロンドン文書」を見ると、いかに彼女が最晩年（一九四二―四三年）には、政治を語る際に、組合や政党が用いる論理ではなく、宗教的・倫理的な語彙を大量に持ち込んで語ったかがわかる。そしてまさにそれと時を同じくして、以下に見るように「犠牲」という言葉が、それまでとは異なる用法で印象的に用いられ始めるのである。

一九四〇年に家族とパリを脱出し南仏マルセイユに逃れたヴェイユは、しばらく政治から離れて、哲学、科学、宗教などの研究に没頭した。[36]その後ニューヨークを経て、一人ロンドンへ戻ったヴェイユは、一九四二年、再び政治について猛然と書き始める。それは直接にはド・ゴールの「自由フランス」に入ってレジスタンスの一員として戦後社会を構想する任務を任されたからであったが、しかし彼女の内部でも、三〇年代末から四二年の数年間にサンディカリズムや平和主義的反戦運動から離れ、改めて多くの分野の本を読んで思索を深めた結果、新しい角度から政治的文書を執筆したいという欲求が再び高まっていたことと思われる。

それらを読んでみると、明らかに、一九三〇年代の頃とは異なる書き方になっていることに気づかされる。まずは初期の頃の衒学さや、三〇年代初めころの戦闘的な口調や皮肉などが消え、文章は類比的な表現を多用して、より平易でわかりやすくなっている。

また内容から見ると、彼女の使う語彙に変化が見られる。四三年に彼女が書いた『根をもつこと』や「ロンドン文書」の中で、決定的に三〇年代のものと異なるのは、政治を語りつつ政治を超えた、宗教的、倫理的用語を多々用いているということである。

もしこの戦争が宗教戦争（drame religieux）になるということを理解していたならば、われわれはずっと以前からその劇の立役者がどの国民であり、受身の犠牲者がどの国民であるかを予見しえたはずである。宗教によって生きていない国民は、受身の犠牲者でしかありえなかった。ヨーロッパの大部分がこれに該当していたのだ。ただドイツは偶像崇拝によって生きている。ロシアも別種の偶像崇拝によって生きている。〔…〕われわれの時代は、単なる信条（croyance）の時代ではなく、偶像崇拝（idolâtrie）と信仰（foi）の時代なのだ。〔…〕ヒトラーは悪に賭けた。彼の材料は大衆というねり粉である。われわれは善に賭ける。われわれの材料はパン種である。したがって方法は別でなければならない。[37]

一九四三年のヴェイユにとって、ナチス・ドイツ対連合国の戦いは、「独裁制」対「民主主義」の戦いではなく、「偶像崇拝」対「真の信仰をもつ集団」の戦いとして意義づけられるに至ったようである。上記に出てくる「犠牲」という語は、否定的意味合いでもちいられているが、しかし以下のように積極的意味を持たせて使われる場合が、この時期には多数出てくる。例えば、『根をもつこと』の中には、以下のように「犠牲」という用語が出てくる。

危機に瀕した集団に対する義務は、全面的な犠牲にまで至ることがある。[38]

もし真の人間的秩序への思念を絶えず脳裏にとどめ、いざという時には全面的な犠牲行為をも厭うべきではない対象としてこの秩序を考えるならば〔…〕大いなる希望がある。[39]

ここでヴェイユが「危機に瀕した集団」と言っているのは、他でもなくドイツに占領されたフランスを指す。これは、上に述べたように、一九四〇年のドイツ軍によるパリ侵攻の際、あっさりと首都を明け渡してしまったフランス国民に対する苦言であるといっても過言ではない。当時フランス国内では、第一次世界大戦時の悲惨な思い出から戦争を敬遠しドイツとの休戦協定を喜んで迎える雰囲気があり、これを目の当たりにしたヴェイユは、それまで自分も平和主義を唱えてはいたものの、しかし自分としては一度戦いが起きれば徹底抗戦するつもりであったし、また心底ではフランス人のいざというときの行動力を信じていただけに、予想以上のフランス人のふがいなさに大きく失望した。また共に歩んできた平和主義者たちは、ヴィシー政権成立後、その支持者になる者が多かった。ヴェイユの目には、彼ら平和主義者は「殺さない」ためではなく単に自分が「死なない」ために対独協力をしていると映り、彼らの平和主義とは怠惰と保身、妥協の言い換えでしかなかったことを見抜けなかった自分に対して後悔の念が激しかった。そのような背景からやむにやまれず生じた言葉といえよう。

しかしなぜ「犠牲」なのであろうか。具体的には、「犠牲」とは何を指し示すのだろうか。

たとえば、ヴェイユはヒトラーのSS部隊が精神的求心力を持っていることに危機感を持ち、以下のような女性だけの看護部隊の編成を提案する。その中で次のように述べている。

これらの〔SS〕部隊は、特殊な任務のために選抜された男たち、生命の危険をかえりみないばかりか、決死の覚悟をかためた男たちから構成されていた。ここにこそ、まさに重要な点がある。これらの男たちは、〔…〕一つの信仰心、一つの宗教的精神にもあい似た精神に動かされている。

とはいえ、ヒトラー主義（hitlérisme）が宗教の名に値するというのではない。それどころか、うたがいもなく、ヒトラー主義は宗教の代理物である。そしてそのことがその力の主たる要因のひとつなのである。

全てのメンバーがよろこんで死ぬことを決意しているような特別部隊の編成がどんなに有用であるかは、疑いを挟む余地がない。〔…〕ただ、そのためには、犠牲的精神が、単に言葉だけではなく、行為によって示されていることがぜひとも必要とされよう。〔…〕まったき犠牲的精神に動かされた特別部隊が存在することは、四六時中、行為を持ってする宣伝がなされていることである。このような部隊はどうしても、宗教的な精神によってのみ存立しうるのである。私たちの敵は、宗教信仰の代理物である偶像崇拝の精神に押しやられて進んできている。私たちが勝利を占めるためには、おそらくその条件として、私たちの中に同じ種類の精神、どこまでも真正で、純粋なそういう精神がなくてはならないのであろう。(40)

明らかにヴェイユの脳裏には、自らの死を顧みず、徹底して戦場の最前線で看護にあたる、ナチス親衛隊（SS）とは対極にある部隊の編成が具体的に計画としてあったことがわかる。

果たしてここにいるのは、労働者の境遇に対する憤りから友人を扇動し、左翼雑誌に精力的に寄稿し、さらに集会で声を荒げて労働者の窮状を訴えていた三〇年代のヴェイユとは、似て非なるヴェイユではないか。また、社会の現実を観察し記録し思索するためにドイツ視察や労働体験、スペイン市民戦争に飛び込んでいった、行動と思想構築を同時に進めるヴェイユともどこか異なるヴェイユである。当然のことながら、革命にも平和主義にも絶望し後悔や悲嘆に暮れたままのヴェイユでは、もちろんない。それは、失われたフランスのため静かなしかし決然たる決意をもってあらたな姿勢で向かおうとしているとしか言いようのないヴェイユの姿である。その後のヴェイユの行動の変化や、ヴェイユが考案した看護婦部隊については、後述する（第三章）。

こうしたヴェイユの変化の背景には、確かに、全体主義に対する民主主義の敗北を目の当りにし続けることによって生じた危機感があり、また、工場労働やスペイン市民戦争体験で市民の顔を間近に如実に知ることを通じて、彼女の中に、決定的に不幸の観念、奴隷の観念が生まれたということがある。次節では、なぜヴェイユが一九三〇年代における怒りのパトスに満ちた行動をやめ、一九四〇年代に「犠牲」という言葉を含む文書を書くようになったか、また

「最前線看護婦部隊編成計画」にみられるようにすすんで「犠牲」を引き受けようとする態度をとるようになったのか、その要因を考えたい。

二　犠牲観念の深化の要因

まず、第一の要因として挙げられるのは、今述べたように工場労働を通じて、ヴェイユに「奴隷」と「不幸」という新たな観念が生まれ、その過程で社会的不公正に対する怒りや憤りが、彼女の内部で悲嘆へと変化したことである。第二の要因としては、ヴェイユが、一九三〇年代の終りに、全体主義に対して、自ら信奉していた絶対平和主義が全く無力であることを思い知らされ絶望したことが考えられる。第三の要因としては、一九三〇年代半ばに労働体験やスペイン市民戦争などによってヴェイユが肉体的負傷・精神的疲労を負い、その中で三回のカトリックとの神秘的接触をしたということが挙げられる。以上三要因とも年代的に整合性があり彼女の発言からも裏付けうる。以下、順を追って、ヴェイユの「犠牲」観念発生のきっかけとなったと思われるこれらの三つの要因について、検証してゆきたい。

1　現代の奴隷、奴隷という不幸

第一節で述べたように、ヴェイユは一九三四年十二月から翌年八月まで、ルノー等合計三つの工場で、プレス工およびフライス工として単純賃労働に従事した。すでに一九三四年秋に『自由と社会的抑圧の原因をめぐる考察』を脱稿し、書中で革命的サンディカリズムと決別をしていた彼女であるから、労働者との連帯のために工場労働に入っていったわけではないのは明らかで、この労働体験はあくまでも労働の現実を内側から知り、あらためて思考し表現することを目的としていたはずだった。しかし、この体験は当初の彼女の思惑を超え「人生観そのものを変える」[41]体験となった。それはすなわち「奴隷状態」とヴェイユ自身が呼ぶところの経験に他ならない。一九三四年当時の記述には以下の引用をはじめとして「奴隷」という表現が多数用いられている。

奴隷であるこの私がこのバスに乗れて、誰とも同じ資格で一二スーを払って利用できるのはどうしたことだろう？　何という特別の待遇だろうか。もしも人が乱暴に私を下車させ、こんな便利な乗り物はお前にはもったいない、足で歩けと言ったとしても、私には当然のことと思われたに違いない。奴隷状態は、自分にはいろいろの権利があるのだという気持ちを完全に失わせてしまった。何も辛抱しなくてよい、特に手荒な扱いを辛抱しなくてよいという瞬間があると、それが私にはまるで恩恵のように思える。[42]

九カ月後、心身ともに深く傷ついた状態で彼女は工場を辞したが、しかしその後も経験したこの「奴隷」状態を決して忘却することなく、むしろみずからの全ての思索と考察の中心に据えていった。すなわち、自分があの時労働者たちとともに「奴隷」であったという経験を、彼女は一種の「公案」として考え続けたということである。(43) その結果、確実に彼女の「奴隷」をめぐる表現は深まりを加え、最終的に「不幸」の観念が彼女に生まれた。七年の後、一九四二年に彼女は以下のように書いている。

私はパリ近くの機械工場で一年近く女工として働きました。個人的体験と私の周りで働いていたみじめな人々への共感とが結びつき、それに私自身の目から見ても、私はそれらの人々と区別ができないほどその中に混じり込んでいたものですから、社会的人格を失うこと（dégradation sociale）の不幸が私の心の奥深くに入り込みました。あまり深く入り込んだものですから、それからというものはいつも、自分が古代ローマにおける意味での奴隷であることを感じているほどなのです。(44)

工場では誰の目にも、私自身の目にも、私は無名の大衆と一緒になっていましたから、他の人々の不幸は私の肉体の中に、また心の中に入りこみました。私を他の人々の不幸から切り離すものは何もありませんでした。〔…〕ローマ人たちが最も軽蔑する奴隷の額につけた焼き鏝《ごて》のごとき奴隷の印を、私はあそこで永遠に受け取ったのでした。それ以後、私は常に自分自身を奴隷とみなしてきました(45)。

彼女は、「あの奴隷状態とは何だったか」という数年の年月に及ぶ模索を「肉体的・心理的苦痛のみならず、社会的人格の奪われが明らかに存在する」という指摘に凝縮させ最終的にそれを「不幸」と表現するに至ったのである。ヴェイユにとって、労働者における社会的威信、社会的人格の喪失（dégradation sociale）こそが最大の問題となり、それが彼女にとっての「不幸」の最も重要な要因となったのだ。これらに気づいた彼女には、労働者の側に立つと称する革新政党や労働組合に属する知識人たちの言説はあまりに現実と遊離しているとしか思えなくなる。

このような不幸な人の代弁をしようとしても、その人は必ずといっていいほど言葉を誤ることになる。なぜなら、自分の通訳している不幸に対してその通訳者自身がまったく無縁だからである。

弁舌の専門家は、労働者たちの境遇について語るとき、彼らの給料のことを話してしまうのが普通である。労働者たちの方は、自分たちを圧倒し注意の努力をすべて痛みに変えてしまう疲労の下で、数字の持つ安易な明快さにほっとしながら、これに飛びついてしまうのである(46)。

労働者の不幸の現実を深く認識することにより、彼女の社会問題に向き合う姿勢は、怒りや憤りを伴ったものから、悲嘆に満ちたものに根本的に変わったことは確かだろう。[47] またそれら労働者の不幸の現実と、革新的知識人の言説とがあまりに乖離しているという事実を認識することによって彼女は、さらに一層、労働組合運動および革命そのものへの絶望を深めたことも明らかだろう。

2 全体主義への危機感

さらに、「犠牲」観念の創出の第二の要因、すなわち、一九三〇年代前半から四〇年代の初めまでの間に、ヴェイユの社会的問題に対する姿勢が、憤り・告発から悲嘆を経て最終的に「犠牲」を自ら引き受ける姿勢へと変化した、もうひとつの原因として、全体主義の猛威に対するヴェイユの危機感と事態打開の困難さに対する焦燥感があげられる。特に、革命を成し遂げ労働者中心の国家となったと思われていたソビエト連邦の現実が、官僚中心主義の全体主義国家に過ぎなかったこと、またワイマール憲法という史上最も民主的といわれた憲法を持ち、ヴェイユによれば「規律正しく教養のある」[48] ドイツ労働者たちを擁する国ドイツから、全体主義国家が誕生して、またたく間に伸張したということの二つは、ヴェイユにとって大きな打撃だった。特に後者は、勢力をヨーロッパ全体に拡大しようとし、実際にフランスをヴェイユの目前で占領してしまった。これら二つの全体主義が人々の自由を奪い押しつぶしてゆくさまをまさに目の当たりにしながら、どうしたらこれらの全体主義勢力に対抗してゆけるのかを彼女は考え続けていた。

第一節ですでに紹介したように、一九四〇年代のヴェイユは全体主義のナチスやソ連には、偶像崇拝的雰囲気、宗教的要素が見られると考えるに至っている。そしてそれに対抗するには、彼女は民主主義では不足だとするのである。

民主主義的思考は重大な誤謬を含んでいる。それは、同意そのものとある種の同意の形式、つまりそれが唯一の形式ではないために、すべての形式と同様、簡単に空疎な形式となりうるような同意の形式とを混同しているということである。

われわれの議会主義的民主主義は空疎なものだった。なぜなら、指導者の一部を選出した上で彼らを軽蔑し、自分たちが選出しなかった指導者たちを憎悪し、しかも心ならずもすべての指導者に服従していたからである。(49)

そして、「近代的愛国心なるものは、絶望している大衆の心の糧にはならない」と述べ、さらに「敵対するものへの憎悪からではなく、そのもの自体として愛すべきものが必要である。敵への憎悪からではなく、その愛からこそ、同意された服従の精神が生まれる」と述べる。

このようにヴェイユは、どのようにしたら全体主義に対抗できるかを考え続け、その結果として一九四〇年代初めに、肥大化した宗教的な全体主義勢力の前には、敵への憎悪や近代的愛国心ではなく、より高次の正義に対する愛に基づいた服従の精神、その精神において供される「犠牲」が必要である、と考えるに至る。この点については第三章で詳述する。

3 神秘体験

以上から、一九四〇年代にヴェイユの政治的書簡の中に「犠牲」という観念が見られるようになった原因もしくはその背景には、三〇年代後半のヴェイユの具体的体験の結果、第一に「不幸」の観念が発生したこと、第二に全体主義に対する彼女独特の分析が行われたことが挙げられることが明らかになった。さらにこれらの要因に加え第三の要因・契機として、彼女の神秘体験を挙げたい。彼女の手稿から見て、また年代的にも、ヴェイユの一九四〇年代の「犠牲」の観念発生には、三〇年代半ばに労働体験やスペイン市民戦争参戦などによって負った傷(50)や肉体的・精神的疲労の中で、彼女が三回にわたって(一九三五、三七、三八年)、カトリックと神秘的接触をしたことが深く関与していると判断されるからである。以下、ヴェイユの神秘体験について、それが「犠牲」の観念誕生とどう関係しているか、確認してゆく。

まず、その彼女の「カトリシズムとの重要な接触」とは、次のような体験のことである。一九三五年八月、工場体験を終え秋からのブールジュでの教職に復帰する前に、ヴェイユは両親に連れられて休暇のためポルトガルに赴いた。元来虚弱な体であったところに加えさらに五年ほど前から原因不明の激しい頭痛をしばしば覚えるようになっており[51]、それを押して、九カ月間の重労働に従事したため、彼女は激しい肉体的かつ精神的な疲労によって「身も心もこなごなになった」状態になってしまった。そんな時彼女は、ポルトガルの漁村で初めて「カトリシズムとの重要な接触」を経験し、「キリスト教は優れて奴隷の宗教」であると確信する。

私は両親と離れ、一人で小さな村へ行きました。〔…〕このような精神状態と、悲惨な肉体状態にあった私が、ああ、これもまた極めて悲惨な状態にあったこのポルトガルの小村に、ただ一人、満月の下を、土地の守護聖人のお祭りのその日に入っていったのでした。この村は海辺にありました。漁師の女たちは、ろうそくを持ち、列をなして小舟のまわりを回っていました。そしておそらくは非常に古い聖歌を、胸を引き裂かんばかり悲しげに歌っていました。〔…〕この時、突然私は、キリスト教は優れて奴隷たちの宗教であることを、そして奴隷たちは、とりわけ私は、それに身を寄せないではいられないのだという確信を得たのでした[52]。

その後、二回にわたり同様の経験をする。二回目の経験は、一九三七年四月、イタリア旅行時のことだった。その八カ月前の一九三六年八月にヴェイユはスペイン市民戦争で足に深い火傷を負い、心ならずも戦線を離脱していた。その後治療には長い時間がかかり、戦線復帰はもとより、教壇にも立てずにいた。その静養のための休暇期間中に、やはり心身を癒すためイタリアに一人旅立ったときのことだった。ミラノ、ボローニャ、フィレンツェやローマを経て訪れたアッシジで、彼女は次のような経験を得た。

一九三七年、私はアッシジで素晴らしい二日を過ごしました。聖フランチェスコが、そこでしばしば祈りを捧げたといわれる比類のない純粋さを保つ素晴らしい建物、サンタ・マリア・デリ・アンジェリの十二世紀ロマネスク風の小礼拝堂の中にただ一人いたとき、生まれて初めて私より強い何ものかが私をひざまずかせたのでした。(53)

また三回目は、一九三八年ソレムで起きた次のような体験であった。以前よりグレゴリオ聖歌に興味を持っていたヴェイユは、この年の復活祭に、十九世紀以来グレゴリオ聖歌の復興・研究の一大中心地でありソレム唱発祥の地として有名な、また中世以来の典礼を行うことでも知られているサン・ピエール・ド・ソレム修道院を訪れた。

一九三八年、枝の日曜日から復活祭の火曜日に至る一〇日間をソレムで過ごし、すべての聖務に参列しました。私はひどい頭痛に苦しんでいました。物音がするたびごとに打たれるような痛みをおぼえました。しかし非常な努力を払って注意を集中した結果、私はこの悲惨な肉体の外にのがれ出ることができ、肉体だけはその片隅に押しつぶされて勝手に苦しみ、歌と言葉の未曾有の美しさの中に、純粋でしかも完全な喜びを見出すことができたのでした。私はこの経験によって、不幸を通して神の愛を愛する可能性を、類比によってよりよく理解できるようになりました。この地でいろいろな聖務が経過するうちに、キリストの受難という思想が私の中に決定的に入ってきたことは言うまでもありません。[54]

ヴェイユはこのような三回にわたるいわゆる神秘体験を得たわけだが、彼女はこの体験については一九三〇年代後半の数年間、自分の胸に秘して誰にも語らなかった。しかし、第一回目のポルトガルでの体験から数えて約七年後の一九四二年、ヴェイユは家族と共にアメリカに亡命することになり、ある親しい神父（ドミニコ会ペラン神父）に長い別れの手紙を書いた。その中で彼女は初めて、以上のような神秘体験を自分がしていたことを告白したのだった。

その手紙の中には、ヴェイユが三回のカトリックとの接触体験の後も、一九三八年末と四一年秋にわたって、次第に神秘体験が深まっていったことが書かれている。例えばヴェイユはかのソレム修道院で、一人のイギリス青年に出会っていた。

そこには、一人の若いイギリス人のカトリック信者がいました。〔…〕実は、形而上学的と呼ばれる十七世紀のイギリス詩人たちの存在をこの人が知らせてくれたからです。後になって、これらの詩人たちの作品を読みながら、その中に「愛」と題する詩を発見しました[55]。

一九三八年末は彼女の頭痛が一番激しかったときで、そのような発作の間彼女はすがりつくようにしてこの詩「愛」を暗誦したという。

> しばしば、頭痛の激しい発作の絶頂で、私は全注意を集中して、この詩がもつやさしさに私のすべての魂をゆだねつつ吟唱することを努めてみました。私はこの詩を一篇の美しい詩としてのみ吟唱しているのだと思っていましたが、私の知らない間に、この吟唱は祈りの効能を持つようになっていました。〔…〕キリスト自身が下ってきて、私をとらえたのはこのような吟唱をしていたときのことでした。
>
> 神の問題は解決不可能であるという私の推論においては、この世で人間と神との間に現実的な人と人とが触れ合うような接触が起こりうると予見したことはありませんでした。この種の事柄について話されるのを、漠然と聞いたことはありましたが、私は決して信じたことはありませんでした。〔…〕それにもかかわらず、私に対するキリストの突然の支配には、感覚も想像も何らの関係を持ちませんでした。ただ私は、愛されているものの微

笑の中に読み取れる愛とよく似た愛の存在を、苦しみを通して感じ取っただけでした。(56)

一九四一年の夏には、ヴェィユはパリからの避難先のマルセイユにいて、知人から紹介された農家で農作業に従事していた。(57)その際に、ギリシア語で「主の祈り」(58)を学ぶ機会を得て、その後次のような経験をした。

「主の祈り」のギリシア語の言葉は無限に甘美だったので、そのとき私はすっかりその言葉にとらえられてしまい、何日かの間その言葉を常に口ずさまないではいられませんでした。一週間後に私はぶどうの取り入れの仕事を始めました。毎日の仕事の前に、ギリシア語で「主の祈り」を唱え、ぶどう畑の中でも、度々繰り返して唱えました。

そのときから、毎朝一度絶対の注意を払って主の祈りを唱えることを、ただひとつの勤めとして、自分の義務にしました。唱えている間に、自分の注意がそれたり、眠ったりしたときには、たとえそれがごくわずかであっても、やり直しして、一度絶対に純粋な注意が得られるまでつづけます。〔…〕

この勤めの効力は異常なもので、いつも驚きました。私は毎日その効力を感じているのに、いつもそれが期待を超えるのです。

時々はじめの言葉がすでに私の思考を体から抜き取って展望も観点もない空間外の所へ

つれて行きます。空間が開かれます。知覚されるふつうの空間の無限が、二乗された無限、あるいはときには三乗された無限にかわるのです。同時にこの無限な無限はどこも沈黙に満たされます。この沈黙は音の不在ではなくて、音の感覚よりももっと積極的なある感覚の対象になるものです。何か音がしても、この沈黙を通過してからでなければ、私には聞こえません。

また、ときどきこうして「主の祈り」を唱えているときや、その他の時に、キリスト自身が来ることがあります。それは初めて私がキリストにとらえられたときよりも無限に現実的で、強く、明らかで、愛に満ちた現存です。[59]

こうした神秘体験が、ヴェイユの晩年（一九四〇―四三年）の思想にどのような影響を与えたか。彼女が上記のペラン神父への手紙の中で、「キリスト自身が下ってきて、私をとらえた」とか、「キリストの突然の支配」「キリスト自身が来る」といったキリストとの直接的接触について繰り返し言及し、そしてその後「キリストの受難という思想が私の中に決定的に入ってきた」と言明したことをわれわれは見た。これらは、ヴェイユ晩年における、決定的とも呼べる宗教体験を言語化したものであり、これらを転回点として、「キリストの受難という思想」がそれまでの彼女の思想に変化を与えたことがわかる発言である。これらの体験すなわちキリストに直接出会ったという体験が、ヴェイユ晩年の「犠牲」観念の誕生に大きな影響を及ぼしたことは看

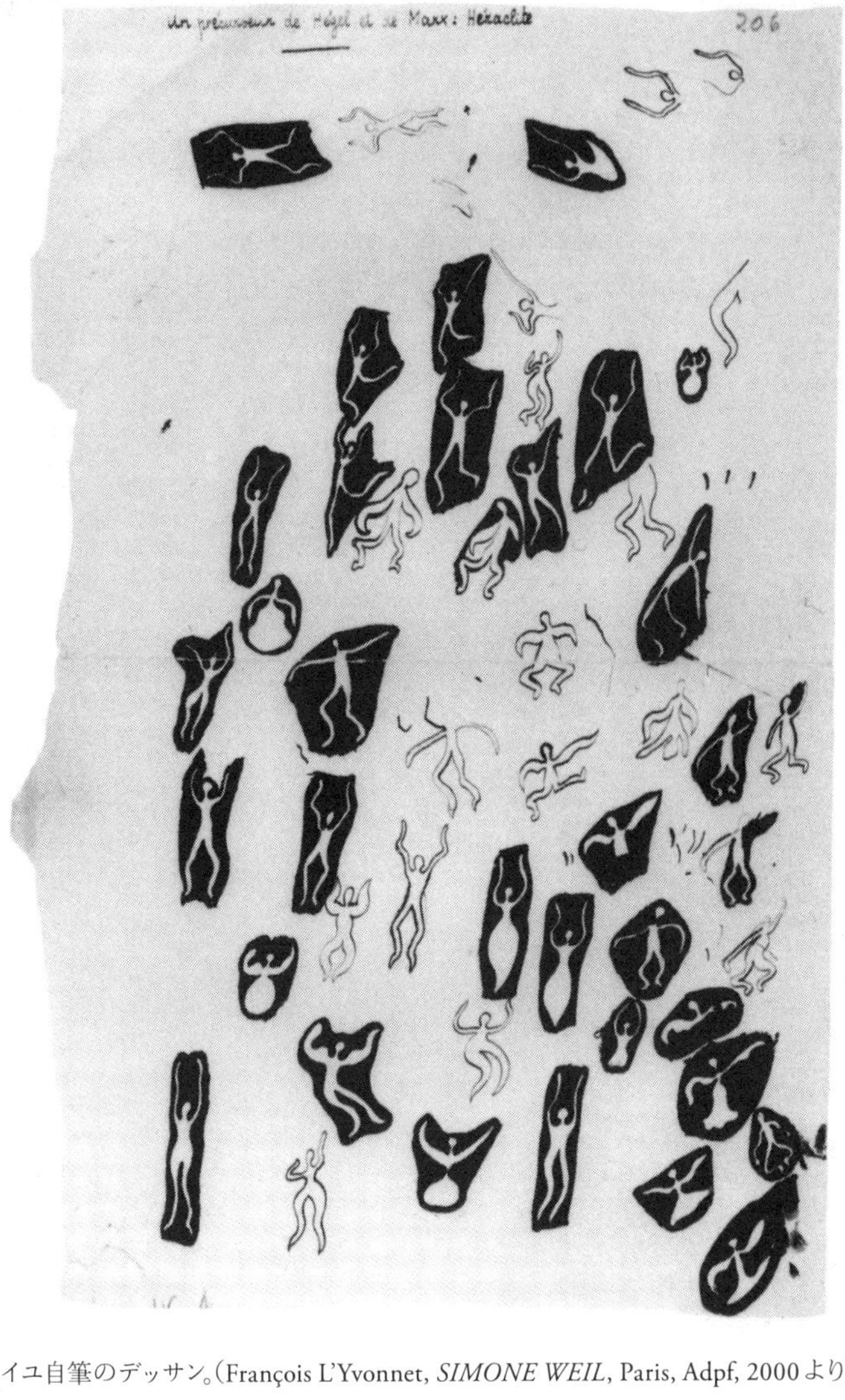

ヴェイユ自筆のデッサン。(François L'Yvonnet, *SIMONE WEIL*, Paris, Adpf, 2000より)

過できない事実と言ってよいだろうが、それは具体的にどの程度の影響なのかを次節以降で検証したい。

まず始めに、ヴェイユが「キリストの受難という思想が私の中に決定的に入ってきた」と言うときの、ヴェイユにとっての「キリストの受難という思想」とは詳しくみると何であるのか、またそれがヴェイユの「犠牲」観念にいかなる具体的影響を与えているかについて、注意深く精察する必要があるだろう。次節では、彼女の神秘体験後の聖書との関わりやそれによって形成された独自のキリスト論、神論を、彼女の晩年の「犠牲」の観念生成とのかかわりにおいて考えることから始めたい。参照するのは、ヴェイユ晩年の一九四〇―四三年にマルセイユ、ニューヨーク、そしてロンドンで書かれた『カイエ』『ある修道者への手紙』『神を待ち望む』『前キリスト教的直観』である。結論を先取りして言うと、実は、彼女の聖書論、キリスト論、神論には、キリスト教教義と相入れない独自の見解が見られるのである（第三・四節）。また彼女の晩年の「犠牲」観念発生には、キリスト教のみならず彼女の他宗教研究も深く関与していたことも明らかになるのである（第五節）。

三　聖書、キリストとの出会い

1　聖書を読むヴェイユ

前節で述べたように、ヴェイユは、一九三五年夏から三八年春のあいだに計三回「カトリシズムとの重要な接触の機会」を持ち、その際「キリストの受難という思想が決定的に入ってきた」と感じた。また、その後の一九三八年末と四〇年夏には「キリスト自身が下ってきてとらえられる」、「キリスト自身が来る」といういわゆる神秘体験もした。このような直接的なキリスト体験のあとヴェイユがいかに聖書を読んだのかを検証し、彼女の聖書の受容の仕方、またそれと彼女の「犠牲」概念との間に関係性があるかどうか、あるとすればどのようなものかを考察する。

(1) 聖書に書かれた犠牲

ヴェイユが神秘体験以前に聖書に関して言及することは少なかった。高等師範学校においてアランの指導のもとで一九二五年十月以降に書いた小論文の中に、数回にわたって新約聖書からの引用が見られるに留まる。[60] したがって、神秘体験以前の彼女が聖書に触れた機会は、一九二五年の秋頃、すなわちアンリ四世高校の最高学年になって高等師範学校文科への受験準備学級に進級した頃に、新約聖書中の四福音書を読んだという程度ではないかと推測される。[61]

旧約聖書については、一九三五―三八年における計三回の「カトリックとの本当に大切な接触の機会」の後、ヴェイユがある程度読み、また一九三八年一月以降には、初めて全巻を通読したことがわかっている。[62] また一九四〇―四二年のマルセイユ滞在中にヴェイユは、ラビナ版聖書（La Bible du Rabbinat）[63]を購入して数週間のあいだに読了したとされる。すなわちマルセイユにおいて一カ月ほど読みさらに亡命した先のニューヨークで二週間読んだとのことで、合計六週間程度で旧約聖書全巻を読了したということになる。[64]

新約聖書については『カイエ』（一九四一年九月―四三年八月執筆分）、『神を待ち望む』『前キリスト教的直観』『神の愛についての雑感』（一九四一―四二年にかけての冬）の中に数多く言及があり、この時期常に手元において参照していたことがわかる。特に『カイエ』『前キリスト教的直観』には、以下のような「犠牲」「受難」をめぐる内容の引用が多数見られ、この概念を主たる関心のひとつとして彼女は新約聖書を読み込み、共感を覚えて書いたことは明らかである。

例えば、一九四一年九月以降、絶筆の四三年八月までの『カイエ』には、新約聖書の中の「受難」「犠牲」への言及回数が約二〇回近くあり、特に一九四二年三月から四三年七月までのマルセイユおよびニューヨーク滞在期の頃（K10～18（第一〇―一八分冊））に集中的にみられる。

実にキリストはみずからを犠牲にささげて罪を消し去るために、この世の終焉のときにただ一度だけ現れたのである。人間がただ一度だけ死ぬことになっており、そののち最後の審判が来るように、キリストもまた多くの人々の罪を取り除くために、ただ一度だけささげものとされたのである。[65]

これは、「ヘブライ人への手紙」九章二四—二八節の抜書きである。また、「マタイによる福音書」二七章四六節および「マルコによる福音書」一五章三四節にある「わが神、わが神、なぜわたしをお見捨てになったのですか」という十字架の受難の際に苦悶するイエスの言葉をしばしば引くのが目につく。例えば『前キリスト教的直観』に収められた「神の降臨」というテクストには次のように書いている。

不幸の主な効果は、魂をしてキリスト自身が叫んだように、「なぜか」と叫ばせ〔…〕絶え間なくこの叫びを繰り返させることである。いかなる答えも無い。〔…〕この宇宙全体は合目的性に欠けている。不幸によって引き裂かれたゆえに、この合目的性を求めて絶えず叫びつづける魂は、この無に触れるのである。〔…〕もし魂が愛することをやめないならば、いつか、答えはないのだからその叫びに対する答えではなく、どのような答えよりも無限に意義にみちた何ものかとして、神の言葉そのものとして、沈黙の声を聞く日がくる。その時魂は、この世における神の不在は天にある神のこの世でのひそやかな現存と同一のものだということを知る。しかし神の沈黙を聞くためには、この世において報いられぬまま合目的性を追求することを余儀なくされたことがなければならず、そして、二つのことのみが、それを余儀なくさせる力をもっている。すなわち、不幸か、美の感情によって生ずる純粋な歓びか、である。〔…〕不幸はキリストの道である。キリストの叫びと「父」の沈黙とは、一体となって至高の調和をなす。(66)

このようにヴェイユは、特に一九四〇年以降に「犠牲」「受難」をひとつの軸として新約聖書全体に共感、信頼を表明しているが、それと比較すると、当時の旧約聖書に対するヴェイユの態度は、明確に二つに分かれている。すなわち、旧約聖書に関しては、彼女が評価する書と、厳しく批判・拒否する書があるということである。彼女が好意を示すのは、以下の一〇巻に限られる。

（1）預言書のうちの三巻……「イザヤ書」、「エゼキエル書」、「ダニエル書」
（2）文学書のうちの四巻……「箴言」、「雅歌」、「詩篇」、「ヨブ記」
（3）歴史書のうちバビロン捕囚以後を扱った三巻……「エズラ記」、「ネヘミヤ記」、「エステル記」

「イザヤ書」については、特に「苦難の僕《しもべ》」の贖罪による救済の告知が、ヴェイユの関心を引いたようである。(67) それは「第二イザヤ書」五三章に描かれているもので、この章は特に、イエスを十字架で失った初期キリスト者たちが、イエスを救世主と認めつつその悲惨な最期をどのように理解すべきか苦悩した結果、この部分にその受難が前触れされているとして、彼らがイエス受難の意義を理解する際のよりどころとしたとされるものである。ヴェイユもここにキリストの前表を見ていた。

「イザヤ書」の義人の沈黙、「侮辱され虐待されてもかれは口を開かなかった」(「イザヤ書」五三章四―七節)。キリストの沈黙。神の契約のようなもの、神が自らと結んだ契約がこの地上においては真理に沈黙を強いるのだ。打擲され嘲笑されたキリストの沈黙、それはこの地上における真理と不幸の二重の沈黙である。(68)

また、言うまでもなく、「ヨブ記」については、信仰の厚い義人ヨブが数々の「受難」にあって信仰を試される書であり、ヴェイユはそこに惹かれていた。(69)

「ヨブ記」。受肉し、苦しみ、死んで、復活し、贖《あがな》い主となった神の物語をあるユダヤ人が翻訳し、いわば世俗化したものにちがいない。ヨブはプラトンの不幸な義人である。まったき義人であるが故に不義の人とみえるのである。(70)

「ヨブ記」はひとつの奇跡である。人間精神が耐えきれない苦痛の拷問のもとにあるのでなければ構想し得ない様々な思想が、そこでは完全なかたちで表現されているからだ。(71)

また、他の「エゼキエル書」、「ダニエル書」についても、また「エズラ記」以下の歴史書についても、ユダヤ民族がバビロン捕囚という徹底的な抑圧、不幸の体験を経てその受難の意味を切実に神に問いかける内容を持っている。ヴェイユが好んだ旧約聖書の各巻には、このように、「犠牲」「受難」の要素が共通してみられる。

(2) 旧約聖書批判　ところが、他方でヴェイユは、旧約聖書のうち以下の書を厳しく批判、拒否する。それらは、すべてユダヤ民族がバビロンに捕囚される以前の巻である。

(1) 律法書すべて(モーセ五書)……「創世記」、「出エジプト記」、「レビ記」、「民数記」、「申命記」

(2) 歴史書のうちバビロン捕囚以前を扱った巻……「ヨシュア記」から「歴代誌」下まで

律法書については、ヴェイユは以下のように批判している。

モーセが説いていることの中には、愛の教えはまれにしかなく、それもおぞましいほどむごたらしく不正な掟のうちにまぎれてしまっている。バビロン捕囚以前の聖書の部分では（ただし〔…〕「詩篇」、「ヨブ記」、「雅歌」を除いて〔…〕）神はつねに力の属性のヴェールでおおわれている。[72]（括弧内ヴェイユ）

ヴェイユは、「力（puissance）」の神を批判し、神は「愛」であるはずだ、と言う。そして、旧約聖書の神は「力」であるという観念しか持っていないとして、次のように言う。

神への愛が感じられるのは、ほぼ確実に捕囚以後のテクストにおいてのみである。前面に出ているのは愛ではなく、力である。[73]

ところで、ヴェイユが批判する、旧約聖書の神における「力の属性」とは何だろうか。例えば、歴史書の中で、ヴェイユが批判した箇所を具体的に見ると、それがよくわかるだろう。彼女が最も憤慨した物語の一つに、神がサウル（「サムエル記」上、九―一五章）を捨てた話や、預言者エリシャ（「列王記」上・下）に関する物語があった。[74]

すなわち、サウルはイスラエル最初の王で、預言者サムエルに油を注がれて王となるが、神から「罪を犯したアマレクを滅ぼし尽し、皆殺しにするまで戦い抜け、アマレクに属するものは一切、滅ぼし尽せ」と命じられて出陣し、神の命令どおりアマレクの部族を倒す。しかしサウルが滅ぼし尽すべきもののうち羊と牛とを神への供え物として取り分けて生かしておいたところ、サムエルを通して「主が喜ばれるのは焼き尽す献げものやいけにえだろうか。むしろ、主の御声に聞き従うことではないか」と叱責され、ついに神から見放されダビデをライバルに立てられ、最後は王座を追われることになる。ヴェイユは、この神が下した、アマレク人を「皆殺し」せよという残忍な命令や、それにわずかでも従わず数頭の動物を殺さなかったからといってサウルを見捨てる旧約の神そのものに激しい反感を感じた。

また、「列王記」下、二章二三―二四節においては、預言者エリシャ(75)のことを「はげ頭、はげ頭」と嘲った小さい子供たちをエリシャがにらみつけ主の名によって呪ったところ、二頭の熊が現れて、子供四二人を引き裂いた、という預言者エリシャについての小逸話がある。ヴェイユはこの話に憤慨して旧約聖書中最も残酷な逸話のひとつと呼んだ(76)。

このように、旧約聖書のバビロン捕囚までの内容には、一見排他的で、容赦のない神、また怒り、裁き、暴力的で残忍な神が描かれており、これをヴェイユは「力の属性のヴェールにおおわれている」と表現している。またイスラエル民族以外の周辺他民族や子供などの弱者に対する配慮の無い内容が旧約には見られるとヴェイユは考えていた。すなわちヴェイユは、バビロン捕囚以前の旧約聖書を、イスラエルという一民族の栄光を称える書物であり、描かれている神が暴力的・独善的な「力」の神で、とても新約聖書のイエスの犠牲とひきかえに人々を許す「愛」の神とは同一の神を描いているとは思えないとして、批判したのであった(77)。逆に、文学書をなぜヴェイユが好んだかというと、それらの書は、旧約聖書の中で、最もユダヤ的でない特徴、すなわち時間、場所を超えた普遍的な美しさを持った内容であるからだった。

(3) 旧約の登場人物たち――アブラハム、ノア

ただし、このようにバビロン捕囚以前の旧約聖書を強く拒否するヴェイユでも、「創世記」に出てくるいくつかの人物については、別の評価をする。例えば「創世記」一一―二五章に出てくるアブラハムについては、両義的な扱いをしている。一方で、ヴェイユはこの人物を、イスラエル創始者として強く拒否するが、他方で、彼が愛児イサクをも神の命令に従って献呈しようとしたことを重く見て、これこそ「犠牲」の完璧な手本である、として高く評価してもいるのである(78)。

まず、ヴェイユのアブラハムへの拒否は以下のように表現されている。

アブラハムに始まり、その子孫すべてにあって(ダニエル、イザヤなど数人の預言者は別として、他には?)万事がまるで計ったように穢れにまみれ惨めたらしい。あたかも明確に示唆するためであるかのごとく(79)。(括弧内ヴェイユ)

他方、次のように評価する態度も見せる。

他者の死から生じる苦しみ、それは真空より生じる苦しみ、不均衡から生じる苦しみである。その後は対象を失った努力、報いの無い献身。〔…〕真空を受け入れること。これは多くの形態のもとに見出される。〔…〕アブラハムの犠牲。真空としてこれ以上完全なものがあるだろうか？[80]
（傍点ヴェイユ）

またノアについては、やはり旧約聖書のモーセ五書のひとつである「創世記」八章に出てくる人物ながら、ヴェイユは例外的に高い評価を下している。ノアについては、「ノアの三人の息子と地中海文明の歴史」（AD）の中に、犠牲をめぐる以下のような記述がある。

ノアが啓示を受けたということには、もう一つの証明がある。それは、聖書の中に、神がノアにおいて人類と契約を結んだといわれていることだ。〔…〕神が人間と結ぶ契約は啓示にほかならない。この啓示は犠牲の観念と関係がある。ノアの犠牲の香りをかぐことによってこそ、神はもう決して人類を滅ぼす考えを抱かないことを決心したのだ。この犠牲は贖《あがな》いだった。キリストの犠牲が予感されていると信ずることもできるほどである。[81]

これらアブラハムやノアへの評価を見ると、ヴェイユが聖書読解の際に、やはり「犠牲」という一つの評価軸を持っていたということがあらためて確認できるだろう。

以上より、結論として、彼女の聖書の読みに関しては、特に一九三八年以後、明らかに「犠牲」「受難」の観念を基準にして旧約・新約の各書に対する評価がなされているといえよう。

2　キリストとの出会い

次に、彼女のキリスト論を見る。

(1) 受肉と三位一体

キリスト論とは、当然のことながらイエス・キリストをどう理解するかという問いで、キリスト教教義史においては最も重要な問題である。キリスト教史においてどのようにイエス・キリストが理解されてきたかを簡単ではあるが概観するとすれば以下のようになるであろう。紀元一、二世紀、グノーシス主義やマルキオンが、キリストの受肉を否定する仮現説（イエス・キリストの神的本質は終始不変であり、受肉や地上での生涯は仮象に過ぎないとする見方）に立った。これに対して、ユスティノス（二世紀前半）、オリゲネス（二世紀後半―三世紀前半）などの教父たちは、「ヨハネ福音書」を主たる根拠に[82]、キリストを神のロゴスの受肉と見るロゴス・キリスト論を唱え、三位一体論を確立した。この三位一体論は、ニカイア公会議、コンスタンティノポリス公会議を経て五世紀のカルケドン公会議までに成立したとされる[83]。

ヴェイユはどうだろうか。彼女がキリストに出会ったとする告白の手紙には、キリストをどのように理解するかは述べられてはいないが、彼女が同時期に書いた他の書簡中には、例えば次のような文章がある。

私は信じる、神、三位一体、受肉、贖罪、聖体、そして福音書のもろもろの教えを。(84)

この死の直前（一九四三年夏）に書かれた信仰告白に近いメモを見る限り、彼女がたとえマルキオンやグノーシス主義に親近感を持っていたとはいえ、キリスト論においては、彼らの仮現説にくみすることがなかったことがはっきりとわかる。(85) 短いながらもこの一文の中で彼女は自分のキリスト論をはっきりと述べている。すなわち、キリスト論に関する部分は、三位一体、受肉、贖罪の部分だと思われるが、ここで彼女は、イエス・キリストが人性と神性の両性を持つ存在であるという、教義上の正統的キリスト論を受け入れている。これは言い換えれば、神のロゴスが受肉をして地上に現れ、贖罪のため十字架の受難を受けたということを信じるということである。また、イエス・キリストを、父・子・聖霊の三位一体の一位格として信じている、ということである。

明らかに、ここでみられる限り、彼女にとってのキリストは、キリスト教教義がわれわれに示すキリスト像と変わりない。すなわちヴェイユにとってのイエス・キリストとは、神のロゴスが受肉した神でもあり人間でもある存在であり、したがって三位一体の神の一位格である。

上記のように正統的なキリスト論を受容していたヴェイユであるが、さらに具体的に彼女がイエス・キリストのどこに最も魅かれたかについて注目すると、実は彼女が独自の視点を持っていたことに気づかされる。

（2）受難と犠牲

福音書がキリスト復活への言及を一切省いてくれたならば、私にとって信仰はもっと容易になるでしょう。十字架だけで私には十分なのです。私にとっての証拠、真に奇跡的なことがらは、受難の叙述の完璧な美しさです。〔…〕奇跡に対して無関心な態度を取ることは、私の信仰の妨げにはならないのです。十字架は私に対して、ほかの人にとっての復活と同じ結果を生み出しているのですから。[86]

『ある修道士への手紙』でヴェイユはこのように述べて、福音書において描かれるイエス・キリストの生涯のうち、彼が十字架にかけられたという事件、すなわち受難こそが重要なのであり、イエスがその後復活したか否かについては自分にとっては、不要な内容だとしている。

そもそも、イエスの復活記事は四福音書全てに掲載されているものの、例えば「マルコによる福音書」には復活者の顕現については何も語られていないことからもわかるように、福音書記者によってその描写には相違がある。イエスの惨めな十字架上の死後、福音書記者も含めて残された人々は、イエスの死とは何だったかと自問し、その死を理解しようと、すがる思いで旧約聖書を読んだと推測されている。その過程で黙示文学（「イザヤ書」二六章一九節、五三章四―六、八、一〇、一二節、「ホセア書」六章二節、「ヨナ書」二章一節、「エゼキエル書」三七章一―一〇節、「ダニエル書」一二章など）に救世主となるべき人間の受難と復活を見出し、その理解の延長で、初期キリスト教における救世主としてのイエス・キリストの受難の意味づけ、復活信仰が定着し、最終的に教義として成立したとされる(87)。

ヴェイユはといえば、こうしたキリスト教教義におけるイエス・キリストの復活理解を共有していない。すなわち、彼女はイエス・キリストの「犠牲」にしか注目せず、イエスが死後に復活をして栄光の座についたとする「栄光のイエス・キリスト」（前述の通り、古代の初期キリスト教成立期において、イエスの十字架上の死を人々が受け容れつつ、確立してきた救世主としてのイエス・キリスト）に対して、批判的であり、したがってそのキリストによる救いを期待しないという立場をとる。

十字架があればこそ、聖ヨハネの言うようにキリストへの信仰が一つの規準になりうるのである。恥ずべき拷問を受けて殺された普通法の受刑者を神とみなして受け容れること、これぞまさしく世に打ち勝つことである（だから聖ヨハネは復活について語っていないのだ）。それはこの世から得られる保護をすべて放棄することだ。必然を愛し受け容れることだ。

しかし今日、キリストを敵視する者は別として、だれがキリストを普通法の受刑者などとみなすだろうか。人々は教会の歴史上の栄華を賛美しているのだ。[88]（括弧内ヴェイユ）

イエスが「普通法（droit commun）の受刑者」であったと強調して捉える視点は、聖書を歴史的、文献学的に検討するというディシプリンに基づいた、教義学とは対比的な学問である聖書学が確立している現代においては、めずらしいものではないだろうが、ヴェイユがこの文章を書いた一九四二年当時においては、おそらくかなり異色の、時代を先取りしたイエス解釈ではなかったかと思われる。[89]

彼女にとって最も心惹かれるイエス・キリストの姿とは、十字架上で「わが神、わが神、なぜわたしをお見捨てになったのですか[90]」と苦悩し、神から見放されたと絶望する、人間に最も近く悲惨な姿のイエス・キリストであったということは確かである。彼女はその従順の極みの中で不幸に喘《あえ》ぐイエスにこそ、人間から神に捧げうる究極の「犠牲」を見たのである。[91]

(3) 普遍としての犠牲

しかし、このような彼女の「十字架上のキリスト」を最も重視するキリスト論や、その後の復活・栄光に対する懐疑などは、批判的に聖書を読解しようとする聖書学ならば共有しうる問題意識であり、またキリスト教教義の枠組み内にありつつ知性を窒息させずに聖書を読もうとする者ならば、たとえキリスト教徒であっても十分に共感されうるキリスト論であり懐疑であると思われる。しかし、ヴェイユのキリスト論は実は、決定的にキリスト教教義と異なる側面、キリスト教信仰の枠組みの中からは容認できない特徴をもっている。すなわちそれはヴェイユが、十字架にかけられたキリストの「犠牲」は地域・時代を問わず遍在する数多くの「犠牲」のひとつにすぎないと断定する点である。

キリスト諸表象のリスト

プロメテウス。ギリシアの幾何学の比例中項。プロセルピナ。オシリス。アッティス。アドニス。「グリム童話」白雪姫。七羽の白鳥の姉妹、〔…〕。〔…〕オレステス。ヒッポリュトス。『国家』の義人。『ファイドロス』の「叡智」。ヨブ。青銅の蛇。ザグレウス。エジプトのヘラクレスに自己を顕示したとき、ゼウスがその外観を取って現れたという屠られた牡羊。オーディン。メルキセデク。ノア。クリシュナとラーマ。「ノロウェイ公の牡牛」の花嫁。アンティゴネー。道教。(92)

ノアはオシリスにちがいない。オシリスはまたディオニュソスでもある。それはみずからを犠牲にささげて人類を救った贖《あがな》い主である。それはまたプロメテウスでもある。(93)

キリスト教においては、イエスの十字架上の死という受難・犠牲は、歴史上ただ一度の事件であり、救済史観という直線的な歴史観の根幹の一つにそれはある。イエス・キリストの受肉と十字架上の死は、キリスト教のアイデンティティの根幹をなす最重要な教義の一つである。この唯一性を否定してあらたな解釈を提示するヴェイユと、キリスト教教義の違いは決定的なものといわざるを得ない。

上記引用に見るように、ヴェイユにとっては、キリストの受難は時代・地域を問わず繰り返される現象であり、エジプト神話のオシリスや、古代ギリシアのプロメテウス、アンティゴネーや、旧約中のノア、ヨブ、またインドのクリシュナとラーマなどは、キリストと同等の価値を持った救済主的存在、キリストが様々な姿形をもって様々な地方や時代に現れた、その現れなのである。逆に言えば、彼女にとってのキリストとは、歴史上あまた存する「受難の義人たち」のうちの一人なのであった。

キリストは、人間が彼を追放することさえなければ、この地上に、犯罪と不幸のあるどこにでも臨在します。〔…〕

第一、聖ヨハネが「世界の創造の時からすでに屠られていた子羊」〔「黙示録」一三章八節〕のことを語っているのです。

キリスト教の内容がキリスト以前に存在していたことを証拠立てるのは、その後人間の行動にさほど重大な変化がなかったという事実です。(94)

完全無欠の人を殺すほどの残忍な罪を犯したあとで、人類が前よりもよくなったはずだ、などと考えられる理由は何もありません。そして事実、全体としての人類は前よりもよくなったとは思われません。

贖罪というものは、そういうこととは別の次元、永遠的な次元に位置しているのです。一般的に言って、完徳の度合いと年代的順序との間のつながりを証明してくれるような証拠はないのです。

キリスト教は、以前には人の知らなかったこの進歩の観念を世界に導入しました。そしてこの観念が近代世界の毒となり、近代世界を非キリスト教的にしたのです。この観念を捨ててしまわなければなりません。永遠を見出すためには、年代的順序の妄信から解放されることが必要です。(95)

ヴェイユはキリスト教における「進歩」「年代的順序」などを含んだ救済史的歴史観を否定し、むしろ古代バビロニア、古代ギリシア、ヒンドゥー教世界などにみられる、循環的時間意識のほうにくみしている。

「世界の創造の時からすでに屠られていた子羊」(『黙示録』一三章八節)という表現を何度かヴェイユは引用して、「キリスト以前から犠牲となる贖《あがな》い主は存在する」ということを言うための論拠にしている。[96] その上でヴェイユは、キリスト教の歴史以前や地域外にもキリスト〔の諸表象〕は存在する、と言うのである。

四　神を知る、神を食する

このヴェイユのキリスト観と深い関連をもつヴェイユの神論、聖餐論を次に見てゆきたい。実はそのどちらにも、ヴェイユのキリスト観同様、キリスト教教義における神や聖餐とは異なる独自の思想がある。

1　神　論

ヴェイユの神論を知るのに、もっともその特徴がよく表れているのが、創造についてのとらえかたである。神はいかにこの世を創造したか、ヴェイユは次のように考える。

神が創造したのは、ただ自身を隠すことによってのみ可能であった。そうでないと、神のみが存在するだけになるだろう。[97]

ヴェイユにとって、神は全能でありすべてである。したがって、神以外のものがこの世にあるという事実、すなわち宇宙や人間が存在しているということは、神が自分から身を引いてこの世が存在する場を創り、また人間を存在させたということになる。ヴェイユにとってのこの神の創造行為とは、神の自己後退に他ならない。そうでなければ、この世も人もなく、神だけが充溢している状態が永遠にあるはずだ、というのがヴェイユの考え方である。したがって、それに従えば、神が人間を存在させたということは、神みずからが自分の思い通りになる部分を放棄して、自らの存在を縮小させたことに他ならないのである。

神はわれわれに存在を与えるにあたり、自らの権利を放棄した。(98)

創造、すなわち自己放棄。(99)

さらにヴェイユは、受肉（神のロゴスが肉体を伴いイエス・キリストとなってこの世に下ったこと）という神の一創造行為を例にとって、以下のように言う。

受肉は神の放棄の充溢である。(100)

放棄。創造における神の放棄にまねぶこと。〔…〕神は、十字架に吊り下げられるほどまでに、すべてであることを放棄した。[101]

このようなヴェイユの神は、決して人間の歴史に介入することがない。人間に自由を与え、思いのままにさせる神である。神はこの世にあっては無力であり、また、その無力は人間のために神が自らを犠牲にして自らに課すものなのである。

神の無力。キリストは十字架につけられた。父なる神はかれが十字架につけられるままにした。同じ無力のふたつの面。神は、自らの全能の力を行使しない。もし神が行使するなら、私たちは存在しないだろうし、なにものも存在しないであろう。創造、神は必然性によって自らを束縛なさった。[102]

以上のようにヴェイユは、神とはこの世や人間を創造した際に自らの存在の一部を人間に明け渡した存在であると考えている。すなわち、ヴェイユの考える神とは、人間のために自らを犠牲にして苦しむ神なのである。[103]

2 聖餐論

そして、以下の点も彼女独自の理解であると思われるが、彼女によればキリスト教の聖餐式というのは象徴的儀式ではありえず、聖餐があるその度ごとに神は人に食され、「犠牲」になっているということである。

空腹のとき、一切れのパンを食することは、宇宙及びその創造主と一体となることである。[104]

この「一切れのパンを食する」「一体化する（communier《コミュニエ》）」という表現は、一九四二年の『カイエ』の中で使われている表現だが、その四年前（一九三八年）にヴェイユが経験した、ある聖餐式での神秘体験と関係が深い。それは、第二節でも紹介したサン・ピエール・ド・ソレム修道院での経験である。ヴェイユがその修道院の復活祭のミサに出席したとき、あるカトリックの英国青年（後に彼女にG・ハーバートの詩「愛」を教えた青年）が、聖体拝領（communion《コミュニオン》）のパンを受け、その後に彼女には彼が「本当に天使のような輝きを身につけたように見え」、彼女は「それによって初めて秘蹟の超自然的な力を考えるようになった」[105]。この体験を契機に、ヴェイユは聖体拝領の儀式に非常な関心を示すようになったのだった。

ここでキリスト教の聖体拝領について、いかなる意味を持つ儀式か確認しておきたい。そもそも聖体拝領とは、イエスが死を迎えるにあたって弟子たちと別れの食事をした際に、パンをとって「これは私の体である」と言い、ぶどう酒の杯をとって「これは多くの人のために流される私の血、契約の血である」と言って弟子たちと分け合った、という福音書の記事に由来している。[106] そしてこの儀式には、キリスト者をキリストの死と復活の神秘に参与させ、互いに結集させるという意義があり、原始キリスト教会以来現在に至るまで、教派を問わずキリスト教礼拝の中心をなす儀式として行われているものである。[107]

さて、この聖体拝領をめぐる神秘体験の後、ヴェイユは、聖体拝領のパンを単に象徴としてとらえるべきではない、と考えるようになる。そして、聖体拝領においては常にキリストの犠牲がある、すなわち人のためにすすんで死に赴いた神の苦しみがある、と言うようになる。[108] 人が聖体拝領をするそのたびごとにキリストの「犠牲」が繰り返され、神の苦しみがある、と考えるのは、どのキリスト教の教派とも異なるヴェイユ独自の聖体拝領の解釈である。

そしてさらにヴェイユは、この聖体拝領における神の犠牲という考え方から発展して、この儀式には、食というものが究極的には「人が神を食すること」に他ならないことが示されていると考えるようになる。彼女によれば、食物は植物・動物の別を問わずに、最終的には「神の犠牲」であって、人はそれらを食することによって肉体的・精神的糧を得る、と言うのである。[109]

こうしてヴェイユは、聖体拝領（communion）との神秘主義的出会いを転換点として、人が「食する」とは人が「神を食することにより神と一体化すること（communier）」であり、食物はすべて神の犠牲である、と考えるに至ったのだった。

さらにもう一点、ヴェイユが聖体拝領に関する神秘体験から大きな影響を受けつつも、それをキリスト教の教義どおりに理解していない点があることを指摘したい。それは、聖体拝領（communion）の語源が、ラテン語の communio「交わり、分かち合い」にあるということである。先に見たように、キリスト教における聖体拝領には「キリストの聖体を拝領することでキリストの受難を想い起こす」という意義があるが、そのほかに「信仰を共にするもの同士の分かち合い、交流、結束」という重大な意味もある。ヴェイユは、最終的に洗礼を受けず、聖体拝領を介したキリスト者の交わりには加わろうとはしなかったので、聖体拝領における「信者同士の分かち合い」という点を重視していたとはいえない[110]。それでは、彼女は聖体拝領の根源にある交わり、分かち合いの精神をまったく無視していたということになるだろうか。

　これについては、ヴェイユの「プロローグ」という題の詩がわれわれに多くを示唆してくれる。ヴェイユにとっての「communion《コミュニオン》」や「食」が誰との間の交わりであり、分かち合いであったのかが非常によく理解できる詩である。

　この「プロローグ」は、まず「ある人」が突然部屋に入ってきて、「私と一緒に来なさい」と彼女に語りかけるところから始まる。二人は新しくて醜い教会に行った後で、ある港の見える屋根裏部屋に入る。そこで次のようなことが起こる。

　時に彼は沈黙し、戸棚からパンを取り出した。われわれは、それを分け合った。そのパンは、本当のパンの味がした。私はそれ以後二度とその味を味わうことはなかった。彼は

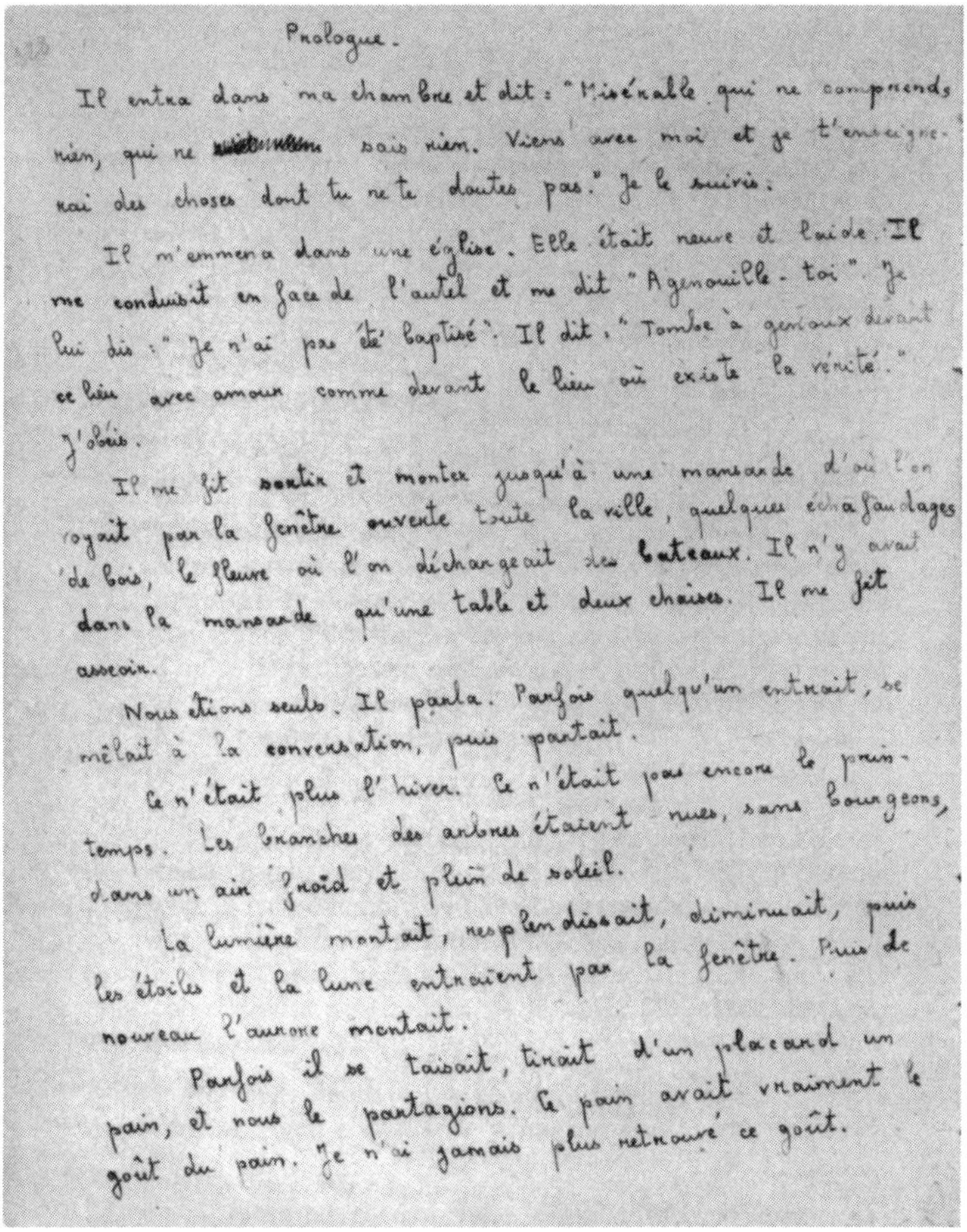
Prologue.

Il entra dans ma chambre et dit : "Misérable qui ne comprends rien, qui ne sais rien. Viens avec moi et je t'enseignerai des choses dont tu ne te doutes pas." Je le suivis.

Il m'emmena dans une église. Elle était neuve et laide. Il me conduisit en face de l'autel et me dit "Agenouille-toi". Je lui dis : "Je n'ai pas été baptisé". Il dit : "Tombe à genoux devant ce lieu avec amour comme devant le lieu où existe la vérité." J'obéis.

Il me fit sortir et monter jusqu'à une mansarde d'où l'on voyait par la fenêtre ouverte toute la ville, quelques échafaudages de bois, le fleuve où l'on déchargeait des bateaux. Il n'y avait dans la mansarde qu'une table et deux chaises. Il me fit asseoir.

Nous étions seuls. Il parla. Parfois quelqu'un entrait, se mêlait à la conversation, puis partait.

Ce n'était plus l'hiver. Ce n'était pas encore le printemps. Les branches des arbres étaient nues, sans bourgeons, dans un air froid et plein de soleil.

La lumière montait, resplendissait, diminuait, puis les étoiles et la lune entraient par la fenêtre. Puis de nouveau l'aurore montait.

Parfois il se taisait, tirait d'un placard un pain, et nous le partagions. Ce pain avait vraiment le goût du pain. Je n'ai jamais plus retrouvé ce goût.

「プロローグ」草稿。（1941年、『カイエ』K11）

私と自分にぶどう酒を注いだ。そのぶどう酒は、太陽と、あのくに《シテ》が建てられている大地の味がした。(三)

その後、彼女は部屋から出され、それきり彼に会うことはできない。しかし彼女は、彼が自分を愛してくれていることを確信せずにはいられず、そこでこの詩は終わる。

この詩を読むと、「彼」と共にした静かな食事、この「彼」はヴェイユにとってのキリストとも神とも読むことができるが、この彼から与えられ、彼と共に分かち合って食べたこの食事が彼女に深い精神的な歓びをもたらしたことがよく伝わってくる。ここにはヴェイユにとってその食が神との直接的な交わりであり、分かち合いだったということが明確に示されているだろう。また、「本当のパンの味」のするパン、「あのくに《シテ》が建てられている大地」と「太陽」の味がするぶどう酒といったヴェイユによる味覚の描写には、食が人間にとって地上の肉体的行為であると同時に、超自然の世界に魂が触れる行為でもある、と彼女が考えていたことがよく表れている。ここに描かれた食こそ、ヴェイユにおける食の原風景である。すなわち、神と分かち合い、神と無媒介に交わる場である食、肉体的・精神的歓びに充ちた食、そしてこの地上と超自然の世界が結ばれる食、これらがヴェイユの食の思想の中心をなす概念であることは明らかである。ヴェイユにとって、食べる歓びとは、すなわち、神を食べる歓びであり、また神と食べる歓びだった。

だが、ヴェイユのこの食の思想は、神の食、神との食の歓びを確認するまでをその射程としたのではない。すなわち彼女には、最終的に「神を食する」ことや「神と共に食すること」をも拒否するような態度も見られる。

彼女にとっての食は、常に神に苦悩、人間に歓喜をもたらすものである。すなわち、神の「犠牲」の上に人間は生きているとヴェイユは考えている。その場合の神とは、イエス・キリストをはじめとするこの世に受肉して現れた神であり、また創造主でもある。ヴェイユによれば、まさにこの世は、その創造主が自ら身を退けることによって人間のために造ったものに他ならなかった。

創造、受難、聖体の秘蹟——常に同じこの後退の運動。(112)

したがって、もし人間が「神にも歓びがあるように」と考えるならば、自己保存のためのエネルギーを自分から剥ぎ取るようにしなければならない、自分も神と同じように苦しまねばならない、とヴェイユは言う。(113)そうして自ら世界から退くことではじめて、神がこの世界に再び充溢でき、それによって神に歓びがもたらされると彼女は考えるのである。

もし聖体拝領において、神の苦しみがわれわれにおける歓びであるならば、われわれの

苦しみが、心から同意されているときには、神における歓びであると考えてはいけないだろうか。(114)

そして、人間のこの「剥ぎ取り」や「後退」の苦しみの中で、神と人間の新たな深い一体化（communion）が成就される。これをヴェイユは、

人間は神を食べ、そして神によって食べられる。〔…〕コミュニオン。(115)

と表現している。

以上のように、ヴェイユが考える神と人間の関係は、互いの苦しみを媒介として結ばれた関係で、そこには徹底した苦悩の相互交換性という特徴がみられる。すなわち、この世の初めから現在に至るまで人間のために常に苦しみ「犠牲」をいとわない神に対して、人間はみずからを「犠牲」にし神に存在を返すべく全的承認をしなければならないこともある、ということである。したがって、ヴェイユにとって人間は、決して神から一方的に恵みを受けつつ、それに感謝と賛美を捧げるだけの存在ではない。人は、神の「犠牲」を食し、それによって生かされるが、実は神から自分が食べられること、自らも苦悩し「犠牲」となることを自発的に承認できる能力を与えられた存在である。彼女の考える神から人への愛、人から神への愛の相互交流

は、こうした「犠牲」とそれに伴う苦悩を媒介にせずにはありえなかった。彼女はこの「犠牲」と苦悩を通じた相互的愛の関係を次のように表現する。

神と人間の相思相愛は苦しみである。(116)

五　神秘体験再考

これまで第一章で述べてきたことを振り返っておく。第一節では、二十代のヴェイユが戦争に向かおうとする世界や、国内で困窮する労働者階級の人々の存在に心を痛め、怒りのパトスを抱いて平和運動や社会的活動に積極的にかかわったことを見た。第二節では、彼女の晩年に、怒りや告発といった動機が影を潜め、それに代って「犠牲」の観念が現れたことに注目した。そしてその原因として考えられたのは、(1)労働体験、(2)絶対平和主義の挫折、(3)キリスト体験であった。特に最後の彼女の神秘体験については、第三、四節で詳しく取り上げた。そこでわれわれは、彼女の神秘体験以後の聖書論、キリスト論、神論、聖餐論を見たのだが、それにより彼女の神秘体験と犠牲観念とのかかわりをはじめて明確にすることができたのだった。すなわち彼女が「キリスト」体験を経ていたにもかかわらず、実は彼女の聖書論、キリスト論、神論が必ずしもキリスト教教義とは一致していないことが明らかになった。本節では、第一章を締めくくるに当たり、第二節で提示した「犠牲」観念生成の原因としての彼女の神秘体験と、彼女の非キリスト教的キリスト観との関係についてあらためて考察したい。

ヴェイユが自分のカトリックおよびイエス・キリストとの接触体験を告白しているのは、知人ジョー・ブスケおよびジョゼフ＝マリー・ペラン神父への手紙（それぞれ一九四二年五月十二日、十四日付）においてであった。ヴェイユはこの経験について、この二人以外の人間には、家族、親友に対しても一言も漏らさなかったことがはっきりしている。[117] ただ、ブスケへの手紙とペラン神父へのそれ（五月十四日付）とを比較すると、神秘体験に関する具体的記述は、二日後に書いたペラン神父への手紙における記述のほうが圧倒的に多い。ヴェイユはなぜこの時期（神秘体験後七年ほどの後）に、またなぜ特にペラン神父を選んで告白をしたのか。

まず、右の手紙が書かれたのは、ヴェイユがマルセイユを離れてニューヨーク行きの船に乗る直前であることに注目したい。すなわち、戦時下であることやフランスとアメリカの距離などから、この出帆が、もしかしたら今生の別れになるかもしれないことを、ヴェイユが少なからず意識して書いた手紙だということである。だが、同時期に他の何人かのフランスに残る親しい友人にも同じように別れの手紙を書いているにもかかわらず（ギュスターヴ・ティボン、シモーヌ・ペトルマンなど）、ペラン神父宛の手紙にしか神秘体験の詳しい告白はない。それはなぜか。

次の理由が考えられる。ヴェイユは一生を通じて自分から積極的にさまざまな人間関係を結ぼうとし、常に自分から足を運んでよく人を尋ね、またまめに手紙を書いていた。ただし原則として交友の分野ごとにかわす話題は限定されていたらしい。すなわち、高校時代共に哲学を学んだ友人とは主として哲学を、労働運動、平和運動で知り合った人々とは政治を、文芸雑誌関係の知り合いとは文学・歴史を、というように、さまざまな人間関係があったとしても相手によって語る話題は基本的に限られていたとのことである。したがって、高校時代以来の友人たち、政治活動を共にした人々たちは、一九四〇―四三年当時のヴェイユの宗教への傾倒、著しい霊的深まりにはまったく気づかず、死後手記が出版されてからおしなべてその内容に驚かされたという。[118] その中で、ペラン神父は、ヴェイユが自らの宗教体験を打ち明けられる数少ない限られた人間だったわけである。[119] ではペラン神父とはどのような人物で、ヴェイユはいつから彼とどのようなつきあいがあったのだろうか。

ヴェイユがペラン神父（一九〇五―二〇〇二）に出会ったのは、彼女がマルセイユに到着してから九カ月ほどたった頃の一九四一年六月で、カトリック信者だった友人の紹介によるものだった。すぐにヴェイユは四歳違いで同じ三十代の若々しい神父に対し、兄のみならず父とも呼ぶほどの深い尊敬の念を抱くようになる。神父は、十一歳にして盲目となったが、自ら召命を感じてドミニコ会修道会に入り、二十四歳で司祭となっていた。一九四〇年当時は修道会内にユダヤ人支援機関を作ってユダヤ人の援助に奔走し、[120] その活動のため一九四三年にナチスに逮捕拘束されるという経験もしている。第二次大戦後も九十七歳で没するまで三〇冊近くの本を執筆し、その社会的正義感においても、博学で知的な宣教者としても、また障害を乗り越えて常に積極的に社会に開かれた信仰生活を邁進する生き方そのものにおいても、生涯幅広い層から尊敬を集める人物であった。ヴェイユが当時彼に出会って間もなく信頼をおくようになったことも理解に難くない[121]。ヴェイユはマルセイユ滞在中、しばしば神父に会いに行った。そして、ペラン神父の誘導により二人の会話は、彼女の洗礼問題をめぐって交わされることが多くなった。

私に洗礼の問題が起こりうるとは思っていませんでした。〔…〕誰か司祭が私に洗礼を授けることを夢にも思うはずがないと想像していました。もしあなたにお会いしなかったら、私は洗礼の問題を実際の問題にはしなかったことでしょう[122]。

あなたは洗礼の問題を私にとって実際の問題にし、私に信仰や教義や秘蹟を長い間近寄って、十分注意深く、真正面から見させました。私はそれらに対して自分のなすべきことを見分けて、果たさなければならなくなったのでした。あなたのおかげでなかったら、決してそうはならなかったと思います[123]。

ヴェイユはペラン神父と出会うことによって、はじめて自分の洗礼の可能性を考えるようになった。なぜかといえば、ヴェイユが神秘体験をし、三位一体の神を信じ、また聖体拝領への強い憧れを抱いていたりしたにもかかわらず、他方で、旧約聖書への強い反感や、独特のキリスト観、神観を持っていることを強く意識していたからだろう。ヴェイユは、そうした自らの旧約聖書への反感や独自のキリスト・神観などが教会の教義と相容れるはずがないと考えていたので、自分にとって洗礼は考えられないこと、したがって自分が聖体の秘蹟に与ることはありえないことと思いこんでいた。しかし、その可能性が自分にもあるとペラン神父から示されたことで、聖体拝領の儀式に特別な思いをもつヴェイユには大きな希望が見えた気がしたはずである。

ところが結局、ペラン神父と話し合いを重ねた結果、自分が教会に受け容れられるためには、自説の一部を放棄しなければならないことにヴェイユは気づく。一九四二年当時、彼女はペラン神父だけでなく、数人の神父に会って、それぞれに自分の聖書観、キリスト観、神観を開陳し、洗礼の可能性があるかどうかを聞いてまわった。ヴェイユは当時、自由主義的な神学者に会いたいと語っていた。ヴィダル師（カルカソンヌ神学大学学長）には、実は口頭で自らの神秘体験を示唆までしたが、「洗礼からはほど遠い」と言われ、またベネディクト会士クレマン・ジャコブ神父からは「異端だと思う」とされた。[124] ただ、確かに返答は一様に否定的だったものの、それぞれ神父の神学的基準・尺度はかならずしも一定でなく、自説の中で問題とされる部分、許容される部分が、各神父によって異なることにも、彼女は気づかされた。最終的にヴェイユは、自説の聖書観、キリスト観、神観は捨てられないという結論に達し、洗礼、聖体秘蹟に与ることのほうを断念することになる。

上にみたように、その後彼女は一九四二年五月十五日にアメリカに向けて出帆することが決まり、それにあたって、ペラン神父に別れの手紙を書いた[125]。何度も直接会っていたにもかかわらずそれまでまったく話さなかったみずからの三回に及ぶ（一九三五年ポルトガル、三七年アッシジ、三八年ソレム）カトリックとの親しい接触、ならびにキリスト体験（一九三八年、四一年以降）を、ブスケの手紙には見られなかった具体的な日付やより詳細な描写を加えて具体的に語ったのだった。

ペラン神父は、後世「ヴェイユの霊的指導者」と呼ばれるようになった。やはりヴェイユは、当時からペラン神父こそ自分の霊的指導者であったと認識していたのだろうか。だから感謝して彼に打ち明けたということになるのだろうか。

ところが、この五月十四日付のヴェイユからペラン神父への手紙を見ると、確かに詳しく書いてはいるものの、実際にはヴェイユは、自分の霊的な問題については「あなた」（＝ペラン神父）による仲介や導きは必要ではなかったこと、なぜなら、「私」（＝ヴェイユ）には神が直接働きかけ、いまも神による導きがあるからだ、と強調していた。

あなたは私にキリスト教の霊感も、キリストも、もたらしてくださったのではありません。というのは、私があなたに出会った時には、すでにそれはなされるべきことではなくて、人間の仲介なしになされていたことだったからです。[126]

あなたは私にとって父のようであると同時に兄のようであると申し上げたことがあります。けれどもそういう言葉はただ類比的なものをあらわすだけです。多分結局はただ情愛と感謝と尊敬の感情に対応する言葉にすぎません。なぜなら私は自分の魂の霊的な指導については、神御自身がはじめから手を引いてくださったもの、そして今も手をにぎったままでいてくださっているものと考えているからです。[127]

これらは一見傲慢にも見えるヴェイユ自身の発言であるが、実はその根拠としてカトリックとの接触体験ならびにキリスト体験が告白されるのである。

他方、ヴェイユはペラン神父に「人間に可能な限りのお世話になった」と言い、次の点を挙げる。第一に、知的誠実は信仰に反するものではないということを初めて教えてくれたこと、第二に、自分の洗礼の可能性を初めて指摘してくれたこと、第三に、人間にありうるかぎり最も強く最も純粋な霊感の源泉となってくれたこと、を指摘し、ペラン神父に心からの友情と信頼、また深い感謝を述べている。おそらく、同時期に訪ねたどの神父よりも寛大な心で忍耐強く自分と議論してくれたことをヴェイユが感謝していたことは事実だろう。

しかし、ヴェイユは、そのような神父に落胆をさせて申し訳ないが、「自分は神から一度も神が教会に入ることを望んでいるという感覚を持ったことがありません」と強調する。

結局、この手紙は何のために書かれたものであるかというと、これほどのキリスト教的神秘体験をしたにもかかわらず、自分は教会には属すことができない、どうしても洗礼を受けられないという態度表明とその理由説明が最終的な目的なのである。そしてなぜ教会に入ることができないかといえば、それは彼女自身が「キリスト教以外の宗教とイスラエルとに対する自分の感情を捨てることは誠実でない」(128)と考えるからであり、また神の「本当の召命によって教会に入ることを妨げられている」(129)からだった。

この手紙の意図を読み取った上で、さらに同時期の書簡と読み合わせると、このころ彼女がもっとも強く希求していたことがわかってくるだろう。この時期彼女が熱中していたのは、「最前線看護婦部隊編成計画」の実現であった。それは、対独戦争の最前線に女性看護婦部隊を派遣して、救護に当たらせるというものだったが、ヴェイユは、この部隊に自分も入りそして瀕死の兵士を救いたい、またその最前線における献身的な看護行為によって人々に戦う動機を持ち続けさせたいと強く願っていた。(130)この計画について、参戦体験のあるブスケには是非を尋ねて回答を得ているし、他にも各方面に実現を働きかけていたことがわかっている。

このような同時期の動きと照らし合わせることで明らかになるのは、当時彼女には洗礼によって罪深い自分が救われたいという霊的渇望があったからペラン神父に接触したわけではないということだろう。また、洗礼によって永遠の命を得たいという希望もなかったと思われる。

キリスト教における洗礼は、新約聖書の「キリストと共に古い自分が死に、キリストと共に新たに神の命に生まれること」(「ローマの信徒への手紙」六章三―一一節)、ならびに、罪を許されて聖霊を受け「キリストの体」として教会に組み入れられること(「コリントの信徒への手紙一」一二章一三節)の両者を根拠とする教会の秘蹟の中でも最も根本的なものとされるが、[131]ヴェイユにはキリストの復活に対する信がなかったことは、前節でも見たとおりである。また自分の永遠の生命については、ペラン神父には多少の配慮があったとみえて語らなかったが、五月十二日のブスケへの手紙では、はっきりと自分の死後については興味がないことが示されており、[132]ペラン神父はその手紙が発見、公刊された一九九六年に強いショックを受けたという。[133]また、キリストの体として教会に組み入れられるということについては、ペラン神父への手紙の中で、「キリストの神秘体の肢体であるということには、強い陶酔があります」として批判している。[134]

やはり、一九四二年当時ヴェイユが望んでいたことは、キリストに救われることではなく、キリストに倣って「この世を自分が救いたい」という希求に他ならなかったのである。彼女は、上記手紙の中でも以下のように述べていた。

私はキリストの十字架を思うたびに、羨望の罪を犯します。[135]

彼女の神秘体験告白の意義は、こうした文脈の中にこそ読み取らねばならない。従って、以上を考え合わせ、第三、四節で明らかにしたヴェイユ独自のキリスト、神観の上に立ってみると、本章第二節でわれわれが「一九三五、三七、三八、四一年のカトリックとの接触体験ならびにキリスト体験は、ヴェイユ晩年の『犠牲』観念の誕生に大きな影響を与えた」と考えたところのこの影響関係は、もっと詳細に検討しなければならないことがわかるだろう。まず彼女の「犠牲」の観念の変化については、時期的な符合を考えてもキリストとの神秘的接触がきっかけになっていることは確かである。なぜなら、彼女の神秘体験は一九三五年秋―四一年に起きたが、一九三三―三四年に書いた『カイエ』K1、2においては「犠牲」が否定的な意味合いで使われているのと比較して、四一年九月以降に書かれたK4以降は、かなり「犠牲」の意味合いが変化し、肯定的に使われるようになっているからである。

『イーリアス』――戦争の原動力は絶望である。〔…〕この絶望は、人間が犠牲にされるすべてのところに存在する。（K1）

カトリックの聖体拝領。神はただ一度だけ肉となったのではない。人間に己れを与え、人間に食べられるために、日々物質となるのである。逆に人間もまた、疲労、不幸、死によって、物質とされ、神によって食べられる。この相互性をどうして拒否することができ

よう？〔…〕
神々によって行われる真のソーマの犠牲である雨は、食べ物の中に移行する。その結果、神と人間とは日々、相互の犠牲によって結ばれる（『ウパニシャッド』）。
もし、人間が、聖体拝領の逆として、労働や生活の疲労をたえず感じ取ることができたとしたら……。（K4）[136]

まさに、神秘体験期間を挟みその前後で、「犠牲」の観念が変化しているのが見て取れる。ただし、本節でみたように、彼女自身のペラン神父への「自分はキリスト教的霊感も、キリストも、あなたにもたらしてもらってはいない。というのは、私があなたに出会った時には、すでにそれらは人間の仲介なしになされていたからだ」という発言から、一九四一年当時マルセイユで会っていた神父らとの交流が、彼女の「犠牲」観念の展開に、圧倒的な影響を与えた可能性は少ない。また、彼女のキリスト論や神論を見ても、四一年当時の神父らが説いたキリスト教教義が、ヴェイユの犠牲観念の展開に直接の影響を与えたわけではないことは明らかである。第三節で考察したように、彼女の聖書の読みは「犠牲」「受難」を基準に、それに関連する部分の旧約聖書は受容するが、それ以外の旧約は拒否する読解であり、ペラン神父はじめ他の司祭たちが「旧約の中から生まれた新約」を説明しても彼女は同意していない[137]。また、彼女のキリスト論、神論も、当時のキリスト教教義とは異なる点が多すぎる。例えば、彼女は死後の生命、永遠の生命について重要性を認めなかった[138]。中でも、最も決定的なずれは、キリスト教におけるキリストの「犠牲」は、その一回限りの出来事がすべての人間を救うという意味で重要となるのに比較して、ヴェイユは、イエス・キリストの「犠牲」は繰り返し起きる出来事の一つに過ぎないと考えていたことである。例えば、彼女は、『ある修道者への手紙』の中で、

年表の中にキリストの受難を位置づけてはならない[139]

と言い、また、「メルキセデク、オシリス、クリシュナなどは、イエス・キリストと同様に聖言の受肉である[140]」と言うのである。従って、彼女のキリスト論が、キリスト教の枠組みから大きく逸脱していたことは、疑い得ない事実である[141]。

目を転じて、『カイエ』ほかこの時期の著作を見ると、彼女は何度も他宗教・他文化における「犠牲」の存在とその重要性を、キリスト教におけるイエスの受難と同価値のものとして認め強調している。それらのさまざまな「犠牲」像は並立的に彼女の中にあり、どれかが特権的な中心を占めるという印象は受けず、「キリストも数多くの「犠牲」モデルの一つに過ぎない」という自覚が彼女にあったことが読み取れる。むしろ、キリストを含む多数の「犠牲」モデルを比較検討する中から、普遍的な「犠牲」像とは何かをヴェイユは追い求めていたのである。

「キリスト教以外の宗教とイスラエルとに対する自分の感情を棄てることは誠実でないように感じられました――そして実際に時間がたつにつれ、考えを重ねるにつれて、その感じは強まるばかりでした――」(142)

この模索の過程を通じて、彼女の晩年の新しい「犠牲」観念が決定的に生成したと考えるべきであろう。

従って、次の第二章では、「キリスト教以外の宗教」に対するヴェイユの関心のあり方を探り、それら諸宗教がどのように彼女の犠牲観念に影響を及ぼしたのかを分析する。

第二章　諸宗教における犠牲

前章末尾で述べたように、本章では、ヴェイユ晩年の諸宗教研究における「犠牲」観念の追求を見てゆきたい。第一節では、ヴェイユの諸宗教研究の具体的内容を、ディオニュソスと禅仏教を例にとって紹介する。また、第二節では、フレイザーをはじめとする新しい人文諸科学の発達がいかにヴェイユの宗教意識に影響を及ぼしていたかを見る。第三節では、第一、二節を踏まえつつ、ヴェイユの「犠牲」観念を中心とした諸宗教研究の背景に、「犠牲」観念を中心とする普遍的な宗教性の解明への彼女の熱意があったことを確認する。

一　諸宗教研究の中心にある犠牲

最晩年（一九四二―四三年）の『カイエ』を見ると、ヴェイユが「犠牲」の観念を中心に、聖書の他、プラトン、ギリシア悲劇・神話、ヘロドトス、鈴木大拙、ウパニシャッド、バガヴァッド・ギーター、各地民話をほぼ同時に読み進めていたことがわかる。

実はヴェイユは、一九三八年末の神秘体験後、間をおかず、さまざまな民間伝承・神話の研究に熱心に取り組みはじめていた。キリストにとらえられるという神秘体験を得た彼女が、その後聖書のみに沈潜するのではなく同時並行的に多数の宗教聖典を読み漁ったことは注目に値する。すなわち彼女は、キリストとの出会いの後、キリスト教神学的知識を吸収することでその出会いを正統的キリスト教教義の枠組みの中でとらえ、より深めようとするのではなく、あえてキリスト教文化圏から離れてその外側から自らの神秘体験を客観化し、自らの宗教体験が何らかの普遍的な意味をもちうるのか探る試みをしたのである。

彼女のその試みの軌跡は、特に『カイエ』すなわち一八冊の雑記帳に克明に残されている。一九三八年から四二年までの宗教的諸伝承に関する彼女の読書の過程を、われわれは『カイエ』に残された抜書きやそれらをめぐる考察からうかがい知ることができる。それらは、練り上げられた体系的な著述ではないが、興味深い宗教的、哲学的アフォリズムの宝庫であり、特にこの神秘体験後のヴェイユの宗教意識を探るには欠かせない資料である。彼女が読書をしながら取った『カイエ』中のメモをみると、具体的にはノア、オシリス、ディオニュソス、プロメテウス、イエス・キリストなどの名前が頻繁に挙げられ、そしてそれらはほぼ全て共通して、人々の救済のため生命を「犠牲」にした存在であるとみなされている。その際用いられる「犠牲」という言葉には、明らかに「無垢な存在が進んで自らを捧げ、それによって人類が救われるという贖《あがな》い主による犠牲」という意味が込められている。

1　ディオニュソス

このことを、具体的に見てみよう。たとえばディオニュソスに関しては、その受難をめぐってキリストとディオニュソスがほぼ同一の意味をもつ贖罪主的存在であると結論づけられ、また、ディオニュソス神の祭儀は、諸宗教における聖餐・聖体拝領的儀式と共通するものであるとされている。彼女は、この儀式を人間共通の宗教的営み、救済の中心的要素として考えていた。以下、彼女のディオニュソスの「犠牲」についての考察を詳しく見てゆく。

(1)「キリスト自身であるディオニュソス」

ヴェイユが一九四二年五月米国に向けて亡命する前日に、ペラン神父に長い別れの手紙を送り、その中で「神の意志は私が将来も臨終の時以外は教会の外にとどまることにあると思います[1]」と述べて自らの受洗の可能性を明確に否定しつつ、他方同じ手紙の中で、初めて七年ほど前からの自分自身の神秘体験を告白したことは、すでにわれわれが第一章で見たとおりである。確認であるが、それらは一九三五年以降、三七、三八年と続いた「カトリックとの本当に大切な三回の接触の機会」、一九三八年末の「神との人格的な接触」「キリスト自身が下ってきてとらえられた[2]」体験、一九四一年秋の「主の祈りを唱えているときやその他の時に、キリスト自身が来る[3]」体験であった。

これらの体験談によって、彼女がキリストをめぐってある種の神秘体験を得たことがわれわれに確かなこととして印象付けられ、彼女を幻視や宗教的法悦などを経験する現代の神秘家の一人ととらえる見方が多いのはむしろ自然だろうが、しかし、だからといってほんとうに彼女をキリスト教神秘家と呼べるかといえば、そうでないとする論者が多い[4]。その理由の一つはもちろん、彼女が洗礼を受けずに終わったということだが、さらに大きな理由としては、以下のような文章が上記の手紙の中に歴然と書かれていたからということになるだろう。

それは、彼女が「人格的に接触した」キリストに関する表現の仕方なのだが、そこに実は次のような過激な表現が含まれていたのである。例えばペラン神父への五月十四日付の同じ手紙の中に見られる、以下のような記述が、われわれを驚かす。

ディオニュソスとオシリスは、ある意味ではキリスト自身である、と私が感じたのはその後です。そして私の愛は、そのために倍加したのです(5)。

ここでヴェイユは、「ある意味では」という留保をつけたものの、イエス・キリストと、古代ギリシアの数多くの神々の一神に過ぎないディオニュソス、およびエジプトの古代神オシリスを同一視し、また特に、人類の罪を贖《あがな》うために自らの罪なくして十字架上の受難の死を遂げたとされるイエス・キリストと、陶酔・狂乱の神であり時にはその宗教秘儀から淫蕩や猥雑すら想起させられることのある神ディオニュソスを同じ神としているのである。これはいかなる理由からだろうか。「キリストにとらえられる」という直接的な宗教体験をした人間が、神父にそれを告白するに当たって選んだ表現としてはあまりに突飛としか言いようがないのではないか。

さらに、ヴェイユは、この手紙を書いた約四カ月後の一九四二年九月に、亡命先のニューヨークで知った別の神父（ドミニコ会士クーチュリエ神父）にも、長文の手紙を送っているが、その中にも次のような記述が見られる。

　ギリシアの神々の中には、いろいろな名前の形をとっているが実際には単に神の一位格即ち、みことばをあらわしているものがたくさんあると思われます。ディ、オ、ニ、ュ、ソ、ス、アポロン〔…〕その他いくつかの名前にこのことが当てはまるでしょう[6]。

また、それと前後する頃に、「キリスト諸表象のリスト」を、ノートに書きとめていた。

　『キリスト諸表象のリスト』〔…〕オシリス。ディ、オ、ニ、ュ、ソ、ス。アッティス。アドニス。〔…〕[7]

ヴェイユが「人格的な出会い」をしたというキリストを表現するに当たって、ディオニュソス（やオシリス）を登場させたのにはどんな意図があるのか。そして、こうした表現をせざるを得なかった彼女の一九四〇年以後の「犠牲」をめぐる宗教意識とはいかなるものなのだろうか[8]。

(2) ディオニュソス研究　前出のヴェイユの言葉、「ディオュユソスとオシリスは、ある意味ではキリスト自身である、と私が感じたのはその後です」の「その後」とは、直前の以下の文章に書かれた出来事があった「その後」である。

私の愛ではなく私の知性が、〔その全く予期しなかった接触を〕半ば拒否しました。なぜなら、純粋な真理への配慮からであればいくら神に抵抗してもしすぎることはない、ということが当時私には確かなことと思えたからで、私は今でもそう思っています。キリストは、人が自分より真理の方を選ぶのを好みます。なぜなら、彼はキリストである前に真理だからです。もし人が真理の方に行くために、キリストから逸《そ》れるなら、長く行かないうちにキリストの腕の中に抱かれるでしょう。(9)

つまり彼女は、初めてのキリストとの直接的接触後、知性による拒否によって一度は自分から「真理」の方に向かおうとし「キリストから逸《そ》れた」のだが、結局「真理であるキリストの腕に落ちることとなった」と言っているのである。そしてそれらの出来事を経て後、「オシリスとディオニュソスはキリスト自身」と感じるようになったというわけである。それでは、第一回目の神秘体験から「ディオニュソスとオシリスがキリスト自身であることを感じる」までの間にあった、彼女の「キリストからの逸脱」とはいかなる行為であろうか。

実は、本節冒頭で見たように、シモーヌ・ヴェイユは、一九三八年末の神秘体験後、時を同じくして、さまざまな民間伝承・神話の研究に熱心に取り組みはじめていた。おそらく、これこそが彼女の言う「知性による拒否、キリストから逸《そ》れること」だったのだろう。つまり、彼女は、キリストとの神秘的接触の後、それを神学的知識によって深めようとしたのではなく、あえてキリスト教教義の外に向かい、キリストを迂回し知性的に自分の神秘体験を客観化する試みをしたのである。彼女のその試みの足取りは、『カイエ』に克明に残されている。では、彼女のディオニュソスとの出会いと研究の足跡はどのようであったか。まず、彼女のディオニュソス観形成の過程を確かめてみたい。

一九四一年十二月頃、彼女は古代の複数の資料に「ディオニュソスは、オシリスと同一の神である」という内容を発見し、驚きつつ記している。

ヘロドトス二巻一四四。「オシリスはギリシア名で言えばディオニュソスである。」

プルタルコスの『イシスとオシリス』。〔…〕「ギリシア人はオシリスをディオニュソスと同一神だと思っている。(10)」

ヘロドトスはこの『歴史』第二巻で、ギリシアの神々がエジプト伝来であることを強調し(11)、ディオニュソスを終始一貫、オシリスと同一視した(12)。ギリシア文化中心思想の浸透した時代にあって、異文化に対する蔑視や偏見のない稀有の著述家と評されるヘロドトスならではの主張であるが、実際には考古学的資料などから、ディオニュソスはトラキア（バルカン半島東部）伝来の神でエジプトとは無関係とされる。このヘロドトスのオシリス・ディオニュソス同一視は、当時民衆の間に広がっていたある種の素朴なシンクレティズムを反映したものである。

一方プルタルコスは、このヴェイユの参照した「イシスとオシリス」、すなわち「エジプト神イシスとオシリスの伝説について」（『倫理論集《モラリア》』の中の一篇）の中で、エジプトの神々をギリシアのいずれかの神に見立てて呼び、[13] オシリスとディオニュソスに関しては、祭祀が非常に類似していること、音楽の神としての性格が共通することなど、数回にわたって触れている[14]。エジプトという異国の神々を紹介するにあたって、自国の性格の似た神々にひきつけて解説をする方法をとるところは、ヘロドトスより自文化中心的態度といえるが、シンクレティズム的手法による他宗教紹介という点では、両者に大差はない。

ヴェイユはこの二書の内容（特にヘロドトス）にかなり強い感銘を受けたらしく、直ぐに「ディオニュソスはオシリスと同じ神である」という表現を自分の文章中に使い始める[15]。

さらに上の二書に加え、ノンノス『ディオニュソス讃歌《ディオニュシアカ》』も一九四二年三月以降よく引用が見られる本である。そして「ノンノスもディオニュソスをオシリスと同定する」というメモから分かるように、ヴェイユはここにもヘロドトスやプルタルコスと同様の記述を見出し、さらに深い確信を得たようである[16]。

これらから察するに、ヴェイユのペラン神父への手紙中にあった「ディオニュソスとオシリスは、ある意味ではキリスト自身である」という言葉は、まずは古代ギリシア（ヘロドトス、プルタルコス、ノンノス）以来の素朴なシンクレティズムによるディオニュソス・オシリス同一視から多大な示唆を受けている。この複数の古代重要文献における「発見」から出発して、ヴェイユはさらにディオニュソス関係の読書、思索を進めてゆく。そして次にわれわれが気づかされるのは、彼女がディオニュソス、オシリスにおける最大の共通の特徴を、まさに「地上で苦しむ[17]」受難の神という点に見出したということである。

例えば、神話におけるオシリスは次のようである。彼は神として善政を行ったにもかかわらず兄弟のセトにだまされて櫃に導き入れられてしまう。そしてその後、殺害され、死骸を八つ裂きにされてナイル河に流されてしまうのである[18]。このオシリス受難の神話に古代資料を通じて接したヴェイユは、そのオシリスの罪なき受難に激しく心を動かされ、その情景をまざまざと心に描きつつ、ふとこの受難がザグレウスの受難と似ていることに気づくのである。

彼〔オシリス〕は極刑に処せられたのである。櫃に閉じ込められて、次第に息がつまり恐怖におののきつつ死んだのである。櫃はザグレウスの鏡に類するものである[19]。

ザグレウスとは、ディオニュソス・オルフェウス教において[20]、ディオニュソスと同一視されてきた神のことである。そしてこの神ザグレウスの受難とは、すなわち、ティタンたちに鏡でだまされて、牡牛に変身するも殺され、八つ裂きにされて貪り食われる、というものであった。

ヴェイユは、オシリスの受けた苦難を生々しく思い描き、そしてまた、それをきっかけとして、ザグレウス・ディオニュソスの苦難を連想する。そしてそれら二者の苦しみの根底に同質のものを発見するのである。彼女の脳裏には、無垢の神々が、罪なくして苦難を被る姿が次第に浮かび上がってきたのだ。さらにヴェイユはこのザグレウス・ディオニュソスの受難について、次のように抜書きしている。

> ノンノスの『ディオニュソス讃歌《ディオニュシアカ》』VI, v. 165。プロセルピナはゼウスと交わってザグレウスを産んだ。〔…〕ティタンたちは鏡を使って罠を仕掛ける。〔…〕彼らは子供を殺す。ところが子供は〔…〕牡牛に変身する（牡牛がディオニュソス祭祀の本質的な一部をなすこと、プルタルコスによれば牡牛アピスはオシリスを表すことに注目[21]）。牡牛の姿をしているときにユノーに殺される[22]。（括弧内ヴェイユ）

ここではティタンたちから逃れるためザグレウスが変身したという、その牡牛をめぐって括弧内にヴェイユの書き込みがあるが、ヴェイユが書くとおり、当時のギリシアのディオニュソス祭祀においては、牡牛はディオニュソスの化身とされ、犠牲獣として祭儀に参加する信者たちの手で生きたまま割かれて血を啜られそして食べられたのであった。その様子は、エウリピデス『バッコスの信女』にも生々しく描写されており、ヴェイユはその内容をここで思い浮かべているのだ。(23) 一方、ザグレウスの化身である牡牛はティタンたちに八つ裂きにされ、やはり食われる。さらにまた、牡牛(アピスは牡牛神で後にオシリスの魂の化身とされオシリス信仰に組み込まれる)(24) はオシリスでもあって、これも八つ裂きにされる運命である。こうしてヴェイユは、オシリスと、ザグレウス・ディオニュソス、そしてさらに、ディオニュソス祭儀におけるディオニュソス化身の牡牛という三神の受難を、八つ裂き(スパラグモス)にされるという点でほぼ同一のものと見なし、この点にこそ、ディオニュソス(およびオシリス)の真の神としての証を見出したのだった。

ヴェイユは以上のように、「地上で苦しむ神」の極限の苦難を、神がいわれなき迫害を受けることととらえ、具体的には罠にかけられて無残に殺されることと考えた。そしてまさにその神の被る悲惨さは、神の体のスパラグモス(八つ裂き)という残酷な行為に極まることを見抜いて、それに重大な関心を寄せた。「肢体を八つ裂きにされたディオニュソスの受難」「オシリスやディオニュソス〔…〕のように粉微塵となっての四散」(25) という彼女が繰り返し書きつけるスパラグモスに関するメモからもその非常に深い関心の程が伝わってくる。

(3) ディオニュソスの受難、キリストの受難

しかし、ヴェイユはなぜ常に、このように神話の中でもとりわけ「神の受難」のエピソードに敏感に反応するのだろうか。そしてなぜ常に、そうした部分を中心に読もうとするのだろうか。その読解の態度は選択的であり、もしや当時、

彼女に何かしらとりわけ強い関心事があったのではないかと、疑わずにはいられない。

その答えを得るべく、再び彼女のメモを検討すると、この選択的読解の態度の背後には、「キリストの受難、犠牲」という関心が彼女に厳然とあったという事実にわれわれはあらためて気づかされるのである。それは、以下の記述に明らかに見て取れるだろう。

例えば、ヴェイユは、ディオニュソスを

　自らを犠牲に捧げて人類を救った贖《あがな》い主(26)

と、あたかもイエス・キリストに冠されるような形容を用いて表現している。また、

　十字架刑のイメージと、粉々に切り刻まれた神のイメージとのアナロジー。オシリス、ディオニュソス。(27)

として、彼女は、キリストの受難の象徴である十字架と、ディオニュソスらの被った八つ裂きとが類似するとまで、指摘する。これは、ヴェイユが当時、明らかにキリストの受難とディオニュソスの受難を本質的に同一視していたという事実を実証する、決定的な証拠であると言うべきだろう。

ところで、実は、このザグレウス・ディオニュソス神話もしくはディオニュソス祭儀における神の受難エピソードにおいては、もう一点見逃せない重要な要素がある。それはすなわち、神がスパラグモス（八つ裂き）のみならず、オモパギア（生肉食）までをも被るという逸話である。これはディオニュソスの受難を考える上で決して無視することのできない重要な神話の要素なのであるが、それでは、これに関しても、ヴェイユはキリストの受難との間に何らかの共通項を見出すのだろうか。

果たして彼女が、ディオニュソスの受難におけるオモパギアと同等なものとしてキリストの受難に見出したもの、それは、キリスト教の秘跡、聖体拝領であった。

聖体拝領は善い人々には善いものであるし、悪しき人々には悪しきものである。例えば地獄に落ちるべき魂が天国にいる、しかしそのような魂にとっては天国が地獄なのである。ザグレウスの肉を食べた後で雷霆に打たれたティタンたち（どこで「食肉の宴」が論じられているか）。（括弧内ヴェイユ）(28)

ヴェイユが思いついたままを書いたメモであるので、分かりにくい点もあるが、読み取るべきは次のことであろう。すなわち、ここで彼女はまず、キリスト教の聖体拝領に関して独自の考え方を示す。すなわち聖体拝領を受けて全ての人が天国に行くとしても、悪い人々には天国が地獄となるという解釈である。そして次に、ディオニュソス・オルフェウス教神話に出てくるザグレウス・ディオニュソスのオモパギアをしたティタンたちを連想し、キリスト教において受けるべきでないのに聖体拝領を受けた魂とそれらは等しいのではないか、と気づいて書き留めるのである。さらに最後の括弧内にある「食肉の宴」とは、先程触れたように、ディオニュソス祭祀で熱狂した信者が牡牛の生肉を貪り食う儀式のことである。それが論じられているところ（おそらくエウリピデス『バッコスの信女』）をすぐにでも確認して、受けるべきでない人が「食肉の宴」に参加したらどうなるかを調べようと考えたのだろう。したがって、明らかにヴェイユはここで、キリスト教の儀礼である聖体拝領と、ティタンのオモパギア、そしてさらにディオニュソス祭祀における「食肉の宴」を同質のものとして次々と連想し、「悪しき魂が神の肉体を食しても救済はない」というテーマを立てつつ、検証しようとしている。まことにヴェイユは、この時点で既に、ザグレウス・ディオニュソスの受難、またディオニュソス祭祀の中でみられる犠牲の牡牛すなわち、ディオニュソスが被るオモパギアとスパラグモスについて、キリスト教の聖体拝領の儀式に与えられているのとほぼ同様の意味を見出していたという重大な事実がここで明確になるのである。

ヴェイユは、キリストから逸《そ》れるべく始めた知的試みとしての諸宗教・諸伝承研究の中で、ディオニュソスと出会い、その神話を読み解く過程で、自分の研究の指標にはゆるがせにできない聖体拝領に対する強い関心があることを確認し始めている。そして、彼女のその神話研究は結局、受難の死を遂げそして食されるという神のあり方を、あらゆる宗教における普遍的要素ととらえそれを各伝承に見出してゆく作業へと発展していったのである。

(4) 聖体拝領

ヴェイユの聖体拝領についての深い関心は、第一章第四節ヴェイユの聖餐論でも議論したが、ここではヴェイユが当時、カトリックの秘跡の中でも特に聖体拝領に対して特別な関心があったことを証拠立てるテクストを改めて紹介したい。

「質問書」(一九四二年四月ベネディクト会ジャコブ神父宛て)というタイトルのつけられた、ディオニュソス研究に最も熱心だった時期直後の文書の中に、以下のような一節が見られる。

一、三位一体、受肉、および聖体の秘跡を信じているが、歴史をキリスト教的に理解することにいつかは同意できるようになる可能性を全く見出さない人が、教会に入ろうと思うことが正当なこととして認められるだろうか。〔…〕

三、キリスト以前に、啓示を伴ったみことばの受肉が存在したことを、ありうることとして、さらにはほぼ確実なこととして認める人は破門されるのだろうか。〔…〕古代の神秘の宗教はそうした啓示から生まれ、したがってカトリック教会はその正当な後継者であるとみなすことは破門に値するのだろうか。(29)

この内容から当時彼女が、「聖体の秘跡を信じて」おり、しかしディオニュソスやオシリスのような「キリスト以前の、啓示を伴った聖言の受肉の存在」もありえるのではないか、と考えながら読書を進めていたということがわかる。そして右のように「古代の神秘の宗教」と書く、その彼女の脳裏には、明らかに当時調べていたディオニュソス・オルフェウス教や、ディオニュソス祭祀が浮かんでいたのである。そのことは、われわれが本節で検討した『カイエ』の中の抜書きや思索の跡が十分に裏づけているはずである。

彼女は、キリストとの人格的な出会いの後、聖体拝領については「信じる」に至った。しかし、キリスト以前にも、聖体拝領に類似するものは存在するという非キリスト教的歴史観を、その神秘体験後、取り憑かれるようにして読みつづけたさまざまな神話、宗教文書の中に確認し、自分のものとせざるを得なかった。当然彼女にもその歴史観は、教会の教えに外れるものと考えられる。ところが、もし教会において聖体拝領に与ろうと思うなら、受洗は不可欠である。この二律背反の中で、さまざまな神父（ペラン神父、クーチュリエ神父など）に率直に意見をぶつけ、答えを聞くための熱心な手紙が書かれたことがここでわれわれに明瞭となる。

それでは、そのヴェイユの聖体拝領への信の深さについてであるが、一体なぜヴェイユは、神秘体験の後、聖体拝領の秘跡に対して特別な関心をもつようになったのだろうか。

ヴェイユとその聖体拝領との出会いについては前節で述べたが、第一に、彼女の三回にわたる「カトリックと親しい出会い」のうちの第三回目に、聖体拝領の神秘との出会いがあったということがある。一九三八年四月、グレゴリオ聖歌で有名なソレム修道院における復活祭ミサに参加した際、彼女は、「キリストの受難についての考えが私の中に決定的に入ってきた」と感じた。そしてそこでカトリックのイギリス人青年に出会い、彼が聖体拝領をした後で「本当に天使のような輝きを身につけたように見え、それによって初めて私は秘跡の超自然的な力を考えました(30)」とのことであった。このように彼女にとっては、そもそも聖体拝領の秘跡との出会いこそが、カトリックとの出会いだったのであり、またその秘跡はキリスト受難、犠牲の観念と彼女の中で深く結びあっていた。ヴェイユの宗教的探索の出発点はここにあると言っても過言ではない。さらに言えば、ヴェイユにおいては、聖体拝領の秘跡への信の確立こそが彼女の神秘体験がもたらした最大の宗教的結果である、と言ってよいであろう。

第二に、彼女は神と共に「食べること」において、何ものにも代え難い歓びを感じたことがあるのではないか、そしてそれによって神からの愛を自覚するに至ったのではないか、と推測させられるヴェイユ自作の詩が存在するということである。それは、同じく第一章第四節で紹介した詩「プロローグ」であるが、そこに描かれている「食」の風景はまさに、ヴェイユと神との出会いには明らかに「食」が介在しているということを、われわれに示唆するのである。

「プロローグ」には、「彼」（神）からの愛を、何度も不可能なこととして疑い否定しつつも、最終的には「畏れおののきつつ」期待せざるにはいられない「私」（ヴェイユ自身）の「彼」に対する純粋で深い愛と信頼が溢れている。そして、何よりもこの詩から伝わってくるのは、その信頼の礎は神が与えてくれた「食」にあるということ、すなわち神と「食」を共にしたヴェイユの深い喜びにあるということに他ならない。

以上、本節では、ヴェイユ晩年の宗教意識形成過程を解読する一つ手がかりとして、彼女のディオニュソスとキリストの同一視の問題を取り上げた。そして彼女が神秘体験後、諸宗教研究に向かったことを見、またその中でディオニュソスのオモパギアとキリストの受難・聖体拝領との同一視が起きてゆく過程を検証した。

ところで、ヴェイユのディオニュソス研究は、彼女が同時期に並行して行っていたその他多くの宗教上の諸伝統研究の一部にすぎないわけだが、それらの研究の全体的な目的が何だったかを次節及び第三節で考えたい。

しかしその前に、彼女の諸宗教研究のもうひとつの具体例として、同じ頃彼女が取り組んでいた禅仏教の研究について取り上げる。

2　禅仏教

ヴェイユは一九四一年に、滞在中のマルセイユで、知人のルネ・ドーマル[31]から勧められて、鈴木大拙が欧米の読者を念頭に英語で書いた著作[32]を手に取ったが、彼女はここに紹介された禅の精神世界に多大な関心を引かれたらしく、その後、『カイエ』（特に一九四二年前半に書かれたものの中）に、ここからの抜粋、内容をめぐる思索の跡を残した[33]。

晩年のヴェイユが大拙に注目していたことは、大拙自身も知っていたようで、一九五九年、随筆の中で、「シモーヌ・ヴェイユという人の〔…〕日記、ノートのようなものが残っており、それを見ると、不思議なことにその中に私の本を読んだ、とある。読んだといってもべつに批評も何もしないで、その中から言葉をいくつか引いて、三、四カ所に出ておる。よくこんなほうまで目を通すということに感心した」と述べている。われわれもここで『カイエ』を手がかりに、ヴェイユが大拙をどう読んだのかをあらためて見てみたい。さらに大拙は「〔ヴェイユが〕東洋の思想に触れていたことは、確かなようだが、そのせいかどうか、言葉の中に、純粋なキリスト教とは見られず、純粋にユダヤ宗の人とも思われない、何か東洋のものがはいってきているのではないかという気がする」とも述べている[34]。果たして大拙のこの直観は正しかったのだろうか。ヴェイユ晩年の諸宗教研究の観点から、合わせて検討したい[35]。

ヴェイユはどのように大拙を読んだか。まず、『カイエ』における大拙の著作の引用だが、これは大拙の言う三、四カ所に止まらず、実際には、数十カ所にも亘るものだった。その分量の多さに驚かされるが、これはそのまま当時の彼女の禅思想に対する関心の深さを物語るものだろう。彼女は、大拙原著の六分の一弱に相当する約六〇頁分を、時に英語で、大部分は自ら仏訳して、『カイエ』第八冊目（一九四二年二月二十日―三月二日）に書き写した。時間的には一週間ほどの短期の作業だったと思われるが、丁寧な翻訳・書写は、他者の宗教思想を理解する際には常に見せる、彼女の真摯かつ慎重な態度であり、ここでもまたそれがみられる。そして、その緻密な読解が終了するやいなや、彼女は同じ雑記帳の後半部分で、今度は非常に大胆に、禅の用語を自分の思想を語る中に織り交ぜ始める。それは、大拙の言う「批評も何もしない」どころか、かなり積極的に禅の用語を自分のものとして用いたということに他ならない。例えば、彼女にもっとも大きな感銘を与えた禅の用語は「公案」[36]であった。彼女はこの「公案」という言葉をくり返し用いながら自らの思索を深めていくのである。

高等師範学校の受験準備学級にいたころのわたしの「超スピノザ的瞑想」。他の対象は一切考慮せず、他の何ものとも連関させずに、何時間も「これはなにか」と考えて、対象をひたすら注視する。これは公案（koan）だったのだ。[37]

禅仏教。対象。存在の本質が可思惟的なものの本質といかに異なるかを発見すること。〔…〕純粋に可思惟的なものは虚無だ。それは対象のない思考である。[38]

ところで、ヴェイユが右のように虚無という言葉を用いているということは、仏教が十八世紀以降、いかに西欧に受容されてきたかを多少なりとも知る者にとっては、ある意味で衝撃的である。なぜなら、仏教こそ、西欧においては常に神のいない「虚無の信仰」として怖れられ、忌み嫌われ、またまったく同じ理由で逆にある種の人々からは称揚されてきた宗教だったからである。[39] しかし、上の引用に見るように、ヴェイユにとっての禅仏教は、公案を通じて、「存在の本質と可思惟的なものがいかに異なるか」を発見することができる宗教であった。

確かに、大拙を読んでいるときのヴェイユには、「仏教とはすなわち虚無の信仰であり、無神論にほかならない」という西欧特有の伝統的な思考の枠組みが、全くと言っていいほど感じられない。そうした偏見を一切もたず、彼女は大拙の著書の中心部分に切り込み、そして、大拙が読者に伝えたかったメッセージ、すなわち、禅仏教は公案を通じて人々を現世的な思惟から、悟り・涅槃の境地に導くものである、ということを的確に読み取っている。実は、アンドレ・ブルトン、ジョルジュ・バタイユなど、ヴェイユと同時期にこの大拙を読み、彼女同様に好意的に受け入れたフランス人知識人は確かに他にも存在する。しかし彼らとて、仏教すなわち虚無の信仰、という西欧における伝統的既成概念から自由になっていたわけではなかった。仏教は彼らにとってはむしろ「虚無の信仰」だからこそ魅力だったのである。同時代の彼らと比較した時、ヴェイユと彼らの共通点は、禅仏教を通してキリスト教を相対化しようとする動機を有していたという点にあるが、しかしヴェイユには彼らとは大きく異なる所があり、それは彼女が、神は人格神としてもまた非人格神としてもとらえうるという神概念を持っていたことであった。[40] それが故にヴェイユは、キリスト教と仏教双方の深い宗教性、精神性を包括的に理解し、両者に共通するものを見出そうという試みを行うことができたのであり、この点にこそヴェイユの同時代の仏教に好意的な知識人とは異なる際立った特徴があると思われる。

ただ、確かにヴェイユは、大拙の著作から得た思想内容を、「対象」や「存在の本質」という西洋哲学的用語すなわち自分の慣れ親しんだ言葉ですばやく言い換えてしまい、決して禅仏教を宗教史的に理解しようとしたり、教義を内側から知ろうとしたりはしない。彼女は、異文化である禅仏教の本質を、自文化の真髄であるギリシア悲劇や西洋哲学（アイスキュロス、ピュタゴラス、スピノザなど）と大胆に関連づけて語ろうとするのである。

何らかの価値を有するものはすべて永遠であってほしいとわれわれは望む。ところでそうしたものは出逢いの産物である。〔…〕それらは出逢いによって持続し、出逢ったものが袂をわかつときに消滅する。これは仏教（ヘラクレイトスの思想でもある）の中枢思想である。この思考はまっすぐ神に至る。[41]（括弧内ヴェイユ）

ここではヴェイユは、一期一会や諸行無常といった大拙から学んだ仏教的概念を、ヘラクレイトス的無生成と同質のものとしてとらえている。確かに通常、仏教もヘラクレイトスも、例えばキリスト教の神による万物創造といった観念とは、相反するものと考えられているだろう。だが、ヴェイユは最後に、「この思考はまっすぐ神へと導く」と一気に飛躍する。ここで、ユダヤ・キリスト教的人格神を念頭においてこの文章を読むと、あまりの突飛さに驚くことになるが、ここは実は十分な注意が必要な箇所である。ヴェイユのいう神とは、非人格神、無神論をも包含する霊的実在なのである。したがって大拙が直観した「〔ヴェイユの宗教思想には〕何か東洋のものがはいってきている」というのは、ヴェイユのこの独特の神概念を、大拙が鋭く察知し指摘したものということになるのではないだろうか。さらにヴェイユは、公案もそうした神との関連で考え始める。

公案としての苦しみ。神はこの公案を与える師で、公案を還元不可能なもの、消化不可能な異質の物体として魂に宿らせ、思考を強要する。〔…〕苦しみに意義はない。その実在性の本質はここにある。意義が欠落しているという実在性において、苦しみを愛さねばならない。さもなくば神を愛しているのではない。[42]

ヴェイユは、最終的に、公案の中に神が人に与える普遍的受難を見た。歴史的・客観的な比較検討を廃し、他者の宗教の本質的部分に、自分の文化背景を大胆に持ち込むことではじめて可能となる思想といえよう。ところでこのヴェイユの態度は、何に支えられているのか。

ヴェイユがシンクレティズムとは無関係であることは、今日ほぼ共通の了解が得られている。[43]そうであるとすれば、一体彼女の諸宗教研究の背後にあるのは何か。また動機は何だったのだろうか。本節で見た、彼女のディオニュソス、禅仏教研究から浮かび上がってくるのは、彼女においては、一九三八年以降の神秘体験以後、十字架上で意義なき苦しみを受けたキリストの犠牲の観念が特権的位置を占めるようになり、その結果、その普遍性を確認したいという動機で犠牲の観念を他宗教の中にも求めているのではないかということである。すなわち、彼女が、キリスト教的神秘体験以降、聖書や十字架の聖ヨハネなどのキリスト教神秘家の著作を読むのみならず、それらと同時に、諸宗教の聖典や神話、各地伝承などの研究に熱心に取り組みはじめた、その諸宗教研究の背後には、キリストの十字架上の「犠牲」がいかに他宗教には現れているかを探求するという動機があるのではないか、ということである。

次の第二節では、さらに上記の点を明確に把握するため、彼女が当時ディオニュソス、禅仏教とならんで同じように熱心に研究していた、ジェームズ・ジョージ・フレイザー『金枝篇』に注目する。彼女がいかに当時の新しい人文学から影響を受けつつフレイザーを読んだか、その研究の中で彼女はどのように独自の視点から犠牲の観念に触れ考えているかを確認する。

二　新しい知の影響と犠牲

その前に少し迂回をして彼女の一九三〇年代の『哲学講義』（一九三三―三四年のロアンヌ高校での哲学の授業の講義録）に注目してみよう。これを見ると彼女が当時授業でどのような哲学者を取り上げて教えていたか、すなわちいかなる読書をしていたかがわかる（ただし、彼女は「精神」、「意識」、「人格」などのテーマを立てて講義を構成しており、哲学者を年代順に紹介する哲学史の授業をしているわけではないが)。例えば、プラトン、カント、デカルト、ルソーといった名前が挙げられるが、興味深いのは、哲学の授業でありながら、新しい思考の枠組みとして心理学や社会学を取り上げ、伝統的な学問である哲学と対比的に生徒たちに紹介している点である。「心理学」では、フロイトの名前が挙がり、「社会学」では、マルクス、コント、デュルケム、レヴィ=ブリュールを取り上げている(当時はまだ、「精神分析」、「比較宗教学」といった名称が一般的でなかった)。

彼女は、アンリ四世高校ではアランのもとで哲学の基礎を徹底的に学び、さらにパリ高等師範学校ではブランシュヴィックらの指導下でデカルトについての学位論文も書いてきたわけだが、他方同時に、両大戦間の新しい学問であるフロイトの精神分析やデュルケムの比較宗教学などにも目配りを忘れず、女子高校生たちに積極的に紹介していたということがこれでわかるだろう。ただし、だからと言ってヴェイユがフロイトやデュルケムの学説に賛同しているかというとそういうわけではなく、かなり批判的に扱っていることは否定できない。ただ彼女が、フレイザー、モースやデュルケムなどを、一九二〇年代後半から三〇年代にかけて読み、十九世紀以降の新しい学問の成立の影響のもとで、従来の伝統的な学問体系を相対化する動きの息吹を十分に感じていたということは見逃せない。(44) 彼女もまた、それら大戦間の新しい学問である精神分析、文化人類学、比較宗教学の文献に親しみ、一定の批判をしつつも大きな影響を受けた一人であった。

このような新しい学問に開かれた柔軟な知的態度は、彼女が一九三五—三八年の神秘体験の後、猛然と読み始めた文献が、一九四二年の『カイエ』にあるように、前節で述べたディオニュソスに関するもの、また鈴木大拙、そしてフレイザーの『金枝篇』などであったことにも明らかに共通して見てとれるだろう。

ヴェイユは、たしかに「神秘体験」を得たのかもしれないが、しかし、彼女には中世から近代までの神秘家とはかなり異なる点もあるということは誰しも感じるところだろう。もちろん、中世から近代までの神秘家にもそれぞれに特徴があり一つに括れるはずもないが、例えば彼らを時代的に区切ってその特徴をとらえた場合、古代の「神学」の枠組みを超え出る存在が中世の神秘家であり、中世の「教会」の枠組みを超え出る存在が、近代の神秘家であったとする見方は非常に適切であろう。その場合、現代のヴェイユの神秘主義は、「キリスト教」やさらに「宗教」といった枠組みすら超え出るものであったということになるだろう。[45] そしてそれを用意したのは、二十世紀的な知とそれを吸収した彼女自身の知性であったといえないだろうか。

以下、ヴェイユがこの一九四二年という時期に、『金枝篇』から何を読みとったかを検討しつつ上記の点を確認していきたい。まず次頁に、ヴェイユが『カイエ』でどのようにフレイザーを引用しているかを整理した表を載せる。

1　フレイザー『金枝篇』

フレイザー（James George Frazer）の『金枝篇（The Golden Bough）』は、一八九〇年に初版が出た後、

『カイエ』におけるフレイザー『金枝篇』言及リスト

K	*OC* 巻数・頁／『カイエ』訳 巻・頁	『金枝篇』の章	テーマ・内容
一九四一年九月末─十月二十二日（ル・ポエ他）			
4	VI 2 103／1巻 377	66 民話における外魂	サムソンと民話の人食い鬼
同年十二月─一月末			
6	VI 2 375／2巻 255	66 民話における外魂	魂が自分の外にあるために奪われない巨人たち
一九四二年一月末─二月二十日頃（同上）			
7	VI 2 471／2巻 400		別扱いにできる能力が罪悪を生む
8	VI 3 113／3巻 52-53	66 民話における外魂	①生命が外部にある巨人／②ディオニュソスとキリスト／③未開人による「世界魂」の模倣→神との一致？「模倣魔術」批判
9	VI 3 207-208／3巻 195	66 民話における外魂	自分の魂を卵の中に隠した巨人（前後に罪、贖罪、苦しみテーマ）
10	VI 3 297／3巻 322	43 ディオニュソス	死者祭儀と結びつけられるディオニュソス（トゥキディデス2-15）
	3巻 330	24 神聖な王の弑殺	キリストとカーニヴァルに共通する深紅の長衣、茨の冠など
13	VI 4 95-99／4巻 248-263	1 森の王	ヒッポリュトスを蘇生させるアスクレピオス、それを殺すゼウス
		5 降雨の呪術的調節	蛇の伴侶となって雨を降らせる鳥（オーストラリア伝説）
		15 樫の樹の崇拝	雷霆の神を信じ犠牲を捧げるスラブ人（プロコピオス）／ゼウスとして樫の樹を崇拝するケルト人
		31 キュプロスのアドニス	アドニスとアッティスという樹木神
		34 アッティス神話と典礼	キュベレ女神に仕える去勢された祭司ら／春分に行われる牡牛の血による洗礼／古代ローマのアッティス祭、アッティスの復活
		35 植物神のアッティス	死と復活というアッティスの受難 アッティスは増殖力の象徴
		36 アッティス人間代表	絞首台の王、吊るされた者の神オーディン／絞め殺された女神アルテミス／樹に吊るされて刺し殺された牛（イリウム貨幣）／インディアン
		47 リテュエルセス	穀物酒（プアマン、プアウーマン）

		48 動物としての穀物霊	ブルゴーニュにおける牡牛の屠り・食すること／スウェーデン・デンマークの降誕祭／エストニアにおける子豚の屠り
		49 動物の古代植物神	セウフォニア、豚の犠牲、プロセルピナ／デメテルに捧げられた豚／黒いデメテル
		50 神を食うこと	アステカ人はウィッツィロポチトゥリ神を食した／印度バラモンにおける神を食すること、米菓子が人間の肉に変化／ひまわりの根を食べる際に祈るトムソン・インディアン
		51 肉感の共感呪術	パン・ぶどう酒の飲食とは神の肉と血に与ること
		53 野生動物の宥和	インディアン伝承における蘇生
		54 動物礼典の型	秘蹟としての動物、子羊の犠牲（中央アフリカのマディ、モリュ族）／秘蹟の食事（コーカサスの羊飼い）
		58 古代ギ・ロ人間替罪羊	贖罪市民追放・石打年祭（アブデラ）神役・鞭打・磔刑犯罪者（バビロン）
		61 ボルダーの神話	エッダ
		65 ボルダーと寄生木	宿り木が天から落ちたと信じたドルイドたち（プリニウス）
		68 金枝	ナラ崇拝。雷とは神が送った自らの焔／グレートマン（雷霆）が万物創造したとするマイドゥ・インディアン／宿り木が雷霆とともに落ちてきたという信仰と聖体秘蹟の関係性
同年十月中旬—二十日（ニューヨーク）			
15	VI 4 211／4巻 486	66 民話における外魂	卵の中に魂を隠した巨人
	VI 4 236／4巻 529-530	62 ヨーロッパの火祭り	「聖ヨハネの火」火による洗礼
16	VI 4 273／4巻 359-360	9 樹木崇拝	布を木にかけるという呪術（アメリカ・インディアン）
17	VI 4 321／4巻 426	66 民話における外魂	自分の生命を他所に隠す巨人（サムソン）
	VI 4 327／4巻 327	43 ディオニュソス	ざくろの汁はディオニュソスの血、ぶどうの汁はキリストの血
	VI 4 342／4巻 457-458	36 アッティス人間代表	首吊りの神オーディン、キリストの十字架
同年十二月中旬—四三年四月上旬（ロンドン）			
18	VI 4 373／4巻 576		オーストリアの原住民女がする種摘み
附	VI 4 516	53 野生動物の宥和	
	VI 4 517	36 アッティス人間代表	オーディンが首吊りの神とよばれる理由

著者自身によって大幅な加筆と三回の編纂がなされ、その後、一九一一年から一九一五年にかけて、あらためて一二巻本として発行された。初めて仏訳が出たのは、一九二三年であった[46]。

この大著は、まず古代ローマの金枝伝説の解釈から始まる。金枝伝説とは、以下のようなものである。北部イタリアのネミ湖のほとりの神聖な森には、黄金の枝をもつ聖なる一本の樹があり、その樹は、剣を携えた祭司かつ王によって常に守られている。彼の使命は、自らの最期のときまで、この森の祭司職・王の地位を死守し、聖なる樹、黄金の枝が折られないように警戒し続けることである。しかし、彼も自分が殺して王位を奪った前任の王・祭司と同様に、最終的には次なる暗殺者によって殺害され、王位を奪われる運命を免れない。

フレイザーは、この永遠に繰り返される王殺しに関する伝説を手がかりに、次々と世界中の類似の伝説や風習を取り上げ、それらを紹介したり類型化したりしてみせながら、次第に人類共通の文化的規範の発見や理論化をし、結局金枝伝説を見事に拡大させて人類共通の文化論へと発展させたのである。

この本は、出版されて以来、大きな反響を呼びつづけた。その成功の理由は、第一に、フレイザーがゴシック調の巧みな文体や叙事詩的手法によって、多くの読者をひきつけたから、といわれる。第二に、フレイザーがこの大著の中で、とりわけ人間の精神の進化について一般理論を提示しようとしたことが挙げられる。すなわち、フレイザーは、古代の呪術は自然運行を支配することを目的としておこなわれるが、しかしそれは疑似科学に留まるとし、呪術は人格神崇拝を中心とする宗教に取って代わられ、さらにその宗教も最終的には推論と実験による科学によって乗り越えられることを示したのである。すなわちフレイザーは、人類の文化史における、呪術から科学への進化論を理論的に提示したのであった。この明確なヴィジョンの提示が、多くの読者に衝撃を与えたということだろう。

だが、何より『金枝篇』の成功の最大の原因は、古代ヨーロッパという欧米人にとっての自分たちの「合理的で理知的な祖先」と、アフリカ、オセアニアという「野蛮な他者」の両者を、フレイザーが見事に理論で繋いでみせたことであった。すなわちそれは、古代ヨーロッパの起源に、神なる王の殺害（そこにはキリストの磔刑が常に暗示されている）という、「野蛮な他者」が行っているのと同様な慣行があったことを示すことで、ヨーロッパ古典学と人類学を総合し、「他者」研究が近代の「われわれ」の理解に寄与することを示したことである。その証拠に、フレイザーは出版に当たって出版者に次のように書き送っていた。「野蛮な慣習や観念と、キリスト教の基本的教義のあいだの類似性は驚くべきものです。しかしこの並行性について私は言及せず、読者がそれぞれの仕方で結論を出すのに任せておくつもりです(47)」。したがって、フレイザーは、一言も明言をしないものの、大著全体を通じて、王殺しという「野蛮な」風習を現在も行い続けている「野蛮な未開人」への軽蔑と、さらにそれら「野蛮な」風習と共通する要素を内包するキリスト教が、呪術が宗教に、宗教が科学にとってかわられる進化の過程で、次第に消滅するという未来図を示唆したのである。それでは、ヴェイユはこうした意図の下で書かれたフレイザーの『金枝篇』をどのように読んだのだろうか。

『カイエ』を見てみると、ヴェイユは二十代で『金枝篇』を初めて読み、神秘体験を経てマルセイユに移住した後、次第に記憶をたどりながらこの著作について書き記すようになったことがわかる。そしてアメリカに亡命してからは、ニューヨークの図書館で原著に読みふけりながら詳細にメモをとり、さらにロンドンにおける死の直前まで再びしばしば脳裏に浮かべるという付き合い方をしていたこともわかる。ヴェイユは、一九四一年九―十月執筆のK４以降、最後の一九四三年八月絶筆のK18に至るまで『カイエ』の中で合計五三回も、『金枝篇』に言及する。その多さ、恒常的な取り上げ方から見ても、フレイザーの『金枝篇』は、最晩年（一九四一―四三年）の二年間において、彼女にとってもっとも重要な本の中の一つであった。

ヴェイユがどの章に何回言及したかが把握できるよう、以下にまとめておく。これを見ても、ヴェイユが『金枝篇』を始めから終わりまで確実に通読していたことがわかる。

（１）ある多神教の神への注目

次頁の表を見ると、最も言及が多いのは、アッティスについてであるとわかる（第三四―三六章、計一一回。表中の下線部参照）。アッティスとは、古代ギリシア・ローマで信仰された神々のうちの一人で、プリギュア地方に起源をもち、そのプリギュア地方の地母神キュベレの息子・愛人とされている男神である。以下、フレイザー『金枝篇』のアッティスに関する記事のうちヴェイユが引用し注釈をつけた部分を具体的に確認してみる。ヴェイユはフレイザーによって紹介されたアッティスの何に関心を持ったのかがわかるだろう。
純粋な存在がもろもろの罪を負わねばならない。罪悪は贖罪を妨げるものだからである。(48)

第 1 章　森の王　（『カイエ』における言及回数：1 回）
第 5 章　天候の呪術的調節　（1 回）
第 9 章　樹木崇拝　（1 回）
第 15 章　カシワの樹の崇拝　（2 回）
第 31 章　キュプロスにおけるアドニス（1 回）
第 34 章　アッティスの神話と典礼　（3 回）
第 35 章　植物神としてのアッティス　（2 回）
第 36 章　アッティスの人間代表　（6 回）
第 43 章　ディオニュソス　（4 回）
第 47 章　リテュエルセス　（1 回）
第 48 章　動物としての穀物霊　（3 回）
第 50 章　神を食うこと　（3 回）
第 51 章　肉食の共感呪術　（1 回）
第 53 章　猟師による野生動物の宥和　（2 回）
第 54 章　動物礼典の型　（2 回）
第 58 章　古代ギリシア・ローマの人間替罪羊　（2 回）
第 61 章　ボルダーの神話　（1 回）
第 62 章　ヨーロッパの火祭り　（1 回）
第 65 章　ボルダーと寄生木　（1 回）
第 66 章　民話における外魂　（6 回）
第 68 章　金枝　（3 回）

ヴェイユは、アッティスの引用をはじめてするその直前に上記の内容を書き記している。すなわち、彼女の『金枝篇』内のアッティスについての読解は、まずヴェイユの側に、罪を負う純粋な存在、すなわち罪悪を犯していないにもかかわらず罪を贖《あがな》う存在についての関心があって開始されることがわかる。次にヴェイユは、アッティスが受難の死を遂げ次いで復活する神であることをフレイザーから読み取る。

アッティス。アッティスの死と復活（？）を画する春分におこなわれる牡牛の血による洗礼、浄化、そして新生。(49)（括弧内ヴェイユ）

ヴェイユによって、「復活」という言葉のあとに疑問符が括弧つきで付けられているが、これは、第一章で見たように、ヴェイユのキリスト観のなかには厳然として復活を重要視しない観点があるため、そこからつけられた疑問符だろう。しかし、このあと、アッティスと共に「新生」であるとか、以下にみるように、「復活」「蘇生」という語も書かれるようになり、神話に描かれた神の特性としての「復活」を、ヴェイユは次第にアッティス神話から学んでいったことがわかる。

かれは「刈り取られた麦の青い（あるいは黄色の）穂」という名で呼びかけられた。そして、死と復活という彼の受難は、刈り手によって傷つけられ、穀倉に納められ、地面に播かれたとき、再び蘇生する稔った穀物粒をさすものと解釈された。(50)（括弧はフレイザー原文）

ローマのアッティス祭では、森から一本の松を伐採してキュベレ女神の神殿に運び、それを花輪や菫で飾り、その幹にアッティスの似像を結びつけたものだ。三月二十二日のことである。三月二十五日にはアッティスは復活することになっていた。(51)

われわれにはすでにフレイザーに古代の神々とキリストとの類似を暗示する意図があったことはわかっているが、ヴェイユははっきりと次のように述べ、両者の類似をさらに独自に探り、確かめようとしている。まさに、フレイザーが暗示的に書いていることを、一次資料で確認してからあらためて明示的に述べたいという望みを抱いた様子である。

アッティスとキリストとの類似について四世紀に著された作者不詳の書物の典拠を調べること。(52)

そして、アッティスが十字架に掛けられたイエス同様、樹に吊るされた神であるということに注目し、それがアッティスとイエスの明らかな類似点だという書き方をしてみせる。

アドニスとアッティス、「樹木神《ツリー・ゴッド》」(没薬と松)。
そして十字架の樹……。「かれは樹に吊るされ……。」
(アッティスに関連して)(53)。 (括弧内ヴェイユ)

ただ、フレイザーの記述をさらに深く読み込むヴェイユ独自の視点も見られる。それは、アッティス神の犠牲に、人間の犠牲も関与することを指摘するところである。

キュベレ女神に仕える去勢された祭司たちについて、フレイザーは女神がアッティスと自然とを蘇生させるために、祭司たちの男としての能力を必要としたからだと推測している。

神がわれわれのうちではたらくために、われわれが神にみずからの生命エネルギーを捧げ、神がこのエネルギーを自在に活用することができなければならない(54)。

「人間が神にみずからの生命エネルギーを捧げ、神がこのエネルギーを自在に活用する」というアイデアは、われわれが第一章のヴェイユの「神観」で確認した、人間と神の犠牲の交換関係と類似した考え方に他ならない。

そして、ヴェイユはアッティスをめぐる神話を読みつつ、次のように気づいた。

神話の根拠とは、宇宙が神的な諸真理の隠喩《メタフォール》だということだ(55)。

(2) 神の犠牲

『カイエ』には、アッティスのほか、贖罪のため犠牲になる神についても、フレイザーからの数多くの引用が見られる。例えば以下のように、十字架上のキリストの贖罪の死を思わせるフレイザーの著述に、ヴェイユも反応して、いくつもそれらを『カイエ』に引用している（括弧内・傍点はすべてヴェイユによる）。

アブデラでは、年に一度ひとりの市民が石うちにあった。それに先立つ六日まえにこの市民は「人々の罪を一身に背負うために」社会から追放された（典拠を調べること）。純粋な存在がもろもろの罪を背負わねばならない。罪悪は贖罪を妨げるものだからである。

「バビロンでは、神の役を演じた犯罪人は磔刑に処せられる前に笞うたれた。」（典拠を調べること）[56]。

キリストとカーニヴァルに共通する深紅の長衣、茨の冠など[57]。

オーディンは「絞首台の主」「吊るされた者の神」と呼ばれる。『ハヴァマル』で彼は言う。

「われ知る、われ風あたり強き樹の上に
すべて九夜の間かかり、
オーディンに捧げられし槍もて

わがため自ら傷つきたり」

（かくして彼は神となるのであろう）。

（すばらしい、い、い！）

「アルカディアのアルテミスも『吊るされた者』と呼ばれていた」（らしい[58]）。

また、そのように純粋な存在が人間の罪悪を背負って犠牲となったあと、その残された肉体を人間が食するという、犠牲になった神を食する聖餐の儀式が各地にあることも、ヴェイユはフレイザーから学び、多数『カイエ』に書き留めている（括弧内すべてヴェイユ）。


フレイザー。プイー（ブルゴーニュ地方）では、収穫の終わりにリボンや花や麦穂で飾られた去勢牡牛が畑のまわりを引きまわされた。刈り手たちは牛のあとをついて踊った。悪魔に扮した男が最後の麦穂を刈り取るや、すぐに牡牛を屠った。その日の夕食で牡牛の肉の一部を食した（他にも、ヨーロッパ各地で降誕祭に動物を屠る例[59]）。

アステカ人はウィッツィロポチトゥリ神を食した。神の似姿に捏ねられ儀式によって神の肉へと変容させられたとうもろこしの練り粉を食するという形態でおこなわれた[60]。

フレイザー。「ある神が穀物神である場合、穀物がこの神の肉体そのものである。かれがぶどう神である場合、ぶどうの液汁がこの神の血である。それゆえ、パンを食しぶどう酒を飲むことによって、崇敬者は、彼の神のまことの肉と血に与るのである（肉食による類感呪術）[61]。」

中央アフリカのマディあるいはモリュ族についてのペルキン博士の叙述。年に一度、一族は輪のかたちに並べられた石のまわりに車座になって座る。ひとりの少年が選ばれた仔羊を引いて周囲をぐるりと一巡する。めいめいが仔羊の羊毛を少しずつとって、それを自分の身につける。祭司が石の輪のうえで仔羊を屠り、その血を一族の人々のうえに撒く。それからめいめいの額に血で印をつけてまわる。そののち司祭は説教をする。仔羊の肉は貧しい者たちに分配される。その骸骨は石の輪のそばにある一本の樹に吊り下げられる[62]。

2　キリストの諸表象リスト

なぜこれほどまでこの晩年の二年間にヴェイユはフレイザーに魅了されたのか。フレイザーを読みながら、ヴェイユが当時常に考えていたことは、実は次のようなことであった。

『あらゆる時代、あらゆる国の知恵』という題の古典古代の文学、東洋の文学、民話などから拾い集めた文章の選集を作りたい。宗教的・哲学的諸伝統の大多数の一致点を明らかにして見せられるはずだ。[63]

私は古代の諸神話においても、〔…〕世界の民間伝承においても、〔…〕残存しているエジプトの聖典においても、キリスト教信仰の教義、優れたキリスト教神秘家の著作〔…〕においても、同じ一つの思想が、その様式こそほんのわずかに異なっているとはいえ、非常に鮮やかに表現されているのが見出されると信じています。この思想こそは真理であり、今日この思想は、現代的、西洋的な表現をもってあらわされることを必要としていると信じています。[64]

ヴェイユは、以上のようなことを念頭に置きつつ、フレイザーを読み、アッティスやオーディンなどに出会いながら、そこに自分が一九三八年以降出会った犠牲のキリストの姿を見出し、さらに一層「同じ一つの思想が、その様式こそほんのわずかに異なっているとはいえ、非常に鮮やかに表現されている」という思いを強くしていたのである。また、ディオニュソスや禅仏教など、フレイザーにとどまらず、四一年以降には、他の宗教文化圏の書物を自ら求めて読み、犠牲・受難の神の普遍的な像を求めてさらに深く研究に取り組んだのだろう。

ヴェイユの神秘体験は、「犠牲になる神」の像を彼女の内部に深く植え付けたが、彼女が同時に「古今東西の宗教的伝統に共通の宗教性、聖性を見出し客観的に分析・表現したい」という欲求を抱くようになった背景には、十九世紀末から二十世紀にかけて成立してくる神話学や比較宗教学、文化人類学といった学問においてまさにこうした欲求が顕著に現れたということがあり、彼女のそれは時代の流れと一致したものであったと言えるのではないだろうか。こうした新しい知の影響を同時代から存分に受けながら、ヴェイユは独自の神秘体験から得た確信に基づきつつ自分なりの方法で、普遍的宗教性の二十世紀的表現を模索していたのだった。

そして、フレイザーの『金枝篇』他多くの書物の読書により、ヴェイユは最終的に、キリストの受難、犠牲と共通の要素をもつ存在は他文明、他の時代にも見出すことができる、と確信するに至る。すなわち彼女は、キリストが他宗教、民話などにも姿形を変えて現れていると考え、次頁のような「キリストの諸表象リスト」を作ったのだった。(65)

ただし、ディオニュソスのように、他の資料(ノンノスやヘロドトスなど)もよく調べてから選んでいるものもあれば、アッティスやオーディンのように、おそらくフレイザーを読んだだけで選んでいるものもあるので、この「キリストの諸表象リスト」は、ヴェイユにとっては未完成の下書きであったと見たほうがよいかもしれない。しかし少なくとも、ほぼすべての項目の共通点として明らかに、犠牲の死を遂げその後甦る神が選ばれていることは注目すべきである。ただ、同時に注意すべきことは、ヴェイユが同じ時期に別の場所(『ある修道者への手紙』)では、「十字架だけで十分だ」と明言していたことであり(本書第一章第三節2—(2)参照)、ヴェイユにとっ

キリストの諸表象リスト

プロメテウス。

ギリシア幾何学の比例中項。

プロセルピナ。

オシリス。

ディオニュソス。

アッティス。

アドニス。

「グリム童話」白雪姫。7羽の白鳥の姉妹。「アーモンドの樹」の死んで食べられて復活した子供。これを過越しの子羊、および、死んで食べられて骨のおかげで復活するアメリカ・インディアンの民間伝承の動物たちと比較すること。

「ダーティ・ボーイ」、アメリカ・インディアンの民間伝承における太陽の受肉。

オレステス。

ヒッポリュトス。

『国家』の義人。

『ファイドロス』の「叡智」(もし「叡智」が可視的であったなら……)。

ヨブ(異本では死んで復活したのではないだろうか)。

青銅の蛇。

ザグレウス(月と同一のものか)。

エジプトのヘラクレスに自己を顕示したとき、ゼウスがその外観をとって現れたという屠られた牡羊。

オーディン(「わたしは吊り下がっていたと知っている」)。

メルキセデク(「「神の子」に似たものとされた」)。

ノア。

クリシュナとラーマ(とりわけクリシュナ)。

「ノロウェイ公の牡牛」の花嫁。

(「はるか遠くあなたを探した。こんなに近くにつれてこられた。愛しいノロウェイ公、ふりむいてわたしに話しかけてください。」)

アンティゴネー。

道教(「わたしは道である」)。

て「復活」という要素は、諸宗教・諸神話を研究するうちに新しく見えてきた「キリストのさまざまな現れ」としての神々の共通点ではあるが、やはりより重要な共通点は「犠牲の死」にこそあるということは強調しておきたい。

また、ヴェイユがこうしたリストを作るにあたっては『金枝篇』の影響を多大に受けていたわけだが、だからといって、彼女がフレイザーの言うことを鵜呑みにしていたかというと、決してそうではないことにも注意が必要である。例えばフレイザーは、彼と同時代の他の未開地域の民話、呪術を多数取り上げ紹介しているが、結局のところ、それらはフレイザーにとっては「他者」であり、そうした「他者」は彼にとって遅れた呪術段階にあるもの、宗教の前段階にいるものであった。しかし、ヴェイユは彼のそうした考えを共有することなく、すべての宗教的文化を同等に見ようとする視点を持っている。またフレイザーは、呪術よりキリスト教、キリスト教より科学を評価し、言い換えれば、彼にとって、宗教は近い将来、科学に取って代わられるべきものであった。フレイザーは、要するに呪術・宗教から科学へという進化論を展開し実証しようとして『金枝篇』を書いていたのである。こうしたフレイザーの姿勢についても、ヴェイユははっきりとそれを否定し、批判する。ヴェイユが『金枝篇』の持つ進化論的な発想を完全に否定していたことは忘れてはならない点であろう(66)。

彼女はフレイザーの結論である人間社会の進化という結論には同意できないと鋭い批判を加えつつ、彼の『金枝篇』における特に資料収集の試みに対しては深く感銘を受け、その著作の資料価値を高く評価した。そして、フレイザーの用いた手法に触発されつつ、自らも時間の許す限り一次資料を確認しようとしながら、世界各地、歴史上のさまざまな時代の、現象・宗教的逸話・聖典・民話などを集め比較検討した。

その試みは死の直前の限られた時間の中でなされた、不十分なものであり、結局まとまった著作に結実こそしなかったものの、おそらくは、同様にフレイザーの影響を受けつつ、歴史上の宗教現象を総合して人間共通の宗教性を明らかにしようとした『世界宗教史』の著者エリアーデの試みの先駆と呼んでもよいものだったのではないだろうか[67]。

また、キリスト教に期待を失わなかったエリアーデと次の点も重なると思われるのだが、特にヴェイユは、諸宗教、諸呪術、民話・伝説の中心には、強力な磁場すなわち贖罪の「犠牲」とそれが産み出す普遍的な聖性がある、と考えそれを確信するに至っている。彼女は犠牲のキリストに出会う神秘体験の後、他宗教・異文化に対して幅広く関心を抱き、さらにそれら全てにおける「犠牲」の観念を探求しつづけた。最終的にヴェイユは、真の「犠牲」が聖性を生む、と言うに至る。

犠牲、これが聖なるものを生み、聖性を作りだす[68]。

彼女によれば、時代や地域には関係なく真正な宗教にはそのような「犠牲」が必ず存在する。

その聖性に従って、すべての宗教的現象は読み替えられ提示されなおさねばならず、自分の使命は万人が読んで理解することが可能なようにそれを書きなおすことであり、そしてそれによって普遍的宗教性が提示できるはずだ、とヴェイユは考えた。したがって、そのようなヴェイユにとっての真の宗教とは、

神が全能の主であると同時に犠牲として献げられもするような真の宗教、愛の宗教(69)

に他ならなかった。

三　「犠牲」を軸にした包括主義

このように、二十世紀前半の新しい知の流れの中に身をおきつつ、政治的・社会的・歴史的危機感を持ち、植民地支配に対する批判的立場に立っていた彼女は、キリストとの全存在的出会いを経ても、個人的救済を保証するカトリックへの入信には向かわなかった。彼女はキリストの「犠牲」の核心に触れる体験を機に、他の諸宗教へ開かれてゆき、それらに共通する普遍的な「犠牲」像とは何かを求めるようになった。その探求を通じて、普遍的宗教性解明の手ごたえを感じ始めていたのである。その試みは、熱心なフレイザーの読者でありながら、フレイ

ザーの目論見（呪術よりキリスト教、キリスト教より科学が優れているという進化論の実証）を超えて、他宗教とキリスト教の価値的同等、原始宗教や未開地における呪術とキリスト教の価値的同等を立証し、それらすべてにおける普遍的宗教性を示すことに向かったのだった。

当然、彼女のこの試みは、教会組織や神学からは相手にされないだろうし、また、他方、後世の学問的手法が確立した比較宗教学や文化人類学からも、客観性の不十分さを指摘されることだろう。さらに異文化の側からも、結局キリスト教中心的だと非難されるかもしれない。すなわち、これらの神話・民話におけるさまざまな相違、多様性を捨象してしまっているのではないか、という批判が予想されるということである。ヴェイユ自らはっきりと「同じ一つの思想の現代的、西洋的な表現が必要」と言っているが、この試みは、イエスの受難と復活を原型としてそれを世界の民話に当てはめ、無理やり普遍化しようとしていないかという批判は確かに可能だろう。周知の通り、キリスト教ほど、神の子イエス・キリストの死と復活に、その信仰の中心をおいている宗教はないからであり、まさにキリスト教の唯一性がそこにあるからである。たとえ、他の民話、神話に死と復活の神、犠牲の神がいたとしても、キリスト教ほどの重要性はもたないという指摘は、当然のことながらありうるだろう。

ヴェイユはキリスト教の真の普遍化という目標に向かって、教会組織や神学に依ることなくキリスト教を理解しようとし、具体的手法としては出来る限り他宗教との比較においてキリスト教をとらえようとした。それは、二十世紀前半という時代に生きた彼女が、フレイザーのような十九世紀末以来の新しい知の流れを、批判したり影響を受けたりしつつ誰よりも敏感にとらえ、能動的に、知的かつ宗教的な行動を起こしたということであった。ただ、ヴェイユはあくまでもキリストの犠牲を通じてしか他宗教を見ようとしないのではないか、という批判的問いは可能だろう。たしかに、ヴェイユはすべての宗教の中心に「受肉」(神の聖言が肉をまとってこの世に現れること)、そして十字架上の死、「犠牲」があると考え、そしてその「犠牲」概念を中心に、他宗教のテクストを分析し、そして前掲の通り、「イエスの諸表象リスト」を残した。このようなヴェイユの宗教論に対する形容は、結局包括主義的ということになるのだろうか。

詳しい論証は省くが、結論としては、ヴェイユは宣教不要論、非人格神・人格神、諸宗教を同一真理の異なる反映と見る見方においては、現代の多元主義的主張(ジョン・ヒックら)と共通する主張をしている。ただし、三位一体や受肉の教義に関しては、現代の多元主義がこれらを否定もしくは疑問視しているのに反して、ヴェイユは、むしろキリスト教教義中でも最も重要なものとして肯定しており、多元主義とは全く異なる主張を展開している。したがってヴェイユは、三位一体や受肉に関しては、明らかに、包括主義(ユルゲン・モルトマンら)に近い立場をとっていると言える。(70)

ただ、ヴェイユには、現代の包括主義者にも多元主義者にも見られない彼女独自の思想がある。それは、ヴェイユが、他宗教に属しながらもキリスト教の秘蹟の重大さを認めたり霊的に目覚めたりしている人がいた場合は、その人には元の宗教に属したままキリスト教の洗礼を授け、教会での聖餐に与れるようにすべきだという主張を持っていたことである。ヴェイユ辞世の書である「最後のテクスト(71)」には、

私は信じる、神、三位一体、受肉、贖罪、聖体、そして福音書のもろもろの教えを。

とあり、また、

もうずいぶん前から私は、聖体拝領への、強い願望をもち、それは絶え間なく強さを増している

とある。さらに、

もし、人が秘蹟を一つの善とみなし、私自身もそうみなした上で、秘蹟を望み、しかも、私の側に何の落ち度もないのに、それを拒まれたとしたら、そこには残酷な不正がないわけはない

と述べ、ヴェイユの悲痛なまでの聖体拝領に対する渇望は死の間際まで高まり続けていたこと

がわかる。

同時に、彼女は最期まで「私はいままでに司祭にはっきりと洗礼を依頼したことはない。いまもなお、私はそれをしない」という態度も崩さなかった。彼女は、他宗教に属したままでも洗礼を授けることや聖体に与ることは可能だという主張を持ち（これは今日キリスト教界の一部で問題になっているオープン／フリー・コミュニオン論と通底する部分である）、それに基づいてこのテクストを書き、死の直前まで常に所持して病床を訪れる司祭に問題提起として突きつけ訴えかけようとしていたのだった。

二十一世紀のエキュメニカルな流れの中にあっても、キリスト教界内の相互陪餐（オープン・コミュニオン）でさえ容易には進まない。そんな現在の状況下では、受洗後も他宗教に属することを許し、陪餐に与ることを許容するような宗派は、キリスト教宗派は多数あれども、まず見当たらない。また現代的多元主義においては、聖体拝領はそもそも形骸化した儀式にすぎず、低い重要性しか認められていないため、オープン／フリー・コミュニオン自体が問題としてとりあげられることもない。

しかし、ヴェイユの包括主義の究極には、「犠牲」となったキリストの体を、宗派さらには宗教をも問わず共同で食するという、聖餐式への他宗教者の受け入れが明らかに想定されていたのである。したがって彼女にとっての聖餐とは、キリスト教かキリスト教以外かを問わず何らかの宗教を通じて「犠牲」の観念に目覚めた者であれば与ることが可能である開かれた儀式に他ならなかった。

このように、二十一世紀を先取りするような先端的な多元主義的主張があるかと思えば、非常に熱烈な儀式への崇拝とキリストの犠牲をすべての中心に置く包括主義が絡み合っているのが、晩年のヴェイユの宗教観の特徴であるといえるだろう。(72)

第三章　社会における犠牲

第二章では、彼女の諸宗教研究が「犠牲」観念を中心に行われ、普遍的宗教性の探究へと発展していった過程を見た。果たして、彼女のその「犠牲」に基づく普遍的宗教性は、彼女の最晩年の著作にどのような影響を及したか。

この最終章では、ヴェイユのその「犠牲」に基づく普遍的宗教性が、最終的には現実の社会の根底に置かれるべきものとして、すなわち全ての人間的関係性の基を支えるべきものとして提示されるに至ること、そしてそれが具体的には権利に代わる義務の観念として結実していく経過を分析する。

一　最晩年のヴェイユ

本章ではヴェイユの最晩年（一九四二―四三年）に、「犠牲」を中心とする宗教意識が、いかに社会・政治思想の基礎におかれ理論的に発展していったかを見てゆくが、その具体的な考察にはいる前に、われわれはまず彼女の最晩年の足跡をたどり、その思想形成の背景を把握することから着手したい(1)。

彼女の晩年を一言で表現するとすれば、それは彼女自らが「根を奪われた」と言うところの(2)亡命生活に他ならなかった。一九四〇年六月、彼女がナチス・ドイツによる侵攻のため、住み慣れたパリを家族と共に離れざるを得なくなったことは、第一、二章でも見た。これは、ユダヤ系の自分たち一家への弾圧が厳しくなるであろうことを憂慮した両親によって熱心に説得された結果、彼女が下した苦渋の決断だった。

前章でも確認したように、マルセイユ滞在期（一九四〇年六月―一九四二年五月）に書かれた『カイエ』中には、諸宗教、民話における「犠牲」の観念についての言及が多々あり、この時期、ヴェイユが「犠牲」をめぐる諸宗教研究に集中していたことがよくわかる。しかし、だからといって彼女は部屋に閉じこもって読書・宗教的思索・執筆だけをしていたわけではなく、自らも避難民でありながら、世界の各地からマルセイユに流れ着いていた難民たちの援助にたずさわっていた。例えば、ファシズム優勢の状況下で祖国を追われた反ファシストたちが、マルセイユにある外国人収容所に集められていたのだが、ヴェイユはそこでアントニオ・アタレスというスペイン人を知り、彼に手紙や小包、あるいは為替などを送って個人的に援助を続けていた(3)。また、インドシナ難民キャンプに通って寄付をし、捕虜たちの待遇改善のためドイツとの仲介の援助をしてくれるよう、ヴィシー駐在の日本大使に掛け合いに行ったりもした。

マルセイユ期は、ヴェイユが最も宗教的、霊的に充実し深まりを見せた時期であったことは確かだが、上のような積極的な難民援助から見て、政治的・社会的な活動をも同時に行っていた時期だったことがわかる。

その後、さらに家族の熱心な説得があって、一九四二年五月には、一家でニューヨークに亡命することになるのだが、しかし、ニューヨーク到着直後から、ヴェイユは烈しい後悔の念に苛《さいな》まれるようになる。自分は困窮するフランスを捨ててきてしまったのではないか、単独でパリ、せめてマルセイユに留まってレジスタンス活動をする人々に加わるべきではなかったか、という思いにとらわれたのである。特にアメリカ亡命後は、「身の危険を冒してでも自分はフランス救済のために働かねばならない」との思いが募っていった。新聞報道でマルセイユでの抗議行動の報（一九四二年七月十四日）に接した際には、心底ショックを受けて二日間食事ができなかった。彼女にとっては、フランスで現に抗議行動がおこなわれているにもかかわらずそれに関与できないこと、自分だけが安全な生活をしているように感じられることが、最大の苦悩となった。この心情は、一九三六年、スペイン内戦が勃発した際に、当時平和主義者だったにもかかわらず「戦争が起こった際には、銃後に安穏としていることだけは耐えられない」と参戦を決意しスペインに赴いたときの心情と酷似しているだろう。

「フランスに帰国してレジスタンスの地下活動に従事したい」という願いは次第に苛烈なものとなり、どうにか友人モーリス・シューマンらの手助けによって、一九四二年十一月、ヴェイユは単身イギリスまで戻ることができた。フランスでレジスタンスとして地下活動するという望みは依然としてかなわないものの、ロンドンでド・ゴール将軍が組織していた「戦うフランス」政府（一九四二年春以降「自由フランス」から名称変更）に文案起草者として参加することとなったのである。そしてこのロンドンでの数カ月間、文字どおり身を削るようにして、彼女は戦後フランス復興のための社会計画案作成という職務に没頭した。結局、無理な執筆生活に健康を害し、また帰仏してレジスタンスに参加するという希望が成就する見込みがまったくたたないことに絶望して、翌年八月ヴェイユは失意の中、肺結核と摂食障害に伴う栄養失調により三四年八カ月の短い生涯を客地で終えた。

彼女がニューヨークとロンドンで一九四二年十二月から翌年四月にかけての四カ月間に残した著述は結果的に膨大な量に達している。それら最晩年の著述は、彼女の政治的活動、哲学的思索、宗教体験および諸宗教研究など、それまでの彼女の約三三年間という生涯でなされた全ての思索と活動の集大成かつ到達点といっても過言ではない。この時期の著作には彼女の各分野における思想の統合と結晶化がみられることは確かである。果たして、「犠牲」の思想は最終的にそのなかにどのような位置を占めただろうか。

一九四二年末当時、ドイツの敗色が次第に色濃くなる中、ヴェイユが参加したド・ゴール政府内では「新権利宣言」のための草稿が作られるなど、戦後のフランスにおける民主主義再強化のための政策作りがすでに具体的に進められて、「栄光のフランス」の復活が目指されていた。ヴェイユもその政策作成の一員として期待されたのだったが、しかし、ヴェイユの当時の提言はその多くがこうしたド・ゴール政府内の方向性とは相反していた。ヴェイユの独創的でかつ一見奇妙な提案は、その多くがド・ゴールの手元に届くに至らず、それ以前に却下されてしまっていたとされる(4)。反ファシズムのレジスタンス陣営に身を置いていたにもかかわらず、ヴェイユは周囲と異なる論調を貫きとおし、結局彼女の提言は周囲の期待に全くそぐわないものばかりになってしまったのだった。

結論から言えば、その最大の理由は、ヴェイユが反「権利・人格・民主主義的自由」の主張を展開したからということに尽きるだろう。

以下、最終章である本章では、特に社会思想的側面を多く含むこの時期の著作『ロンドン論集と最後の手紙』(*EL*) および『根をもつこと』(*E*) を中心に扱い、前章で見たヴェイユの「犠牲」に基づく普遍的宗教性が、最終的には社会の根底に置かれるべきものとして、すなわちすべての人間的関係性の基を支えるものとして提示されるにいたること、そしてさらに彼女の反「権利・人格・民主主義的自由」の主張が「権利」に代わる「義務」の観念として理論化されていった過程を見てゆく。それは、「犠牲」の観念が彼女の最晩年の政治・社会思想に多大な影響を及ぼしその礎となってゆく過程に他ならない。

二　集団に対する自己犠牲への批判

本節では、ヴェイユが犠牲について語る際に、まず偽りの犠牲として、集団(全体主義的国家、宗教団体、政党など)に殉ずる自己犠牲を批判していたことを取り上げたい。

1　国家に対する犠牲

第一章で見たとおり、ヴェイユは、キリスト体験や神父らとの交わりを経ても、主としてカトリック教会に属することで生じる党派精神に対する嫌悪から、洗礼を受けないという意志を持ち続けたが、このような宗教の分野における党派精神批判とまったく同じ根拠からなされるのが、彼女の政治の分野における全体主義批判である。すなわち、宗教、政治を問わず党派精神による偶像崇拝は常に起こり得、その偶像崇拝によって生じさせられるのが偽の犠牲である、とヴェイユは言う。ヴェイユにとっては、教会のための殉教、また共産党などの政党に対する忠誠心からの犠牲と、国家に対する愛国主義的犠牲とは、すべて同じ偽の犠牲である。それは、具体的にはファシズム国家においてみられる犠牲、ナチスの見せかけの精神性に酔いしれる人々による滅私奉公的犠牲である。

人は麦畑に対して、それ自体のゆえではなく、それが人間にとって糧であるがゆえに敬意を払わなければならない。

同様に、祖国、家族あるいはその他何によらず、なんらかの集団に対して敬意を払うべきだとされるのは、それ自体のゆえではなく、それがある数の人間の魂の糧であるからである。〔…〕危殆に瀕した集団に対する義務は、全面的な犠牲行為にまで至ることもあり

うる。しかしながら、だからといって、その集団が人間存在の上位にあるということにはならない。〔…〕

同じように、全面的な犠牲行為が要求されるときでさえ、いかなる集団にたいしても、糧に対して払うべき敬意に類似した敬意以外のものを払うようには求められていない。きわめてしばしばかかる役割の逆転が起こる。ある種の集団は、糧として役立つどころか、まったく逆に、魂を喰らい尽す。このような場合には社会的病患があるのだ。(5)

ヴェイユはこのように述べる。最後の「社会的病患」に冒された「ある種の集団」という表現には、宗教団体や政党、そして明らかに擬似宗教的な国民の熱狂がみられたナチス体制下のドイツが示唆されているだろう。特に彼女が間近に見続けたドイツは、まさに国家という集団が国民の「魂を喰らい尽す」ような病的な状況にあった。

ヒトラーは、〔…〕あらゆる人々の想像力を刺激するのがどんなに必要なことであるかを決して見失ったことはなかった。〔…〕この目的のために、かれが用いた最良の手段の一つは、特殊な部隊の編成であった。〔…〕これらの部隊は、特殊な任務のために選抜された男たち、生命の危険をかえりみないばかりか、決死の覚悟をかためた男たちから構成されていた。ここにこそ、まさに重要な点がある。これらの男たちは、〔…〕一つの信仰心、一つの宗教的精神にもあい似た精神に動かされている。

とはいえ、ヒトラー主義（hitlérisme）[6]が宗教の名に値するというのではない。それどころか、うたがいもなく、ヒトラー主義は宗教の代理物である。そしてそのことがその力の主たる要因のひとつなのである。

これらの男たちは、自分自身のためにも、自分以外の人類全体のためにも、苦しみも死も眼中にない。彼らのヒロイズムの源泉をなすものは、極端なまでの獣的本能である。こういう男たちを集めた部隊は、体制の精神とその指導者の意図とにまったく完全にあい応ずるものである。[7]

私たちの敵は、宗教信仰の代理物である偶像崇拝の精神に押しやられて進んできている。[8]

ヴェイユはこうして、ナチス・ドイツの一九三〇年代以降の隆盛および大戦初期における快進撃の源を「宗教信仰の代理物である偶像崇拝の精神」であるとして、「私たちはこういう方法を模倣することができないし、してはならない」[9]と述べ、いかなる戦争状態においても、自らの属する国家のために命を殉じることへの熱狂や、殉死者の栄光への憧れがあってはならないと厳しく戒めている。

このように、一九三〇年代からナチス・ドイツの興隆を目の当たりにし続け、第二次大戦の開始と共に、ドイツによる占領のために、自分もパリを離れなければならなくなった彼女の晩年は、特に自らの一九三〇年代の平和主義支持を苦い思いで振り返りながら、フランスおよびフランス人における「国家と犠牲」「国家のための犠牲」という問題を、身近で切実な問題として考え続けた日々であった。それでは、ドイツと比較した場合、フランスにおける国家と犠牲の問題をめぐる状況は具体的に彼女の目にはどう映っていただろうか。

ヴェイユは、『根をもつこと』の中で、第一次大戦時のフランスの状況にさかのぼって次のような考察をする。

かくして、われわれは奇妙な現象を目撃することになった。すなわち、憎悪と反発と愚弄と軽蔑と恐怖との対象である国家が、祖国なる名のもとに、完全なる忠実、全面的な献身、すべてに優先する犠牲を要求し、しかも、一九一四年から一九一八年に至る間すべての期待を上回る度合いにおいてそれらを獲得したのである。国家は、この世界における絶対的価値として、すなわち偶像崇拝の対象として示現し、また、かかるものとして受容され、奉仕され、恐るべき多数の人間の犠牲によって崇敬された。愛のない偶像崇拝——これ以上に奇怪で悲しいものがあるだろうか。

ある人間が献身的行為の中で、心情が彼に命じるよりはるかかなたまで押しやられるとき、かならずその結果として、感情の内部に猛烈な反動、一種の激変が生じる。〔…〕

まさにおなじ現象が、一九一八年以後、フランスとフランス人との間に生じたのである。彼らはフランスに、あまりに多くのものを与えすぎた。彼らはおのれの心情の中で、フランスに対して抱いている以上のものを与えたのである。

一九一八年以後における、反愛国主義的、平和主義的、国際主義的思想の流れはすべて、戦争の死者たちや帰還軍人たちを自己の立場の証人とした。[10]

ヴェイユはこのように述べ、フランス人も第一次大戦時中には、フランス国家に対する偶像崇拝的愛国心にかりたてられ、その結果多くの犠牲が払われたとする。そして、その犠牲の大きさから、大戦間期には、国民の中に国家に対する感情的な反発、反動がおき、反愛国主義、国際主義、非暴力平和主義などが隆盛になったと観察している。[11]

しかし、一九四〇年におけるフランスのドイツによる占領という事態を受け、ヴェイユはフランス人のゆきすぎた傍観者的態度に業を煮やす。「危殆に瀕した集団に対する義務」という表現は、このフランス人のあまりにも冷淡かつ無関心な態度に対してヴェイユが鳴らした警鐘であった。

平時においては、正義と真実とは、この二つの徳を愛国心からへだてている防水隔壁のために、〔…〕純粋に個人的な徳目の水準に引き下げられてしまっている。だが、祖国が最高の犠牲を必要とするようになると、このおなじ隔壁のゆえに、愛国心は、全面的妥当性——これのみが全面的努力を呼び覚ますことができる——を失ってしまうのである。(12)

ヴェイユの偽りの犠牲についての論は、以上見たように、まず根底的に、国家を含むすべての集団に対して捧げられる個人の自己犠牲を偽りの犠牲ととらえ、それに対する根本的な懐疑から出発していることは確かである。しかし、他方で、自分の属する集団が他の集団との間の緊張関係に陥った際に、自分の集団を守るために個人が自己犠牲を払うことは義務であるという主張も、ヴェイユには確かに見られる。この二律背反した主張をわれわれはどう理解するべきだろうか。

2 祖国と犠牲——カントロヴィッチとの比較

ヴェイユの集団に捧げる犠牲を巡る議論は、当時の知識人と比べるといかなる特徴をもつだろうか。例えば、ヴェイユと同じユダヤ系であり、かつまた祖国ドイツに対する愛国心から第一次大戦に志願兵として参戦した経験を持つが、しかし結局ユダヤ系ゆえに国を離れざるを得なかった、ドイツ人歴史家エルンスト・ハルトヴィヒ・カントロヴィッチと比較してみよう。

彼は、「中世政治思想における『祖国のために死ぬこと』」(『祖国のために死ぬこと』所収)および「祖国のために死ぬこと」(『王の二つの身体——中世政治神学研究』所収)の中で、「祖国のために死ぬこと」がヨーロッパ史において、どのように尊い犠牲として称えられてきたかを詳細に論じている。

まず、「祖国のための犠牲」が称え始められたのは古代ギリシア・ローマにさかのぼるが、しかし時代が下って中世に入ると、封建制度下で君主に対する忠誠のほうが国に対する忠誠に優先するようになり、またキリスト教における「天上の祖国」のほうが地上の世俗的祖国よりも重要になったため、「祖国のための犠牲の死」があまり重要視されなくなったことを実証する。ところが十三世紀以後は次第に、イエス・キリストの身体を意味していた「神秘体」という宗教用語が教会を指すようになり、さらに近代化の中で世俗的国家も「神秘体」と呼ばれるようになったことから、再び「国家のための死」が「神秘体のための死」として、すなわち聖なる犠牲として称えられるようになるという。結局十五世紀ころの「祖国のための自己犠牲」がもっとも価値が高く、尊崇の念をもって受け止められたということを、カントロヴィッチは描き出す。その頃の様子を彼は次のように述べている。

ここで霊的な「神秘体」と世俗的な「神秘体」、神秘体の宗教的な頭とその世俗君主的な頭、天上の超越的な共同体のための自己犠牲と、地上の形而上学的な共同体のための自己犠牲の対比が、一種の頂点に達した。そしてこの高い点から、さらにそれが、最終的に近世、近代、超＝近代の国家主権主義へといたる道を滑降してゆくのを、歴史家は容易に見て取ることができよう[13]。

要するにカントロヴィッチは、神秘体すなわち国家のための「自己犠牲」は、近世、近代、第二次大戦中のファシズムと時代が下るにつれ、その価値が低下してゆくと言っている。それはすなわち、国家が、神や王や祖国などの情緒的な等価物を失っていくと同時に起きた現象であった。したがって、彼にとって、自己犠牲という観念は、祖国、神の王国などと関係づけ、高貴で崇高なものとして評価されねばならないことは、自明だったと言えよう。彼は、現代(二十世紀)においては国家が精神的な価値を失ったために、国家のための自己犠牲も「真の犠牲」とはならないことを憂えている。カントロヴィッチにとっては、祖国や国家という概念、またそれに捧げられる犠牲の死は、偉大や栄光という形容とともに、大いに尊重され、顕彰されるべきものに他ならなかったのである。

ヴェイユにおいては、以上のようなカントロヴィッチにみられる論点はどのように扱われているだろうか。例えば「神秘体」についてであるが、ヴェイユはもとより、神の「神秘体」というイメージに対して否定的な見解を抱いていた。さらに、聖体拝領時のホスティアのみならず、教会なり国家なりが「神秘体」と言い換えられると、とたんにそれら社会的集団に対するその構成員の服従の要請が非常に容易になるという現実に対しても、強い批判をしていた。以下は、一九四二年にペラン神父に宛てた手紙からの引用だが、ヴェイユは、次のように書いている。

キリストの神秘体というイメージには大変魅力があります。でも私は今日このイメージが重要なものと考えられているということが、現代の私たちの堕落の一番重大なしるしの一つだと思います。なぜなら私たちの本当の尊さは、たとえ神秘体であろうと、キリストの体であろうと、一つの体の部分であるということではありません。〔…〕

確かにキリストの神秘体の肢体であるということには、強い陶酔があります。しかし、今日では、キリストを頭としない他の多くの神秘体が、私の見るところでは、同じような性質の陶酔を、その成員に与えています。〔…〕(14)

これを見てもわかるとおり、ヴェイユは、教会のみならず、ましてや国家が「神秘体」と呼ばれ、人々がその手足となって切り捨てられることが正当化されるような中世以降の議論にはまったく興味をもっておらず、むしろ嫌悪感を抱いているようである。

要するにヴェイユは、祖国のための死を殉教の死と同一視することはなく、したがって、祖国のための死がすなわち永遠の救済につながるというような議論をすることもない。おそらく、祖国のための犠牲の死は、ヴェイユにおいては、この世において顕彰されるようなものではまったくなく、偉大さ、栄光、名誉などとは無縁のものであって、むしろカントロヴィッチが嫌悪した犬死のような死こそ、ヴェイユは祖国のための真の犠牲にとしてふさわしいと考えている。ヴェイユとカントロヴィッチが最も異なるのは、この点であろう。

二人の共通点は驚くほど多々ある。例えば、同じユダヤ系としてアメリカに亡命せざるを得ない運命であった点、またそれぞれドイツとフランスを自らの祖国と信じ、熱烈な愛を表明していた点、またカントロヴィッチは第一次大戦に志願兵として参戦、またヴェイユは第二次大戦下にレジスタンスに加わることを希望しており、二人とも祖国のためには生命を失うことすらためらわなかった点などである。ところが、カントロヴィッチは元来保守主義者で、スパルタクス団などの左翼運動を弾圧した経歴を持ち、他方ヴェイユは、反フランコのアナーキストらに賛同してスペイン内戦に参戦したという過去をもつ。二人の国家・祖国観とそれに捧げる犠牲をめぐる思考の軌跡が異なるのも、実はこのような具体的な政治的立場の違い、「祖国」の中のどの人々に思いを寄せるかの違いが大きな原因の一つであることがここで見えてくる。

さらに、ヴェイユの言う「祖国（patrie）」は、共同体としてさまざまなレベルのものをさし、これについてもカントロヴィッチとは実は大きく異なるのだが、これについては、第三節で詳しく検討したい。

3　国家、祖国、国民――ルナンとの比較

ところで、カントロヴィッチにおいては、人が近代以降の政教分離した「国家（Etat）」に自

己犠牲をささげた場合に、果たして古典古代や中世における宗教的、道徳的統一体として人々のあいだで精神的価値を持っていた「祖国」に対して犠牲を捧げた場合と同様の、賛美や顕彰、さらには永遠の救済を得られるのかどうかは、まったく不問に付されている。(15)

ヴェイユにおいては、こうした問題の立て方はされない。彼女にとっては、自己犠牲が賛美や顕彰、救済などを目的としてなされる場合にはそれらはすべて偽の犠牲だからである。しかし、ヴェイユにおいても、カントロヴィッチと同様、犠牲を捧げる対象（「祖国」や「国家」を含むあらゆる共同体）に対する彼女なりの考察は見られる。その点を、ここで見てゆきたい。

時代は第二次大戦より半世紀ほどさかのぼるが、エルネスト・ルナンが、一八八二年に「国民とは何か」という講演をし、一八七〇年におきた普仏戦争におけるフランスの敗北で意気消沈するフランス国民に対して、国民概念の再認識を図ることで彼らを鼓舞しようとした。ヴェイユが、第二次大戦初期におけるドイツによるパリ占領を受けて、『根をもつこと』を執筆しつつ、祖国や国民について考察を深めていた状況とよく似ているといえよう。ここで、ルナンの国民概念を再確認し、ヴェイユのそれと比較してみたい。

国家宗教はもはや存在しません。カトリックでも、プロテスタントでも、ユダヤ教徒でも、どんな宗教を行わずとも、人はフランス人、イギリス人、ドイツ人でありえます。宗教は個人的な問題になりました。(16)

ルナンはこのように述べ、近代的国民国家においては、民族、言語と同様に宗教もその求心力とならないと断言する。ルナンにとっては、「国民（nation）の存在は日々の人民投票」なのであり、現在の意志が問題とされていたことはいうまでもない周知の事実である。

この点について、ヴェイユは以下のようにルナンを揶揄している。

宗教は私的問題という宣告が下されてしまった。〔…〕私的なものになったために、宗教は公的表明にのみ残された義務的性格を失い、その結果、忠実（fidélité）に対する絶対的な資格を失ってしまった。

事態がまさにかかるものであるということは、いくたの啓示的な言葉がそれを示している。たとえば、つぎのような決まり文句が繰り返されるのをわれわれは何度耳にしたことであろうか。「カトリックであれ、プロテスタントであれ、ユダヤ教徒であれ、自由思想家であれ、われわれはすべてフランス人だ。」〔…〕

まさに喜劇的というべきことに、宗教、すなわち人間と神との結びつきは、今日、いかなる外部権力の干渉をも許さないまでに神聖な事象とはみなされず、公的問題にたいする重要性がほとんどないものとして、国家が各人の気まぐれにゆだねるといった事象の数に入れられてしまっている。〔…〕これが「信教の自由（tolérance）」という語の現代的意味で

ある。(17)

このようにヴェイユはルナンの発言を「決まり文句（ce lieu commun）」と呼び、一九四二年の段階におけるフランスの危機的状況に関して、この国家と宗教の分離がその原因の一つだとまで言っている。

その後ヴェイユは以下のように続ける。

　こんなわけで、忠実（fidélité）がすがりつくものとしては、国家以外にはなにもなくなってしまった。〔…〕けだし人間は、忠実でない人間生活はなにか嫌悪すべきものであることを感じているのである。〔…〕人間はまた、犠牲のために生まれたということを感じている。ただし、民衆の想像力の中には、軍事的犠牲、すなわち国家に捧げられる犠牲以外の犠牲の形式はもはや存在しないのである。まさに国家のみしかなくなったのだ。

ヴェイユはこのように述べ、近代以降のフランスでは、宗教と政治の分離によって、むしろ形を変えた擬似宗教が登場してしまったこと、すなわち愛国心という名の、国家に全面的犠牲を要求するあらたな偽の宗教がフランスに登場していることを指摘するのである。(18)

祖国の観念をめぐってもまた均衡が覆された。しかもそれが覆されることによって、純粋思惟の世界では、逆方向において均衡が回復された。国家が、完全なる空虚のただなかで、人間に忠実と犠牲とを要求する資格のある唯一の存在であり続けたために、祖国の観念も思惟のなかで絶対的な価値として現れることになったのである。祖国は善悪の彼岸に置かれた(19)。

ヴェイユは国家や祖国について以上のように述べるのだが、しかし果たして彼女は実際のところどのように二つの概念を使い分け、また宗教的伝統をいかに結び付けようとしていたのだろうか。また、それらの概念とそこに生ずる犠牲とのあいだには、いかなる意味づけが行われていたのだろうか。さらにヴェイユの『根をもつこと』を読み進めながら、次にこの問題を取り上げたい。

はじめに、ヴェイユが個々の人間の属する共同体を、具体的にどのように想定していたかを確認する。

三　犠牲と「善への愛」

1　自然圏としての共同体と犠牲

人間の魂はいくつかの自然圏に根づき、それらを通じて宇宙と交渉を持つことを必要としている。祖国、および言語・文化・共通の歴史・職業・場所によって定義されるいくつかの圏は、それら自然圏の具体例である。[20]

ヴェイユはこのように、人間が「自然圏（milieux naturels）」と呼ばれる複数の多様な共同体もしくは集団に属すること、そして祖国（patrie）はその中の一つに過ぎないことを示している。この祖国なる自然圏、生命圏は、善や悪、正義や不正義が混ざり合っている諸原因のもつれ合いから生まれたものであって、当然最良のものというわけにはいかない、とヴェイユは考える。一つの圏が成立してゆく過程には、必然的に周辺の政治的・経済的な弱小地域への征服が行われ、それらの地域文化が消滅することは避けられず、そうした征服行為は時代を問わず悪だ、とヴェイユは強調するのだが、しかしそのために外科手術を施して過去を訂正しようとすることもまたさらに被害を大きくすることになるのですべきではない、とも言っている。そしてヴェイユは次のように言う。われわれは今ある一つの「自然圏」としての祖国のあり方を、保存してゆくしかない。この圏は現に存在しているのであり、それは確かに善を含んでいるのであり、それゆえに、その善を尊びつつ、できる限りあるがままの形で、宝として保存されねばならない。祖国が過去に犯した悪は、部分的にしか償えないが、国内的にわれわれができることは、現在の枠組みの中で、多様な小規模の自然圏としての地域文化を中央からの援助によって可能な限り保存することである、と。(21)

以上からわかるように、ヴェイユは、ある祖国が成立しているとき、その中には多様な伝統を持った地域文化・少数民族の文化が必ず存在することを指摘し、それらをでき得る限り保存するよう訴えている。

ヴェイユはまた、国民についても、確かに、共同体としてのまとまりをもった一つの「自然圏」ととらえ、その上で大小様々な自然圏の中では中間的な規模をもつ一つの自然圏として、位置付けしようとしていた。たとえば彼女は次のような覚書を残している。

国民よりも大きな経済圏、国民よりも小さい文化圏（とすれば、国民はどういう種類の単位になるか(22)?）。（括弧内ヴェイユ）

さらにヴェイユは、人は愛国心と言うと、すぐ絶対的善と「フランス」に相当する集団とを等式で結ぼうとするが、その等式における一方の領域の項には、「ブルターニュ」のようなより小規模な項、あるいは「ヨーロッパ」というようなより大規模な項を持ってきてもいいのではないか、と言い、しかしそれは裏切り者扱いされるのが常だ、と嘆く。(23)

このように、祖国(patrie)、国家(Etat)、国(pays)、国民(nation)という単位を常に相対化して見せるヴェイユの態度からは、彼女が、個々の人間は生きてゆく上で意志的にあるいは自然に複数の共同体(自然圏、生命圏〔milieux naturels, milieux vitaux〕)に重複して属すると考えていたことが明らかにみてとれる。ヴェイユはそれらの共同体の実情を十分複眼的にとらえ、また祖国や国家だけが愛の対象の生命圏ではないとも主張している。

ところが、そのヴェイユでも次のように言っている場合がある。

　祖国が存亡の危機にあるときにはそれらすべての圏への忠実から生じる一切の義務が、祖国を救済するという唯一の義務のうちに統合される。なぜなら、外国に屈従した住民たちは、ただ単に国民という圏のみならず、それらすべての圏を同時に失ってしまうからである。(24)

また、彼女はそうした祖国への忠実を表すためには、軍事的義務が必要不可欠であり、

住民はおのれの生命に至るまでその国に捧げなければならない(25)

とまで言っている。これらの発言は、ヴェイユの複眼的共同体論と矛盾するようであるが、ヴェイユがこれを書いた一九四二年当時の時代背景をこれまで詳細に考察してきたわれわれにとっては、当然納得がゆくものといえる。なぜならヴェイユが最も唾棄すべきものと考えていたのが、いかなる外部からの呼びかけにも答えず自己を温存するにとどまる怯懦であり、よって一九四〇年以降ドイツの占領下に入ったフランスのために住民が「祖国救済の義務」を、すなわち犠牲を負わねばならないということは、彼女にとっては自明だったからである。この、いかにして早急にフランス人自身の手に祖国を取り戻すかという問題は、ヴェイユのみならず当時のレジスタンス側にいた知識人全てにとっての焦眉の現実問題であり、実際どのような行動をとるかは別としても、共有されていた課題だった。このことはわれわれも見てきた通りであり、ヴェイユの晩年の作品を読む際には必ず想起する必要があることはいうまでもない。

他にも同様に、彼女の叙述の中に時代状況を強く感じさせるものがある。それは、彼女が「愛国心」について強調して語っている点である。これについても、すでに何度もわれわれが確認してきたように、次のような背景の理解が必要となる。すなわち、フランスでは当時既に、第二次大戦前に左翼政党によって採られていた国際平和主義に対する批判が行われていたということである。それは、台頭するドイツ・ファシズムに対してフランスが早期に強硬かつ有効な手段を打ち出せなかった、その責任の一端を、戦間期に政治的主導権を握っていた左翼政党の国際平和主義に求めるものであり、ヴェイユにおける狭義の「愛国心」の強調も、背後にはこの国際平和主義への批判と、それにある時期まで同調してきた自らへの反省が込められている。[26]

しかし、このような時代背景を十分念頭に置いたとしても、やはりヴェイユが「愛国心」を強調したことについて、われわれはヴェイユの時代の全体主義国家のみならず二十一世紀の現代においてすら、国家が国民に対してその名の下に犠牲を強要する傾向があるような「愛国心」と、いかに差異化できるのか、と不安を抱かざるを得ない。そこで、さらにヴェイユが「愛国心」という語によって具体的に何を意味しようとしたか注目してみたい。

するとわれわれは、まずヴェイユが「これまでの愛国心とは異なる新しい愛国心が必要である」と言っていることに気づかされる。彼女によれば、愛国心には二種類あり、一方は、これまでの誤った愛国心、すなわち国家の偉大さを賞賛する、リシュリュー、ルイ十四世、およびアクションフランセーズらに代表される愛国心である。これは、偶像崇拝とも言うべき国家崇拝であって、自国を肥え太らせることのみを願い、他国を虐げ、自国の下層階級を食い物にする精神だとヴェイユはいう。この精神の根底には、他人より物質的により豊かな生活をしようと欲する、国民一人一人の利己主義が潜んでいる。[27]だが、ヴェイユは、今われわれが目指すべき新しい真の愛国心は、こういう類の精神のあり方とは無縁のものである、と強調する。われわれは祖国の愛し方を変えねばならないとヴェイユはいう。すなわち国家の偉大さや栄光を愛するのではなく、むしろ敗北を喫した祖国の弱さに眼を止め、これを愛するべきだというのである。そしてヴェイユは次のように言う。われわれは危機にある弱き祖国とともに苦しむ精神をもたねばならない。前者の愛国心が、盲目的な国家的狂信を生む興奮剤となるとすれば、後者の愛国心は、正義や隣人への義務といった絶対的な観念にあくまでも従属する善に根づいた精神のあり方であって、これは自己犠牲をも敢えて辞さない全く性質の異なる刺激剤となりうるものである。これは自国民同士の友愛を可能にし、また善に基づく他国民との間における友愛とも決して矛盾しない感情を生む、と。(28)

ヴェイユによれば、祖国は、そもそも自然圏の一つとして文化的、宗教的伝統を有する一定の住民の総体であり、したがって祖国への愛は、この伝統を真に知り、そこに根づく感情でなければならない。自らの祖国の伝統を知りそこに根づいている国民は、他の国民の根を奪うようなことは決してしないはずである。ところが、これまでの誤った愛国心は、「伝統重視」と言いつつ、自分たちの国家そのものを、そしてそれのみを絶対的存在かつ神聖なものとみなし、他国への侵略を正当化してきた。これは彼らが、真の伝統、歴史を見失っている証拠に他ならない、とヴェイユは言うのである。

先ほど、彼女が「祖国、および言語・文化・共通の歴史・職業・場所によって定義されるいくつかの圏」という表現で、祖国を自然圏のひとつと考えていることを見たが、ここで、祖国については、文化や宗教的伝統といった要素が重要になることがわかる。ここまでのところからは、ヴェイユの祖国観が、ルナンよりもむしろフィヒテの国家観に近いことが見て取れる。[29]

しかし、ヴェイユは次に、国家と祖国は分離して考えるべき二つの異質な概念だ、という考え方を提示してみせる。[30]国家は祖国を存立させるために必要な行政機能及び公的権力、祖国の資産を管理する仲介的存在とみなすべきものであり、したがって国家は、祖国の存続のため事実上必要不可欠なものではあるが、それ自体が神聖なものではないとされる。このことを説明するため、ヴェイユは、祖国を両親に、国家を凡庸な家政婦に、そして国民を旅行中の両親を待っている子供に譬える。子供は両親の旅行中、凡庸な家政婦が命じるいかなる命令にも進んで従うが、それはひとえに不在の両親への愛のためである。この子供のように、祖国を喪失して初めてわれわれは祖国なしでは生きられないということに気づかされ、祖国のため必要上国家に服従する。果たしてわれわれは本当に祖国なしでは生きられないのだろうか、という問いに対しては、ヴェイユははっきりとそうだと肯定する。なぜなら祖国は一つの自然圏としてわれわれに生きる地盤を与えるものだからである。

ある種の微生物にとって培養に適した環境なるものがあり、ある種の植物にとって不可欠の土壌なるものがあるように、各人の内なる魂のある種の部分、および、相互交流の行われるある種の思惟方法と行動方法は、国民という環境の中でしか存在せず、国が滅びるときには消滅してしまうものなのである。[31]

このように、ヴェイユにとっての祖国とは、人々に生命の糧を与える存在であり、生きることとそれ自体を支える根づきの土壌となるものである。また、祖国以外のあらゆる種類の圏への参与も、祖国あってこそ可能になる。[32] このように祖国あってのわれわれは、祖国存続を願う思いからやむを得ず国家に服従する。国家そのものは本来神聖ではないのだが、祖国の真の伝統が神聖であることにより、それに根づくわれわれにとって仲介的機能の国家も神聖なものとなる、とヴェイユは考えている。

公的権力に対する国民の服従は祖国の必要であり、それゆえに神聖な義務である。そして公的権力はその義務の対象であるが故に、それ自体に同じ神聖な性格が与えられることになる。[33]

ここで、国際法上の一般概念を前提に、ヴェイユの言う「祖国」と「国家」の分離という定義をとらえ直すとすると、まずヴェイユの言う「祖国」は、通例の国家を成立させる三要素「領土、国民、主権」の中の、「国民及び領土」をさすものであろう。換言すれば、文化的宗教的伝統を共有し、一定の領域に交流関係を保ちつつ集住する一定規模の人間集団としての「国民」と、そうした精神的求心力を保持する範囲での歴史的妥当性を持つ「領土」である。これは、「祖国とは国民の別名である」（*E* 168）とか、「祖国に関する限り、根づき、自然圏の観念だけで充分である」（*E* 203）とヴェイユが言っていたことからも明らかである。一方、ヴェイユの言う「国家」は、公的権力すなわち主権をさすものであろう。しかし結局彼女は、最終的にこの「祖国」、「国家」どちらも神聖であると認め、国民は自らの生を享受するため進んでこれらに服従する義務があるとしている。

さらにこの彼女の「祖国」観、「国家」観について考えてみると、彼女の「国家」観は、明らかに「市民社会」概念を創出させた近代的国家観とは異なるであろう。すなわち「市民社会」においては、市民は社会的経済的自由を享受しつつ、国家権力とは距離を保って生活を営むものであるが、まさにその距離は、市民自身が国家権力による自由権の侵害を監視するための距離である。自由権の侵害がなされた時には、市民は国家に対し革命権を行使し得るとされ、そうである以上、国家と市民の関係は、潜在的には対立的緊張関係にあるというべきである。ところが、ヴェイユにおいて描かれた国家と国民の関係は対立的であるどころか、非分離的ですらある。そもそも、「主権国家」概念を提示し、国家権力と恐怖とを結びつけて語ったのはマキアベリであったが[34]、ヴェイユにはそうした恐怖の対象としての国家権力という視点がない。むしろ国民と権力機構である「国家」は密着し、「国家」に対して人々は当然のように自発的に自己を投入するものとされる。なぜなら彼女は、国民の生活の場として「祖国」という概念を導入しているからである。生活の場としてのその「祖国」、これは歴史的領域と伝統的価値を共有しつつ、共通のノモスに服従する人々によって形成されたものである。それを支える権力機構の「国家」は、「祖国」にとって必要不可欠な、現実局面との仲介機能を持つものとされる。従って人々はこれら二者のどちらにも進んで服従し、この二者のために自らを犠牲にすることも厭わないのである。

ヴェイユは最終的に、「祖国」「国家」および「国民」という三者の一致を望み描いている。こうした「祖国」「国家」観が可能となるのは、ヴェイユにとって政治というものが、権力によってなされる秩序の維持を目的とした営みなのではなく、あくまでも共同体全体でなされる、正義の実現すなわち善を目指す活動であったことにその根本的な理由があると言わねばならない。ヴェイユの描こうとした「祖国」「国家」のあり方は、いかなる近代的国家像よりも、また、カントロヴィッチがおそらく理想とした中世後期のヨーロッパよりも、実は、プラトンによって描き出されたポリス共同体の理想的国制に最も近い。

こうした「国家」及び「祖国」をめぐって、そこに自己投入してゆく行動を喚起する、ヴェイユが「愛国心」とよぶところの感情は、ヴェイユ自身においては、明らかに当時の全体主義的国粋主義とは袂を分かつものとして意識的に提示されていた。われわれは、このヴェイユの、明らかに自由主義とは相反する彼女の「国家」論が、しかし全体主義とも全く異質のものである、ということを確認する上で、この両者の「愛国心」の相違をさらに検討しておかなくてはならない。

1989年11月創立　1990年4月創刊

二〇二四年五月一五日発行（毎月一回一五日発行）

月刊
機
2024
5
No. 386

発行所　株式会社 **藤原書店**©
〒一六二―〇〇四一　東京都新宿区早稲田鶴巻町五二三
電話　〇三・五二七二・〇三〇一（代）
FAX　〇三・五二七二・〇四五〇
◎本冊子表示の価格は消費税込みの価格です。

編集兼発行人
藤原良雄
頒価 100円

生涯を遺児救済運動に捧げてきた、稀有の教育・社会運動家の全記録！

世界の「あしなが」へ

――『玉井義臣の全仕事　あしなが運動六十年』（全4巻 別巻一）発刊――

玉井義臣（1935-）

世界のすべての遺児に、教育支援を！　交通事故死した母、がんで二十九歳で亡くした妻。二人の死を原点にあしなが運動に乗り出した玉井義臣氏。交通事故、自死、震災……親の保護を受けられない子どもたちの暮らしと学習と心を「何があっても守る‼」と、何度挫折しても奔走しつづけてきた人生。その熱い思いの全記録『玉井義臣の全仕事』（全4巻・別巻一）が、今月より配本開始される。

編集部

●五月号目次●

『玉井義臣の全仕事』（全4巻・別巻一）発刊
世界の「あしなが」へ　玉井義臣ほか　1

気鋭の憲政史家の新しい憲法論　『自由主義憲法』
今こそ、真の「憲法」論議をしよう！　倉山満　6

八重山へ　三砂ちづる　10

「ゆたかな富」から「ゆたかな生」へ　山田鋭夫　12

〈追悼〉安里英子さん
「聖域を汚染する不条理を許さない女」　海勢頭豊　14

〈新連載〉日本ワイン　揺籃期の挑戦者　1
ワイン産業は芸術だ！　叶芳和　16

〈連載〉パリの街角から17「通訳は裏切者?」山口昌子 17　メキシコからの通信14「中立外交と国連改革」田中道子 18　歴史から中国を観る53「宗教としての古代儒教」宮脇淳子 19　今、日本は61「石垣島の教訓」鎌田慧 20　科学史上の人びと14「ドーキンス」村上陽一郎 21　グリム童話・昔話14「北ドイツの謝肉祭と南ドイツの謝肉祭」小澤俊夫 22　「地域医療百年」から医療を考える36「涙に他者のいのちあり」方波見康雄 23　あの人この人14「横顔だけの人」黒井千次 24　いま、考えること14「自由の天地へ脱出」山折哲雄 25　花満径98「桃李の歌（一）」中西進 26
4・6月刊案内／読者の声・書評日誌／刊行案内・書店様へ／告知・出版随想

何故、交通遺児育英運動に飛び込んだか？

玉井義臣

大学生や専門学生らとボランティアのべ一万人が、毎年春と秋に、北海道から沖縄まで全国二〇〇カ所の駅頭・街頭でご寄付を呼び掛ける街頭募金、ACジャパンのTV広告などで、「あしなが育英会」の知名度はあがりましたが、六十年にわたって「あしなが運動」に邁進してきた私玉井義臣に関しては、あまりご存じない方も多いことと思います。

六十年前の一九六三年十二月二十三日、私の母は大阪・池田市の自宅前で暴走車に轢かれ、一か月余り、治療らしい治療も受けずボロ雑巾のようになって死んでいきます。私は「母の敵討ち」を誓い、モータリゼーション全盛の時代に、筆一本で週刊誌、月刊誌に**交通事故に関する被害者擁護、加害者厳罰化、救急医療の充実**を訴えていきました。その訴えをきっかけとして、一九六六年四月から二年間、当時、三〇％以上の高視聴率だったお昼のTVワイドショー番組「**桂小金治アフタヌーンショー**」にレギュラー出演、のちには制作者となって、毎週交通事故の悲惨さを訴えていました。

私と交通遺児育英運動をすることになる岡嶋信治さんのお姉さんは、一九六一年秋、新潟長岡で酔っ払い運転のトラックにひき逃げされ亡くなりました。その痛ましい事故をきっかけに、岡嶋青年は全国の遺児家庭を訪ねて、肉親の死の哀しみを共有しながら、実際に困っていることを聞きだしていたのです。

一九六七年七月、岡嶋青年は私を訪ねてきて、交通事故により働き手を喪って生活苦にあえぐ母子家庭が困っていること、「せめて高校だけは行かせたい」という母親のせつない願いをなんとかかなえたいというのです。その熱意に負けた私は、安定したジャーナリスト生活を捨てて、海のものとも山のものともわからない、社会運動——交通遺児育英運動にとびこんでいきました。

これが一九六九年の交通遺児育英会設立までの簡単な前史で、多くの交通遺児たちを、高校、専門学校、大学へと進学させたのです。それから四十余年のあしなが運動は、災害遺児、病気遺児、自死遺児と対象をひろげて、今では世界各国のＡＳＨＩＮＡＧＡにまで大きく成長しています。

（「総序」より抜粋）

〈玉井義臣の全仕事 あしなが運動六十年〉を推薦します

日本オリンピック委員会 会長 **山下泰裕**

二〇〇五年十月、ＪＲ新宿駅前の街頭で、私は『あしながさん』の代表として参加し、学生と共に募金箱を持って訴えました。「一人でも多くの遺児が教育の機会を得て大学に通える『心塾』が一日も早くできるように応援してください」と……。

玉井会長の信念「教育こそが、人をつくり未来をひらく」は、柔道の原点でもあり応援し続けます。

元・京都大学総長 **山極壽一**

人は生涯、親との関係を保って生きるので、子どもたちは親を通して人生の道筋を見極めることができる。親との死別は、だからこそ子どもたちに大きな衝撃を与える。とりわけ、交通事故によって一瞬にして親の死と向き合わなければならなくなった心の痛みは想像を絶するものだ。

玉井義臣会長の「あしなが運動」は、世界中の人々が模範とすべき「日本人の心のあり方」だと思う。

教育者／元・京都精華大学学長 **ウスビ・サコ**

玉井会長と初めてお目にかかった時のことが強く印象に残っています。あしながの活動を説明したいと、京都精華大学にいきなり来られたのです。

「アフリカ遺児高等教育支援百年構想」を打ち出されたのは、アフリカの地を自分の足で踏み、人々との関わりの中でアフリカの未来の可能性を感じ、信じたからだと思います。

俳優 **吉永小百合**

玉井さんとの出会いは五十二年前、新宿厚生年金ホールでの「交通遺児救済チャリティショー」。桂小金治さんと司会させていただき遺児の作文に涙して以来のお付き合いです。

私もかつて経済的理由で進学に悩みましたが、「勉強は必ず財産になる」と信じてがんばりました。遺児の皆さんも、絶対あきらめないでください。玉井さんがついています。

元・関西学院大学学長
遺児奨学生OB
村田 治

玉井会長と親しくさせて頂いて三〇年以上になる。中学一年生で父親を亡くした私にとって「親父」のような存在である。長い間、傍で見てきたものとして、人間・玉井義臣を表す言葉は、「偉大なる戦略家」かつ「人たらし」というのがピッタリである。「人たらし」というと聞こえは悪いかもしれないが、その本質は、人への優しさと人を引き付ける人間力と考える。

あしなが育英会国際広報理事
岡崎祐吉

大学入学と同時に「心塾」に入塾し、以来三十五年、玉井会長の語る理想的な社会のあるべき姿を必死に追い求めてきた。特に二〇〇〇年から現在まで、アフリカ遺児支援運動を会長と共に推し進め、二十か国以上を共に行脚した。

「考え、動く、行動人を目指せ」「リーダーは夢を語れ」「世界中が応援する国際組織にせよ」など数々の教えを受け、愚直に実践してきた。この教えは今もウガンダの地で行動する私の原点となっている。

あしなが育英会広報担当理事
工藤長彦

大学一年の一月、長野市善光寺近くの旅館で開かれた「交通遺児を励ます会」全国会議が玉井会長との出会いだった。

会長の地球規模のものの見方・考え方に魅了された私は活動に没頭するが、三年の十二月、仲間二人を交通事故で喪った。四年の六月、会長はわざわざ宇都宮まで来て、「ともに働こう。友の無念を晴らせ」と。その一言で私の人生が決まった。会長の言葉が持つ力強さは、今も変わらない。

あしなが育英会常任顧問・弁護士
堀田 力

半世紀に及ぶあしなが運動の歴史で、玉井さんは一一〇〇億円の寄付を集め、十一万人の遺児の教育を支えた。東日本津波災害では九十億円を集め、速やかに津波遺児を救った。コロナ禍の今日では、国よりも早く一人十五万円の緊急教育支援金を全奨学生六五〇〇人に送った。

共生の時代に向かおうとする今、日本の誇るべき先駆者の歩みをたどれば、日本と世界の明るい未来が浮かび上がってくるだろう。

生涯を遺児救済運動に捧げてきた稀有の社会運動家の軌跡

玉井義臣の全仕事
あしなが運動六十年

（全4巻・別巻一）

各巻月報付　A5上製布クロス装　　**内容見本呈**
カラー口絵4頁　各巻600頁平均　本体各8000円

本著作集は、私たちが歩んできた道のり、携わってきた仕事、その記録の全てを集成したものである。ここには私たちの想いのすべて、喜びも、哀しみも、怒りも、私たちが味わってきた感情のすべてが濃密に詰まっている。ぜひ、これからを生きる若いひとたちに読んで欲しい。
玉井義臣

毎年の街頭募金と寄付金により、交通事故・病気・災害・自死などさまざまな理由で親を喪った遺児たちを支える「あしなが運動」。現在、誰もが知るようになったこの運動の誕生から現在に至る60年の軌跡を、創設者・玉井義臣の仕事から描く著作集成、発刊！

推薦
山下泰裕（柔道家・日本オリンピック委員会会長）
山極壽一（人類学者・元京都大学総長）
吉永小百合（俳優）
ウスビ・サコ（教育者・元京都精華大学学長）

Ⅰ すべては母の事故死に始まる〔1963–1969〕
母の輪禍を契機に交通事故被害者補償の不備を訴えた『朝日ジャーナル』の処女論文と、都留重人による絶賛論評、著書『交通犠牲者』『示談』など収録。

Ⅱ 交通遺児育英会の設立と挫折〔1969–1994〕
交通遺児育英運動から、病気・災害遺児支援にも活動を広げた疾風怒濤の時代。会機関紙に連載した、子ども・お母さんたちへの熱いメッセージ全228回を収録。
月報＝岡嶋信治／あしなが奨学生・卒業生／遺児の母親　584頁　◇978-4-86578-426-8

Ⅲ あしなが育英会の誕生と発展〔1994–2024〕
4人の同志と「あしなが育英会」設立、自死遺児も含む全遺児支援へ活動は爆発的に拡大する。1994年以来の機関紙連載コラム「共生」を全収録。**〔次回配本〕**

Ⅳ「あしなが運動」世界のASHINAGAへ
『読売』連載「遊友録」、国内外教育機関での講義録、各界著名人対談等から、海外への活動展開を描く。玉井夫妻の闘病記『愛してくれてありがとう』も収録。

別 遺児作文集とあしなが運動六十年史　　［附］詳細年表
遺児作文集の秀作と解説、国内外の遺児の心のケアハウス「レインボーハウス」の概要を収録。玉井義臣と「あしなが運動」の全史を網羅した年表を付す。

＊白抜き数字・文字は既刊

気鋭の憲政史家・憲法学者による、画期的な新しい憲法論！

今こそ、真の「憲法」論議をしよう！

――『自由主義憲法　草案と義解』出版にあたって――

憲政史研究者　倉山　満

「憲法」と「憲法典」の違い

どのような憲法論議を行うのか。これを間違えると、何の話をしているのかわからなくなります。だから最初に、「憲法」の定義を明確にしておきます。

最初に勘違いしないようにしたいのは、「憲法」と「憲法典」の違いです。「憲法」とは、その国の国家体制、すなわち、歴史・文化・伝統そのものです。「憲法典」とは、法典ですから文字に書かれた部分です。「憲法」の中の、確認のために条文化した部分が、「憲法典」です。「憲法典」は「憲法」の一部です。たとえるならば、「憲法」という氷山があれば、水面に出ている部分が憲法典だと思ってください。「憲法典」は「憲法」という名の氷山の一角です。

日本国憲法をめぐるこれまでの憲法論議は、実際にはほとんどすべてが「憲法典論議」で終わってしまっています。憲法典論議に終始して、本当の意味での憲法論議をしてこなかったからです。

護憲派は「日本国憲法の条文を一字一句変えるな。特に第九条を！」と主張し、改憲派は「日本国憲法の条文を一字一句でも変えるぞ。特に第九条を！」と訴えてきました。同じ穴のムジナです。少なくとも頭の中身――と言うと失礼でしょうか――、論理構造は同じです。前文と百三条の条文から成る「日本国憲法」を、日本国の憲法のすべてだと思っている。「憲法典」など「憲法」の一部に過ぎないと認識していない時点で、既存の護憲派も改憲派も同じです。

大日本帝国憲法と日本国憲法

私は大学で日本国憲法の教員をしていました。そういう人間で、日本国憲法より先に「大日本帝国憲法」を勉強した人間は、恐らく私一人ではないかと思います。改憲派の人で、どんなに「帝国憲法に戻せ。帝国憲法の改正憲法のほうが本来の憲法だ」と言う人でも、恐らくすべての人が、先に日本国憲法を習っているのだと思います、私以外。

日本国憲法を先に習うと、どうしても日本国憲法の発想がこびりつき、そこから離れられなくなるところがあるのですが、私は憲法を学ぶ最初に帝国憲法を、美濃部《みのべ》達吉《たつきち》先生、清水澄《とおる》先生、佐々木惣一《そういち》先生の主要著書を読むところから始めたので、日本国憲法がいかに異常な憲法であるかがよくわかります。三先生の代表作として、美濃部達吉『憲法撮要』（有斐閣、一九二三年）、清水澄『逐条帝国憲法講義』（松華堂書店、一九三三年）、佐々木惣一『日本憲法要論』（金刺芳流堂、一九三〇年）をあげておきます。

倉山 満（1973-）

憲法は、文字に書かれているとは限りません。多くの日本人は、「文字に書かれている条文が大事である」と考えるかもしれませんが、本来の憲法学ではそういう考え方はしません。
大事な点なので、まとめておきます。

- **日本国憲法**（前文と百三条の条文）**は、日本国の憲法のすべてではない。**
- **憲法とは、国家体制**（歴史・文化・伝統）**そのもの**（＝芦部の憲法に言う「実質的憲法」）**である。**
- **憲法典は、その中の確認のために条文化した部分**（＝芦部の憲法に言う「形式的憲法」）**である。**
- **憲法典は憲法の一部であって、全部ではない。最後に確認する部分である。**

本来、憲法典とは、憲法の中で確認する部分なのです。この「確認」が大事です。憲法の一部にすぎない日本国憲法の条文を、誤植も含めて一文字も変えられずにきたのが、日本国の改憲論議なのです。

「日本国憲法」と「日本憲法」

ところで、論議以前の問題として、日本国憲法に誤植があるのを、いったいどれぐらいの日本人が知っているでしょうか。現行憲法第七条第四項に「国会議員の総選挙」とあります。この「総」の一文字が余計で、誤植です。「国会議員の総選挙」など、存在しません。なぜなら、衆参同日選挙でも、参議院の半分が残っているからです。日本国憲法の条文を変える・変えないの前に、知られていないことが多すぎるのです。国会議員でも、日本国憲法に誤植があることを知らない人がいました。

現在、「憲法」の語は二つの意味で使われています。一つは冒頭でお話しした、「憲法」の意味であり、もう一つは「憲法典」の意味です。

昔は、国家の最高法を形成する歴史、文化、伝統のことを「国体」と言いました。国家体制の略語で「国体」です。「国体」といった略語は右翼的だからイヤだと考える人は「国制」の言葉を使う人もいます。「国体」も「国制」も同じです。これが本来の「憲法」です。

それに対して、文字に書かれた大日本帝国憲法や日本国憲法を、つまりは憲法典を「憲法」とも呼ぶので、「憲法」をどちらの意味で使っているのか、ややこしいわけです。

ときどき、「憲法違反の憲法」などの言い方をする人がいるのですが、それを正確に言うなら「憲法違反の憲法典」、あるいは「国体違反の憲法」です。

憲法学者は「国体」という語がかなり曖昧に使われていたので避ける傾向がありました。それで、帝国憲法の本を読んでいると、頻繁に登場するのが「日本憲法」という語です。帝国憲法の本なのに、なぜ「日本国憲法」が出てくるのかと思ってよく見ると「日本憲法」と書いてある。本来の憲法の意味を表すのに「日本憲法」、そして憲法典の意味で「帝国憲法」と使っているわけです。佐々木惣一先生の代表作は『日本憲法要論』で、「日本憲法」について述べた大作です。

現状では、日本国憲法の条文をどうするかの議論はあっても、日本憲法をどうするかの議論がほとんどありません。

憲法は「政治のルール」

憲法には「政治のルール」という側面があります。

ならば、「これ以上やってはいけない」というところ」と「ここまではやっていい」というところの両方がなければルールとして成立しないわけです。憲法は権力を縛るものなのだけれども、それだけではありません。縛ること自体が目的であれば、ほぼ意味がありません。

大正時代の**吉野作造**《よしのさくぞう》**の議論**です。立憲主義の意義を説いた有名な「**憲政の本義を説いて其有終の美を済**《な》**すの途を論ず**」(『中央公論』大正五年一月号)の要点です。ここには、憲法典の条文の文字にどんなことが書いてあっても、それが実質的に運用されていなければそれは近代国家の憲法とは言えないとされる、三つの事項が書いてあります。それは当時のまともな日本人全員の共通の見解になっていました。

一つ目が国民の権利尊重。人権と呼ぼうと他の呼び方だろうと何だろうと、実際に守られていなければ意味がありません。

二つ目に権力分立。特に、**司法権分立**です。司法権が行政権から分立していなければならない。この考え方は簡単です。司法権とは裁判官、裁判をする人です。無実かもしれない国民の運命を決める人です。それに対して、捜査して逮捕して裁判にかける、警察官や検察官は行政権です。無実かもしれない人を捜査・起訴して有罪にしようとしている人なので、そこが分離していなければ、国民の権利などは絶対に守れるわけがありません。

三つ目は、民選議員です。**行政権力は直接国民に対して権力を振るいます。**権力の振るい方には、たとえば、税金や保険料を取っていくなど、いろいろな方法があります。**直接権力を振るう行政権力を監視するの**が、選挙で選ばれた議会です。**民選議員**がなければ、監視できません。しかも行政権力が国民の権利を拘束する根拠が法律です。その法律を作るに際しては、選挙で選ばれた人の意見が入っていなければならない、とする考え方です。

二院制の場合、両方とも選挙で選ぶべきかどうかは別にして、少なくとも片一方は選挙で選ばなければ、国民の権利を縛ってはならないのです。

これら三つが実質的になければ近代国家の憲法ではない。本来の立憲主義とはこれです。ところが、今は「守ろうが守るまいが書き込め」とする、一九一九年にドイツにできたワイマール憲法以来の議論に世界的に引きずられていますけれども。

（本書「序章」より抜粋）

八重山へ

「女性民俗文化研究所」主宰　三砂ちづる

八重山の春、朝四時は、まだ暗い。我が家の前には街灯もないので、ほとんどまだ真っ暗で、満天の星の名残りが空にある。静かで何の音もしない。夜が明けてくるとアカショービンの声が聞こえる季節である。桜に見送られて出てきた東京国立で、こちらに着くと、アカショービンが鳴いていた。アカショービンに迎えられた気がして、この地に、いま、いられることに感謝して、東京から送った山のような段ボールの箱を開けている。

八重山竹富島に家を建て、二〇二四年四月に移住した。「女性民俗文化研究所」という看板をあげ、女性性の本質を追いながら、執筆を続ける。いわゆる赤瓦平屋の伝統建築の家しか建てられない竹富島で、まちなみ保存委員会の許可をもらって家が建っていくさまをみながら、これはかなり大変なことを始めてしまったな、と思った。家ができた今も、本当にこんなことができたんだ、とわがことながら、びっくりしている。

なぜ八重山か？

すべては、「琉球大学八重山芸能研究会」から始まった。

八重山芸能研究会、通称「八重芸」は、一九六七年に八重山出身の琉球大生を中心とした八重山民謡同好会から始まり、沖縄復帰、琉球大学の国立移管の時期に八重山芸能研究会と名前を変え、二〇一八年度で五十年に及ぶ活動を終えた。

石垣島、西表《いりおもて》島、竹富島、小浜島、黒島、波照間《はてるま》島、新城《あらぐすく》島、与那国島など八重山の島々に毎年合宿し、取材し、古老の話をきき、芸能を学び、年二回、那覇と石垣で発表会を続けてきた。地元の芸能の中には、島外の人に教えることはおろか、みることもできないようなものもあるが、地元の人が、これは島の外に出しても良い、学生が舞台にあげても良い、としたものを取材してきたのである。民俗学的に貴重な資料を集積してきた、まさに研究会、であった。

元部員でもあり、三十年近く顧問を務めた山里純一琉球大学名誉教授は、その歴史学者らしい手腕で、八重山芸能研究会の活動内容を丁寧に記録し、周年誌として残した。取材資料は保存され、今後の研究に活用されることを待っている。

このいわば大学の部活動に、琉球大学保健学研究科大学院生の時に一年だけだが在籍し、活動した。中学校、高校、大学時代の部活動が人生を変える経験については、この国では珍しくないことなのだが、遅まきながら大学院で一年だけ経験したこの部活動に、自分自身の土着の感情、ともいうべきものを呼び起こされた。

八重山芸能のそばで

「赤馬節」を踊る著者（1986年）

イバン・イリイチが〝ヴァナキュラー〟といった、土地に根ざしたもの。沖縄の出身でも八重山の出身でもないが、八重山民謡をきき、八重山の踊りを踊ったとき、はじめて自らの内なるヴァナキュラーなもの、としかいいようのないものにふれたような、今まで感じたことのないなつかしさを感じた。八重山の言葉で、こういうことを「みじらしや」（珍しいことだね、ちょっとびっくりだね）という。二十代半ばを過ぎた頃のことである。

西表島の星立《ほしだて》公民館（現在は干立《ほしだて》公民館）に合宿して練習し、八重山の座開きの踊り「赤馬節《あかんまぶし》」や、こちらもめでたい時の踊り「鷲《ばす》ぬ鳥《とぅり》」を先輩から習い、先輩たちの踊る西表の「租納嵩節《すないだきぶし》」や「髙那節《たかな》」に憧れ、男性の先輩たちの演じる小浜島の「ダートーダー」や竹富島の「蛸取り狂言」に感嘆し、多良間ユンタや南風《ぱいかじ》ユンタを唄い、月の夜に男女が唄い踊って楽しむ浜遊びで「真謝《まじゃ》井《んがー》」、「桃里節《とうざとぶし》」などを踊った。

その後数十年、頭の中にはいつも八重山民謡が流れていたし、舞扇はいつも手元にあった。なつかしく大好きなものに出会ったのである。

二〇二四年三月、津田塾大学を定年前に退職した。定年退職ではないので、大学主催の最終講義はない。卒業生たちが企画してくれた退職を祝う会に、「八重芸」の先輩方、友人が馳せ参じて下さり、唄、三線《さんしん》、笛、太鼓をつとめて下さる中、三十八年ぶりに舞台で「赤馬節」を踊った。先述したように、座開きの踊り。八重山芸能のそばで暮らすことは来世の夢と思っていたが現世で実現したこと、新しい座が開かれたこと、に感謝している。

「ゆたかな富」から「ゆたかな生」へ

名古屋大学名誉教授
経済学
山田鋭夫

昨年末に**『自治と連帯のエコノミー』**という訳書を出すことができた。著者はR・ボワイエだが、私もかなり長文の「解説」を書くことになった。その本のオビに、編集部が見事なキャッチコピーを付してくださった。いわく、**「ゆたかさ」への新しい挑戦！**

まことに言い得て妙であるだけでなく、今日における「ゆたかさ」とは何であるべきかについて、つくづくと考えさせられることになった。

GDPという富　その功罪

言うまでもなく「ゆたかさ」や「富」は、経済学の伝統的テーマをなしてきた。アダム・スミスは『国富論』（一七七六年）を書いて、富とは金銀（カネ）でなく生活の必需品・便宜品（モノ）のことであり、「ゆたかさ」とはそれが一般庶民に潤沢に行きわたることだと説いた。そこから経済学という学問が生まれた。一世紀後のマルクス『資本論』（一八六七年）もまた、資本主義社会の「富」のあり方を分析した本だ。マルクスは、資本主義では富が「商品」の姿をとっていることに注目し、資本主義では折角の「ゆたかな富」がなぜ大量の貧民を生み出す形でしか存在しえないのか、と告発した。

いずれの場合にも、富とはすぐれて物的財（モノ）のことであり、非物質的なサービス活動の成果は度外視されていた。その後、紆余曲折をへて二〇世紀半ばのアメリカで、**第二次大戦を戦うための国力を知る必要から国民経済計算体系が編み出され、一国経済の規模を示すGNP（のちにGDP）の概念が生まれた。**そこでは物財生産だけでなくサービス生産も加味されるようになったが、ただし、どれも市場で売買されるそれらに限定されていた。

こうして戦後期の経済運営は、ひたすらGDPの成長に集約されていった。GDPこそ一国の「富」を表現し、一人あたりGDPは「国民のゆたかさ」を示すものとされた。国民の多くが日々の衣食住にも事欠く貧しい時代にあっては、GDP成長はたしかに意味ある目標であった。電気洗濯機は家事労働をどれほど楽にしたことだろう。

ところが、成長政策が奏功して国民がある程度「ゆたかな富」の恩恵にあずかれるようになると、そのさき、一人あたりGDPが伸びても国民はそれほど生活満足感や幸福を感じなくなってきた。むしろ公害病、働きバチ、ウサギ小屋的住まい、地方衰退、人間関係の希薄化など、成長の陰の側面が際立つようになり、「くたばれGNP」が叫ばれた。GDP成長という**「ゆたかな富」の世界は、本当に私たちに「ゆたかな生」をもたらしてくれるのだろうか。**「より多く持つこと」(more-having) は「よりよく生きること」(well-being) につながるのだろうか。

「ゆたかな生」に向かって

もちろん、飢餓や極貧に苦しんでいる状態では**「ゆたかな生」**(well-being) など夢の夢だ。ある程度の物的生活基盤は必要であり、そのためのGDP成長は欠かせない。そのうえで今日、多くの人びとにとって「ゆたかな生」への道は、各人の持って生まれた潜在的才能が個性ゆたかに開花していくことにあり、その開花のなかで社会的な絆が広がり深まっていくことにあるのではなかろうか。端的にいって**「能力形成」**と**「紐帯《きずな》形成」**。この両者の好循環のなかで、人間が相互に形成しあい交歓しあうこと。そこに「ゆたかな生」がある。

そのような「ゆたかさ」はもはやGDPでは測れない。例えば「教育《エデュケイション》」によって新しい能力が開拓されるということは、それ自体が歓びであり富であって、そのGDP効果はいくらかなどという、カネへの換算を許さない性質のものだ。同じことは「医療」「福祉」「文化」などの活動とその成果についても言える。

こうした**人間形成的なサービス活動こそ**が、これからの経済社会を引っ張っていくべきであろう。そしてそのとき、市場や政府のみならず、各種NPOの果たす役割も大きい。これをして**「ウェルビーイング主導型発展」**と呼んでもよかろう。**富はいまや「人間の能力やつながり」にある**のであって、「財・サービス」はそのための前提なのである。「ゆたかな富こそゆたかな生だ」と思われていた時代は去り、逆に**「ゆたかな生こそ、ゆたかな富だ」**と考えるべき時代を迎えている。

〈追悼〉安里英子さん

「聖域を汚染する不条理を許さない女」

ミュージシャン　海勢頭　豊

四月八日、本土出張から戻り、安里英子さんの通夜に行った。息子さんによると、亡くなったのは三月十八日で、入浴中に倒れているのを救急で運んだが、助からなかったという。

英子さんは、二年前に肝臓ガン末期と診断され、身を削るように生きていたようだ。二月末にハートライフ病院で会った時も、三月九日にNPO法人恨之《ハン》碑の会の理事会で会った時も、笑顔ではあるが、血の気はなかった。

しかし、早すぎる死を感じながらも、残すべき宿題をまとめていた。富士葬祭場の通夜の部屋には、彼女の集大成とも言える『琉球　揺れる聖域』（藤原書店）の新刊が、置かれていた。英子さんは、藤原良雄さんから送られた本を見て、旅立ったという。

思えば、首里城下の勝連家の娘に生まれた彼女は、琉球・沖縄の聖域を汚染し続ける日米軍事同盟下における現代文明の不条理や不正義を、許さない女であった。その精神力は「清《ちゅ》ら」そのもので、彼女の霊性は、琉球王国時代のノロや神司《かみつかさ》たちが、ヤマトからの邪風を鬼となって見張り、島々の平和を守った闘いの歴史に連累連座し、受け継いだものであった。おそらく『琉球　揺れる聖域』を読めば、琉球神女としての彼女の危機意識が理解できよう。

翌朝、出棺前の彼女を見ると綺麗に化粧されていた。髪飾りも、日巫女《ひみこ》のようで清らなノロ神に仕上がり、「じょうとうです」と褒めた。そして「お疲れ様。ありがとう」と告げた。

二〇〇八年の夏、随筆家・岡部伊都子さんの追悼会を沖縄平和祈念堂で行った際、沖縄戦で戦死した岡部さんの許婚の木村邦夫さんの魂を平和の礎《いしじ》から伊都子さんの待つ壇上に案内し、二人の魂を結ぶ儀式を手伝ってくれたのも、英子さんだった。

沖縄九条連共同代表として、「恨之碑の会」共同代表として一緒に闘った英子さん。特に、沖縄戦で犠牲になった朝鮮人軍夫慰霊の「恨之碑」の土地問題解決に、死の間際まで尽力していた姿には頭が下がった。

英子さんに、感謝するばかりである。

安里英子（1948-2024）

1977年、復帰5年目に1人でミニコミ誌『地域の目』を発行。90年から97年にかけて琉球弧の島々をまわりリゾート開発の実態ルポ。

■安里英子氏の本

琉球　揺れる聖域（軍事要塞化／リゾート開発に抗う人々）　三九六〇円

新しいアジアの予感（琉球から世界へ）　三〇八〇円

2024年度 後藤新平の会

後藤新平の 劇曲『平和』

初上演 & シンポジウム

「黄禍」を世界に知らしめた寓意画。右の仏陀が東洋を象徴し、当時のヨーロッパの警戒心を端的に表している。

後藤新平が訴えた「平和」を、いま、我々はどう受け止めるか？

1912年、第一次世界大戦前夜──。欧米列強が勢力を競い、
日露戦争後の日本が「黄禍論」にさらされるなかで、後藤新平は、世界情勢を"鎧をつけた平和"と見抜き、
気鋭の詩人・平木白星に託して劇曲（音楽劇）『平和』を生み出した。
この埋もれた劇曲の上演を目指してきた演出家 笠井賢一が、東西の音楽に精通する作曲家 佐藤岳晶と
日本を代表するカウンターテナー村松稔之を迎え、熟達の俳優と共に劇曲『平和』の初上演を実現、世に問う。

〈シンポジウム登壇者〉
榎木孝明 俳優
小倉和夫 元駐仏・駐韓大使
伏見岳人 東北大学教授
橋本五郎 読売新聞特別編集委員（コーディネーター）

2024年5月31日（金）

15:00〜 第18回「後藤新平賞」授賞式
17:00〜 後藤新平の劇曲『平和』&シンポジウム
◎内幸町ホール（定員188名・要申込）
◎自由席 4,000円（授賞式無料）
◎問合せ・申込：藤原書店 TEL03-5272-0301

構成・演出 笠井　賢一
演出助手・振付 なかえ えみ
照明 八木沢　淳
舞台監督 島本　和人
作曲・演奏・音楽監督 佐藤　岳晶
演奏　打ちもの 橘　政愛
〃　吹きもの 設楽　瞬山
衣裳 細田ひな子
〃 オノ　マヒロ

出演　平和大主神 國府田達也
誘惑者 高橋　和久
天の子1 東金ミツキ
天の子2 日髙恵梨子
天の子3 宮坂　公子
天の子 第七王子（大和） 村松　稔之

童子 なかえ えみ
緑衣の女 坪井　美香
紫衣の女 戸室加寿子
赤衣の女 櫻井　千恵
青衣の女 宮坂　公子
鎧える女（ブリタニカ） 金子　あい

◯主　催　後藤新平の会／藤原書店
◯協　賛　公益財団法人上廣倫理財団／公益財団法人京葉鈴木記念財団／JP日本郵政

新連載 日本ワイン 揺籃期の挑戦者 1

ワイン産業は芸術だ！

――国連ウェルビーイングとコラボ

叶 芳和

著書に新刊『日本ワイン産業紀行』他。

ワイン産業は新規参入ラッシュが起きている。国税庁統計によると、日本ワインのワイナリー数は、二〇一一年一五四場、一九年三三一場、二三年四六八場と急増している。停滞する日本社会で、なぜ、このようなことが起きているのか。

脱サラ組や研究者、医者が第二の人生にワイン造りを目指しているのであるが、彼らは「わくわく楽しく働ける仕事」としてワイン産業を選んでいる。

ブドウが微生物の働きによってワインに変わっていく。味、香り、色、醸造が終わってみないと何が出て来るか分からない。ブドウの種類、醸造の温度等によっても違う。まるで釜から出て来る焼き物と同じだ。**わくわくした気持ちで働くワイン造りは陶芸家と同じだ。**

脱サラ組等の新規参入が多いのは、ワイン造りはクリエイティブな仕事であって、面白いからだ。ワイン造りは楽しく、また若者が自己実現できる産業である。

国際連合が提唱するSDGs（持続可能な開発目標二〇一五～三〇）は二〇三〇年で終わるので、**次の目標としてWHO「ウェルビーイング」well-being を重視した新たな国際目標を作る動きが始まっている。**ウェルビーイングとは「満足状態」、健康や幸福を意味する。ワイン造りはウェルビーイングに通じる。

私は、全国のワイナリー調査のうえ、ワイン産業は「わくわく楽しく働ける産業」であり、未来の産業社会を先駆けていると主張してきたが、はからずも、**国連の次期開発目標とコラボしている訳だ。**

ブドウは「貧乏農業」の典型であった。欧米ではブドウは加工用（ワイン原料）であり、痩せ地で作り、安い価格で買いたたかれた。米国の作家スタインベック『怒りの葡萄』（一九三九年）に見るように、貧しい農民の象徴だった。それが、時代は変遷し、今度は世界が目指す新しい開発目標の産業になる訳だ。

経済開発を卒業した後の社会を目指す、世界の新しい目標になろうとしている。**「農業が選ばれる」職業になる訳だ。**前々からその風潮はあるが、ここにきて、well-being という理念が価値を高めてきて「ワイン産業」が脚光を浴びることになった。

連載　パリの街角から　17

通訳は裏切者？

パリ在住ジャーナリスト
山口昌子

大谷翔平選手の通訳詐欺事件でフランスに「Traducteur est traitre」（通訳＝翻訳者は裏切者）との表現があることを思い出した。語感が似ているところから、通訳には誤訳をはじめ、自分に都合の良いように訳したり自分の意見を入れたり、主導権を握ったりとマネージャーのような役割を演じる者がいるから注意せよ、との警告だ。

国境線一本で言語も習慣も異なる欧州大陸で曲がりなりにも、一応〝大国〟の地位を維持してきたフランス的な用心深さ、知恵だ。

英文学の教授でさえ、英会話は敬遠など総じて外国語が苦手な日本人にとっては肝に銘ずべき格言か。日本人の通訳の場合、外国に長年暮らし、日常会話には不自由しないので正業には一度も就かずに正式な資格なしで通訳として働く者や学歴、経歴詐称も少なくないとか。

日本なら学歴、経歴詐称は同級、同期などがいて、すぐバレるが外国の場合、〝証人〟が少ない上、日本人はまさか学歴、経歴を詐称する者がいるなどとは想定外の島国的な人の良さがある。

仏の日本企業の現地法人（支社）の間で一時、「カタカナ名前には気を付けろ」との合言葉があった。仏人と結婚している日本人は労働許可証などの問題がないので雇用し易い反面、仏語をはじめ正確な知識や企業人としての常識に欠ける場合があるからだ。本社の社員は数年で異動で交替するが現地社員は永遠に残るので支社のヌシにもなりかねない。

一方でカタカナ名前の人が外国情勢に精通しているとは限らないのに日本では有難く意見を拝聴する傾向も多々ある。あれもこれも日本人の外国人崇拝、外国人コンプレックスの顕れか。

翻訳の場合はさらに複雑だ。優秀な通訳の帰国子女による翻訳の日本語が意味不明の場合もある。哲学や歴史、科学などの専門書の翻訳はその分野の十分な学識教養が必要だ。一方で文学作品の翻訳は正確でも名訳とは限らない。プロとシロウトの境が曖昧なのも日本の特色か。

連載　メキシコからの通信　14

中立外交と国連改革

エル・コレヒオ・デ・メヒコ教授　田中道子

この四月五日夜九時半、エクアドル特務警察は、在キト・メキシコ大使館の塀を乗り越えて侵入し、政治亡命者として保護をもとめていた元副大統領ホルヘ・グラスを、同館員の抗議にもかかわらず連れ去った。メキシコ政府は、即刻国交断絶を宣言、大使館員全員を引きあげた。

エクアドル政府は、グラスが汚職の判決を受けており、犯罪者隠匿は大使館の機能に反すると米州機構（ＯＥＡ）に提訴。ＡＭＬＯ政権もメキシコの主権侵犯として同じくＯＥＡ及びハーグの国際司法裁判所に提訴した。ＯＥＡでは、エル・サルバドルが棄権した外、ペルー、アルゼンチンなどメキシコと対立している諸国を含めて、米国、カナダはじめ全加盟国がメキシコを支持。

この一件、メキシコの外交的勝利に終わるとみられるが、ＡＭＬＯはこれを契機に国連総会で、どの国も大使館の外交特権を侵すことはできず、今後、違反国は、国連から即時追放され、この決定には安保理常任理事国といえども拒否権を使うことは許されないとする合意を含む決議を提案するという。この合意なしでは、実効ある決議はできない。もしこの決議が採択されれば、まさに、拒否権発動のために停止状態にある国連の国際抗争調停機能の活性化に寄与する。

メキシコは独立後、半世紀近くに及ぶ米国・英仏の侵攻・内政介入に抗して主権を保持してきた歴史を持ち、中立主義の外交原則を堅持してきた。軍事連盟に加わったのは、対枢軸国際連盟に加盟しヨーロッパやアジア戦線に出兵した時のみ。ＡＭＬＯもこの伝統によって、ロシアのウクライナ侵攻にも、イスラエルのパレスチナ殲滅戦にも、どちらの当事国にも加担せず、両者あるいは仲介者を通しての即時停戦の提言と人道支援を行い、和平交渉の糸口を探す。拒否権撤廃など国連改革は重要な課題だが、国を挙げて取り組む状況とは考えていなかったようだが、エクアドルの件はメキシコに持論を展開する好機を与えた。

連載　歴史から中国を観る　53

宗教としての古代儒教

宮脇淳子

孔子《こうし》（前五五二／五五一～四七九）を始祖とする儒教は、二五〇〇年間東アジア文明に影響をおよぼしてきた。本連載5「儒教は漢字の教科書」で、儒教の経典が科挙に出題される国定教科書になったために、漢字を学ぶ者が儒教徒に見えただけだと私は書いた。

　宗教だったときの古代儒教について説明しよう。

「儒」とはもともと「巫祝《ふしゅく》」（シャマン）を意味する言葉だった。宗教としての儒教の教えは、人間は、精神の主宰者魂《こん》と、肉体の主宰者魄《はく》が一致している時が生きている状態で、魂が天上に、魄が地下へと分離する時が死の状態である。理論的には分離した魂と魄を呼び戻して一致させると生の状態になる。日本の江戸時代の幽霊が「魂魄この世にとどまりて」と言った言葉はこれからきている。

　巫祝であった原儒は、祈禱や葬送儀礼を職業とした。命日に死者の頭蓋骨を、直系の男系子孫の頭にかぶせて死者になぞらえ、魂魄を憑《よ》りつかせたのである。

　やがて形代《かたしろ》がかぶる頭蓋骨がマスクに、形代が木の板に代わり位牌《いはい》となった。もともと儒教の「孝」は、祖先の祭祀（招魂儀礼）、父母への敬愛、子孫を生むという三者を合わせたものだった。

　需は雨のやむのを待つという文字で、孺、懦のように、ぐずぐず、柔弱、非活動的という意味がある。孔子学派を批判攻撃する者が、その説を迂遠・非実用的であると侮って「儒」と呼んだのである。

　百年ほどのちには、孟子《もうし》は自己の学説を儒と言い、孔子学派の者も儒を自称するようになった。

『論語』だけが孔子の実際の言葉を留めるのだが、「雍也《ようや》篇」で、孔子は子夏《しか》に「爾《なんじ》、君子儒となれ。小人儒となるなかれ」と言っている。つまり、祈禱や喪葬《もそう》を担当する下層の小人儒ではなく、王朝の祭祀儀礼や古伝承の記録担当官となる上層の儒となれ、と言ったのである。

　孔子の弟子たちが、古典の読み方と解釈を厳密に定め、正確に伝承することによって、教団として生き残りに成功したわけだ。（みやわき・じゅんこ／東洋史学者）

連載　今、日本は　61

石垣島の教訓

ルポライター　鎌田　慧

「森（ムイ）と海（イノー）の循環が島の生態をかたちづくり、人々の生活を支え、島の世界観をつくり出してきた」との記述のあと、安里英子さんは石垣島の白保海岸の珊瑚礁について書いている（『琉球　揺れる聖域』藤原書店）。

森と海の間には密林のような珊瑚礁がある。はじめてわたしが白保海岸に行った時でさえ、白くて丸まっちい、あんぱんのような珊瑚の小石（ウル）や木の枝状の、化石のような珊瑚の断片が海岸に無数に落ちていた。珊瑚の石は漆喰の原料になったと言われているのだが、沖縄の小島の白い道は珊瑚の粉末が混じっているからなのだ。

沖縄にはじめて行ったのは一九七五年の海洋博の前だった。海洋博の観光客を当て込んで、地元名護市の人たちは、宿泊所を建設したり、店を拡張したりしていた。が、観光客は大型バスでやってきて、そのまま大型バスで帰ったので、軒並み倒産になった。そのあと石垣島の白保地区に新空港建設が計画され、反対運動がはじまった。

安里さんの著書には、「土地改良事業」から環境破壊がはじまり、観光開発に引き継がれ、いま基地の建設が強引に進められ、自衛隊が駐留し、中国にむけての米軍と一体化した要塞とされた、琉球弧の現況を描かれている。

二〇一六年三月　与那国島駐屯地開設　二〇一九年三月　宮古島駐屯地開設　二〇一九年　奄美大島駐屯地開設　二〇二〇年三月　宮古島駐屯地にミサイル部隊配置　二〇二三年一月　馬毛島自衛隊基地着工　二〇二三年三月　石垣島駐屯地開設、ミサイル部隊配置。

日本政府は今年四月、有事の際に自衛隊が利用する「特定利用空港・港湾」として、石垣島を選定した。先島諸島には「特定臨時避難施設」（シェルター）の設置が決定された。戦時中に与那国島から西表島の密林に強制避難させられ、家族を亡くした悲惨な話を取材したことがある。沖縄はまたもや戦争の最前線にされようとしている。戦争は住民を守らない、というのが、沖縄の教訓なのだ。

〈連載〉科学史上の人びと　14

ドーキンス（Richard Dawkins, 一九四一〜）

東京大学名誉教授／科学史
村上陽一郎

ダーウィンの自然選択説の流れを追った、このところ数回のシリーズの締め括りを務めるのに相応しい、大きな影響力を持ったイギリス現代の進化学者である。「科学史上の」という限定からの聊《いささ》かのはみ出しはご容赦を願いたい。ドーキンスは、ダーウィンに代わって当時、進化論に関わる論戦の先頭に立ったハクスリーが「ダーウィンのブルドッグ」と呼ばれたことに準《なぞら》えて、イギリスでは「ダーウィンのロットワイラー」と呼ばれている。ロットワイラーというのは、原産地ドイツ（ロットワイル市）では、当初〈Metzgerhund〉つまり「屠殺者の犬」と名付けられたほど、闘争的な犬種である。

ケニア生まれ、イギリスに戻ってオクスフォードで動物行動学を学び、やがて大学で教えるようになる。「利己的遺伝子」（selfish gene）という一風変わった概念（邦訳『利己的な遺伝子――40周年記念版』日高敏隆他訳、紀伊國屋書店、二〇一八）の提唱で世界的な名声を得る。「社会生物学」というジャンルの確立者の一人でもある。

ダーウィンの自然選択説には幾つかの問題点が残された。よく例に引かれるのはミツバチの働きバチである。女王の産む卵から孵った雌の個体は、生殖能力を持たない。言わば同僚のために尽くして働くのみである。このような利他行動はほかの生物種でも見られる。シマウマの一種では、敵の出現に踏みとどまって、警告を発し続ける役を担う個体が必ず存在する。そうした行為者は子孫を残さないから、選択されてしまうはずではないか。人為選択で、例えば美味な肉質の牛が現れたとしても、その牛は殺されてしまっているから、その美質を活かす後世代を残すことができないではないか。

こうした疑問には群選択説（問題を個体のレヴェルで捉えない）、あるいは血縁選択説（遺伝子を共有するグループを単位として考える）などの説が生まれてきたが、特に遺伝子を全ての基礎において、自然選択説を補強するという点で目覚ましい論を立てたのが、ドーキンスだった。「個体は遺伝子の乗り物に過ぎない」は彼の名警句として語り継がれている。

連載　グリム童話・昔話　14

北ドイツの謝肉祭と南ドイツの謝肉祭

ドイツ文学・昔話研究　小澤俊夫

ドイツでは北部と南部の違いが、日本の場合より大きいように思います。日本でも、もちろん南北の違いはあるのですが、ドイツの場合はその違いが大きいように感じられます。

それは、自国についての感じ方と、よその国についての感じ方の違いを越えて、大きい違いがあるように思えるのです。

ドイツの場合、南ドイツと北ドイツの気候が大きく違うことに関係していると思います。もちろん、日本の場合にも、南北の気候は大きくちがっているのですが、その差がドイツのほうが大きいように感じられます。それは湿度の違いからくる感覚の問題かもしれません。

謝肉祭について言えば、北ドイツではほとんど行われず、南部のアレマン人、シュワーベン人たちのいるところで盛大に行われています。それゆえ、「アレマン人・シュワーベン人の謝肉祭」という言い方さえあるのです。

そして、北ドイツの人たちは、この言い方を使う場合には、少しからかうような、笑うようなしゃべり方になります。逆に、当のアレマン人、シュワーベン人は、そこを強調して言ったりするのですが。

わたしは、ゲッチンゲン大学の民俗学科の人たちと行ったので、ほとんどの人が、アレマン人とシュワーベン人の言葉や行動を楽しんで見ている感じでした。中には、ご親切に、アレマン語、シュワーベン語を共通ドイツ語に翻訳してくれる人もいました。

最後の打ち上げの時には、みんなもう適当に酔っているので、何語でしゃべっているのかわかりません。そうなると、こちらはもう勘だけでしゃべるわけです。それでも、互いにすっかり打ち解けて、楽しく終わりました。

謝肉祭にはさまざまな動物のお面が出てくることは前に書きましたが、その間に親しくなった、彫り物師のエッカートさんから、本物の謝肉祭のお面を後で日本に送っていただきました。

日本では経験できない、謝肉祭でした。

■連載・「地域医療百年」から医療を考える　36

「涙に他者のいのちあり」

方波見医院・北海道　方波見康雄

埋火も消ゆや涙の烹《に》ゆる音　芭蕉

「少年を失へる人の心を思ひやりて」との詞書を添え、悲しみの涙に暮れる友に芭蕉が捧げた追悼句。埋火とは火鉢などの灰に埋めた炭火のこと。かすかに音を立て埋れ火に滲み込んでゆく涙の雫、その音を「烹《に》ゆる音」としてとらえた繊細な聴覚。赤く炎をゆらす埋れ火をも悲しみの一情景として浮かび上がらせた視覚的表現。音と映像の詩人芭蕉が奏でるレクイエムでもある。

人間の目は7μℓほどの涙で潤み、海水みたいにショッパイ。ヒトを含めた地上の生物は海から生まれ、視覚の誕生は約六億年前、ヒトはまだ魚だった。魚の陸上進出が三億七五〇〇万年前。陸に上がると目は日光などの強烈な刺激に曝される。その保護のため海水を目にたくわえて「小さな海」としたのが涙。血液もまた体内に取り込んだ「海」。その血液が涙腺に送られて涙となる。涙は生命進化の長い歴史の知恵を宿す。

人は見も知らぬ他者の不幸に涙する。この涙は、プロラクチンを含む。喜怒哀楽の情緒ストレスが強いときに脳下垂体前葉から涙腺に分泌され、涙に溶出して、悲しいときに泣くまいとする自己抑制力を緩めるように働く。悲しいときは、涙にゆだね泣くがよい。涙を内発させる生命のことわりが、おのずとそうさせるのだから。他者との関係性の中で生きる人間存在の根源的あり方を示す象徴が涙なのだ。

悲しみの涙にはロイシン-エンケファリンが流出する。脳内エンドフィリンの仲間で、ストレスによる免疫系の変調や不安などを和らげ、悲しみの涙の後の気分を落ちつかせ、情緒や精神を安定させる。涙はおのれをも癒すのだ。涙は、精神・神経系と内分泌系と免疫系の対話の架け橋も担う。涙は「他者」とのつながりの根拠、つまり愛と希望の表象でもある。人間理性の最高の営みが愛であり、涙はその表現でもある。

「他者」とは、生きとし生けるものや自然の森羅万象のすべてを含む。宇宙誕生の究極の始原から出自を共にした仲間が「他者」である。「涙に他者のいのちあり」と私が主張する所以でもある。

連載 あの人 この人 14

横顔だけの人

作家 黒井千次

子供の頃、新宿に近い大久保の町に住んでいた。今は韓国の商品を扱う店がひしめいて若い人達に人気のある街となっている。昔から面白い土地で、表通りの商店街、そこから少しはいった住宅地には大きな門構えのお屋敷めいた家とゴミゴミした長屋めいた家屋とが混在する奇妙な一帯があった。その中の我が家は小さな借家で、一家五人が住んでいた。

すぐ近くに陸軍の軍人の家があり、中佐か大佐であるという父親は中国大陸で戦っているとの噂で、いつも不在だった。こちらはその家の四人兄弟の末子に当る男の子と同年であったため、自然に遊び友達として親しくなっていた。いつも父親の不在の家は祖母と母親と四人の子供達の住む家で、なんとなく親しみやすく、よく遊びに行った。

ある時、中国大陸の戦線から軍人の父親が一時帰って来ると知らされ、その間は子供の出入りもいつもと違うのだ、と教えられた。

父親が帰国する夜は門の扉が大きく開かれ、多数の兵士や将校が出入りする姿が見えた。

そのすぐ後、直接御本人の姿に接する機会が訪れた。なんとそれは我が家の朝の食事時に、茶の間のガラス窓のすぐ外を、迎えに来た馬に乗って進んで行く軍人の首から上だけの姿だった。馬の姿は全く見えなかったが、塀から上に出た陸軍将校の横顔だけは道側のガラス窓の一番上の仕切の中にはっきり見えた。その高さからならこちらの家の中も見えたはずだが、相手は前方を睨んだ眼をそらしもせずに、固い横顔だけをこちらに見せてゆっくり馬とともに去っていった。いわば、沈黙の将軍とでもいった風貌をこちらの眼に残して——。

いずれどこかで出会う機会があるだろう、と考えていたが、やがて米軍機の空襲が激しくなったので、少しでも家の込み合わぬ土地を求めて郊外へと疎開したために、その家との交際は自然に断たれたまま敗戦を迎えた。あの横顔だけの軍人の消息も不明のままである。

連載 いま、考えること 14

自由の天地へ脱出

山折哲雄

昨年（二〇二三）の七月になって、大坂なおみ選手の素顔がメディアの片隅に報じられるようになった。その印象的な一つが、「テニスプレーヤー大坂なおみさんを育てた母親、大坂環さん」を取材した談話だった（『読売新聞』七月三〇—三一日）。冒頭に環さんの、まろやかで豊かな笑顔の写真が掲げられ、なおみさんの幼少期をふり返り、「正義感が強くて負けず嫌いなところは私とそっくり」と語っている。

しかし肌の色が違うマックスさんとの交際を認めない昔気質《かたぎ》の父親から自由になりたいと、北海道の家をとび出したのが、一九九五年夏、夫が経営していた輸入品販売店を手伝うが、うまくいかない。一方、二人のあいだには一歳半違いの姉まりさんとなおみさんが生まれていた。そして根室市育ちの環さんはスピードスケートや水泳などスポーツ万能で、バスケットボールの選手になりたかったマックスさんと、いつのまにか娘たちにはスポーツ選手になってほしいと思うようになっていた。そんな夢を抱き、娘二人をつれ一家をあげて北海道から大阪市に転居したのだった。ベビーカーに二人の娘をのせて走り廻る奮闘がはじまったが、二〇〇一年三月のことだった。突然、マックスさんが宣言した。「さあ、ニューヨークに引っ越ししよう」。

ときになおみさんは三歳になったばかり、母の環さんは海外生活がはじめて、それで夫のマックスさんの実家にころがりこむ。幸いニューヨークの公園には無料のテニスコートがあった。ジュニアのテニス大会も週末ごとに開かれ、トレーニングをするにも恵まれていた。

はじめ姉のまりさんは「天才型」といわれ、妹のなおみさんはコツコツやる「努力型」だったといわれた。こうして日本企業に就職した環さんの、午前一時起きの奮闘がはじまる。夫のマックスさんは二人の娘のコーチに専念。環さんは生活を支える毎日、やがて一家はフロリダに移住、なおみさんは地区予選に参加して、どんどん成果をあげていった。

■連載・花満径　98

桃李の歌（一）

中西　進

『万葉集』全二十巻のなかで、巻十九といえば、巻十七からつづく「大伴家持歌日記」全四巻の中の一巻として、特別扱いされる必要もないように見える。

巻十八の末尾が、同じ天平勝宝二年の正月二日、四日そして二月十八日の歌となって終り、ついで巻十九の巻頭が三月一日だから、何の空白もない。

ところが巻十九を開くと、従前よりガラッと変わった歌の表記と内容に、読者は驚かされるだろう。

歌に先立って、まずこうある。

天平勝宝二年三月一日之暮、眺矚春苑桃李花作歌

居ずまいも正しく年月をいい、春の苑《にわ》の桃李《ももすもも》の花を眺矚《なが》めた歌だという。

国司の館の庭と思われるものを「苑」といい、さらに大づかみに「春苑」としてしまうものだから、当然写実性を失い、一段と「作品」性が強くなる。

この格式は、何のための物だったか。「ながめる」という日本語に「眺矚」という中国流の慣用句をあえて使うのも、何のためか。

以上とかく、堂々たる漢詩ふうの出立ちなのだ。

しかも大伴家持に違いない無記名の作者は、熟語の桃李を使ったばかりに、つづけて桃と李と二つの花を歌にするなりゆきとなった。

二本の樹木は、たしかに養分を欠いて桃が倒れるようになると、まず李が倒れるといわれるように、輔弼《ほひつ》の間柄にある。だからその仲間どうしまで、国司の庭に植えていることになってしまった。

その桃の歌とは有名な、

春の苑《その》　紅《くれなゐ》にほふ　桃の花　下照る
道に　出で立つ少女《をとめ》　（四一三九）

である。

これまた「樹下美人図」として全世界に見られ、早い話ほぼ同時代に造られた屏風図が、正倉院に現存する。「目にふれた」と題詞にいいながら、実は作者は、世界共通の「さながらの美」をいわんばかりなのだ。

そこで重大な問題も首をもたげる。

一体なぜ、こんなことになったのか。

四月新刊

「感性の歴史家」による、唯一無二の「風」の歴史

疾風とそよ風

風の感じ方と思い描き方の歴史

A・コルバン

綾部麻美訳　カラー口絵4頁

古来、変わることなく人間の傍らにあり続けてきたかに見える「風」。しかし、その「風」への認識は、科学的認識の深まりと、人類の空への進出により、十八～十九世紀に大きな転換を迎える。多様な文献を通じて跡付ける、人間にとっての「風」の歴史！

四六変上製　二〇八頁　二八六〇円

ラテンアメリカ史の決定版

収奪された大地

ラテンアメリカ五百年　新装新版

E・ガレアーノ

大久保光夫訳

新版序＝斎藤幸平

世界数十か国で翻訳されたラテンアメリカ史の超ロングセラー。「欧米先進国による収奪」により、経済・文化・環境に深い傷を負い、いまだに血を流し続ける大地と人々の歴史と現在を描いた、ラテンアメリカ史の決定版。「グローバルサウス」が存在感を高める今、待望の刊行。

四六判　五〇〇頁　三九六〇円

半世紀にわたる全句を収録

石牟礼道子全句集

泣きながら原　新装版

石牟礼道子

解説＝黒田杏子「一行の力」

『苦海浄土』『春の城』等の散文作品にとどまらない石牟礼道子の詩人としての仕事は、詩のほか、俳句にも及ぶ。心を打つ全句を収録。

祈るべき天とおもえど天の病む

さくらさくらわが不知火はひかり凪

毒死列島身悶えしつつ野辺の花

B6変上製　二五六頁　二七五〇円

「生きる」ことは「学ぶ」こと

百歳の遺言

いのちから「教育」を考える　新版

大田　堯

中村桂子

新版序＝中村桂子

「ちがう、かかわる、かわる」という生命《いのち》の特質から教育を考えてきた大田堯。四〇億年の生きものの歴史から、「本質を問い、自分で考える」を「生きる」とする中村桂子。「上から下へ教えさとす」から、「自発的な学びを助ける」へ、「ひとづくり」ではなく「ひとなる」に希望を託す。

B6変上製　一五二頁　一九八〇円

読者の声

医療とは何か■

▼医療とは、町医者の目標とは、大変参考になりました。内容も患者と医者の会話があり、読んでいて楽しいこと、吹き出すこともあり、楽しく読ませて頂きました。
　これからの人生の参考にしたいと思います。ありがとうございました。

（北海道　**土肥國明**　83歳）

▼ナースや助産師からも医療についての根本が、勉強や基本がわかり、即日から実践出来る内容が書かれて、新人からベテランまで読めて良かったです。カラー写真を増やしてほしい。
（愛知　**加藤邦彦**　43歳）

ジョルジュ・サンド セレクション（全9巻・別巻一）■

▼サンドは「ミュッセやショパンの恋人の男装の麗人」としか知られず、訳本も『愛の妖精』しかなかった（田辺聖子の女学生時代には何冊かあったらしい）うえ、フェミニストの先駆者の功績も、本国でもきちんと評価されていない、という実情（当時の基準では男性関係も政治的言動も過激すぎて、著作の大半は死後廃版＝実質的発禁）は、フランスのフェミニズムの怠慢と常日頃思っていたので、貴社の企画は今後の女性史や文学史のために、大いに評価できます。
　あの時代に「ナポレオン民法」の男尊女卑をきちんと批判したのは他にバルザック『ゴリオ爺さん』ぐらいしかなかったから。『人権宣言』のhommeは男だけか！」は現在でも痛快です。

　今後、小説だけでなく、他の雑文も含めた全集の邦訳が望まれます。それまで生きていられるかどうかは解りませんが。女性差別が革命後かえってキツクなった時代に頑張った人をもっと応援すべきだと思いました。今後のためにも。

（兵庫　**秋山薫**　63歳）

「アメリカ小麦戦略」と日本人の食生活〈新版〉■

▼東京大学の鈴木宣弘教授が紹介していたのが、本書を知るきっかけだったと思います。
　私の実家は北海道帯広市で酪農家をやっており、食について関心があります。今回購入した本も、大切に読みたいと思います。

　可能であれば、文庫本として出されても良いのではないかと思います。

　著者、そして出版した御社に関しては有難い気持ちです。

（神奈川　地方公務員　**廣瀬祐二**　42歳）

ジェイン・ジェイコブズの世界 別冊『環』22■

▼二〇年前にトロントでジェイコブズ氏の講演会を聴いて以来、興味を持ち続けている。当時はトロント市大合併に反対する論陣を張っていたが、その後の世の中の流れを見ると、益々クルマ依存社会となり、彼女の思いとは逆の方向に進んでいるようで残念だが、本書は参考になりました。感謝。
（東京　会社員　**山崎一樹**　64歳）

生きる言葉■

▼この本を購入した理由について。三浦哲郎の文庫本の解説を、高橋英夫が書いていた。高橋を調べていたら、粕谷一希の本が出てきて、この『生きる言葉』に出合った。〔本書に登場する〕七〇人の書物を読みたかった。
　また粕谷の『内藤湖南への旅』の湖南は、郷土の隣り町、毛馬内〔秋田県〕出身で、青江舜二郎著『竜の星座――内藤湖南のアジア的生涯』

朝日新聞社発行、がある。
湖南著『先哲の学問』を読んで、粕谷著『内藤湖南への旅』へ興味を持ちました。粕谷一希を知って良かった。　（東京　**稲葉修悦**　73歳）

※みなさまのご感想・お便りをお待ちしています。お気軽に小社「読者の声」係まで、お送り下さい。掲載の方には粗品を進呈いたします。

書評日誌（三・一〜四・二）

(書)書評　(紹)紹介　(記)関連記事
(イ)インタビュー　(T)テレビ　(ラ)ラジオ

三・一　(紹)共助（基督教共助会出版部）「ノートル・ダムの残照」（鈴木孝二）

三・九　(記)朝日新聞「金時鐘コレクション全12巻」（「在日を生きて七五年　九五歳の詩人」／「両親眠る済州島　刻んだ『永遠の場所』」／中野晃）

三・一〇　(紹)朝日新聞「**花巡る**」（「朝日俳壇」／「うたをよむ　花の山姥」／長谷川櫂）

三・一六　(記)東京新聞「**アイヌの時空を旅する**」（「こちら特報部」／「アイヌ取材で『和辻哲郎文化賞』小坂洋右さん」／「人間中心から『自然との共生』彼らの教え、伝えたい」／木原育子）
(記)朝日新聞「**震災復興はどう引き継がれたか**」（「ひもとく」／「震災と復興」／「個人と地域を併せて支援する」／室崎益輝）

三・一九、二六　(書)週刊エコノミスト「**自治と連帯のエコノミー**」（「国家も市場も救えない課題、社会的連帯経済の解決に期待」／藤好陽太郎）

三・二二　(書)週刊読書人「**シモーヌ・ヴェイユ　『歓び』の思想**」（「映画のように編む」／「対話、教育、愛、拒食の四つの視点から読み解く」／今村純子）

三・二三　(書)毎日新聞「**鶴見和子と水俣**」（「あらゆる主体の魂　無限に連なりあう」／中島岳志）

三・二四　(書)北海道新聞「**医療とは何か**」（「97歳『町医者』の情熱」／浅川澄一）

三・二八　(記)聖教新聞「**石牟礼道子詩文コレクション6　父**」（「名字の言」）

三・三〇　(記)週刊ダイヤモンド「**フランス大使の眼でみたパリ万華鏡**」（「知を磨く読書」／「平和を作る外交は必要不可欠」／佐藤優）
(紹)図書新聞「**新しい野間宏**」（「〈世界内戦〉下の文芸時評　第一〇九回」／岡和田晃）

三・三一　(紹)ＰＲＩＭＥ（明治学院大学国際平和研究所）「**植民地化・脱植民地化の比較史**」（「所員・研究員の書籍紹介」／鄭栄桓）
(記)毎日新聞「**反戦平和の詩画人　四國五郎**」（「旧被服支廠　平和芸術拠点に」／「迫る　広島・被爆『証人』の使命」／「反戦運動　人をつなぐ」／宇城昇）

三月発行　(記)Courrier（青山学院大学文学部フランス文学科会報）「**エマニュエル・トッドの冒険**」（「追悼特集　Adieu 石崎晴己先生」／相場久美子）

四・二　(記)西日本新聞「**金時鐘コレクション全12巻**」（「国境の島から『願いをつなぐ祈り』」／「七〇余年の詩業『コレクション』に」／「詩人・金時鐘さん対馬に碑建立」／平原奈央子）

六月新刊予定

＊タイトルは仮題

ソ連崩壊はマルクス主義の終焉ではない

二人のウラジーミル

レーニンとプーチン

伴野文夫（元NHK国際経済担当解説委員）

レーニン死去から百周年の二〇二四年、プーチンのウクライナ侵略と、反体制派への徹底弾圧に終わりは見えない。現在のその暴虐の出発点は、「プロレタリア独裁」創始者としてのレーニンだった。国有化・計画経済を進めたソ連の御旗「マルクス・レーニン主義」という、マルクスから乖離した虚妄を衝く。

思想家シモーヌ・ヴェイユ初の全体像！

別冊『環』㉙

シモーヌ・ヴェイユ 1909-1943

鈴木順子編

環境破壊と災害、感染症、戦争と、分断と混乱が深まる今、没後八十年を経たヴェイユの言葉から我々は何を汲み取るか。〈寄稿〉稲葉延子／岩野卓司／木崎さと子／合田正人／小林康夫／最首悟／鈴木順子／鶴岡賀雄／渡名喜庸哲／長谷川まゆ帆／柳澤田実／山田登世子／シルヴィ・ヴェイユ（稲葉延子訳）／ロベール・シュナヴィエ（鈴木順子訳）／フロランス・ド・リュシー（西文子訳）

「絶対の安全」は、ありえない！

核 安全性の限界

機構・事故・核兵器

スコット・セーガン（スタンフォード大学教授）

山口祐弘訳

問題の書

「平和利用」にせよ、核をはじめとする科学が生み出した多くの「危険なもの」のほとんどには「安全神話」が付随する。「**高度安全性理論**」（適切な措置を講じていけば安全性は確保できる）と「**通常事故理論**」（事故は必ず起こりうる）とを詳細に分析、「**通常事故理論**」に軍配をあげ、核の安全性には限界がある、ということを、資料をもとに証明した力作。

最近の重版

■「資本主義五百年史」を描いた名著

資本主義の世界史〈増補新版〉 1500-2010

M・ボー　筆宝康之・勝俣誠訳　（2刷）六三八〇円

■ブルデューの押しも押されもしない主著にして名著。

〈普及版〉**ディスタンクシオン** I・II

社会的判断力批判

P・ブルデュー　石井洋二郎訳　I（6刷）三九六〇円　II（5刷）三九六〇円

■明治初期まで知識人の必読書だった四書五経の筆頭『易経』。

易を読むために

易学基礎講座

黒岩重人　（2刷）三〇八〇円

■稀有の俳人　一周忌記念出版！　発売忽ち重版！

花巡る

黒田杏子の世界

『黒田杏子の世界』刊行委員会 編　（2刷）三六三〇円

5月の新刊
タイトルは仮題、定価は予価。

玉井義臣の全仕事 内容見本呈
あしなが運動六十年（全４巻・別巻一）
2 交通遺児育英会の設立と挫折 ＊ 発刊
1969-1994
A５上製布クロス装 カラー口絵４頁
五八四頁 八八〇〇円

自由主義憲法 ＊
草案と義解
倉山満 〈跋〉浜田聡
四六判 三八四頁 二八六〇円

6月以降新刊予定

核 安全性の限界 ＊
機構・事故・核兵器
S・セーガン 山口祐弘訳

別冊『環』㉙
シモーヌ・ヴェイユ 1909-1943 ＊
鈴木順子編

二人のウラジーミル ＊
レーニンとプーチン
伴野文夫

金時鐘コレクション（全12巻） 内容見本呈
6 新たな抒情をもとめて
『化石の夏』『失くした季節』『背中の地図』ほか
〈解説〉鵜飼哲 ［第10回配本］

好評既刊書

疾風とそよ風 ＊
風の感じ方と思い描き方の歴史
アラン・コルバン
綾部麻美訳
四六変上製 二〇八頁 二八六〇円 カラー口絵４頁

〈新装新版〉**収奪された大地** ＊
ラテンアメリカ五百年
エドゥアルド・ガレアーノ
大久保光夫訳 推薦の言葉・斎藤幸平
四六判 五〇〇頁 三九六〇円

〈新版〉**百歳の遺言** ＊
いのちから「教育」を考える
大田堯・中村桂子 新版への序・中村桂子
B６変上製 一五二頁 一九八〇円

〈新装版〉**石牟礼道子全句集** ＊
泣きながら原
石牟礼道子 解説＝黒田杏子
B６変上製 二五六頁 二七五〇円

日本ワイン産業紀行
叶 芳和
A５判 三五二頁 二九七〇円

琉球 揺れる聖域
軍事要塞化／リゾート開発に抗う人々
安里英子 写真・比嘉康雄
四六上製 四九六頁 三九六〇円 写真多数

花巡る 黒田杏子の世界
『黒田杏子の世界』刊行委員会編
四六上製 四四〇頁 三六三〇円 カラー口絵８頁

フランス大使の眼でみたパリ万華鏡
小倉和夫
四六上製 四一六頁 二九七〇円

鶴見和子と水俣
共生《ともいき》の思想としての内発的発展論
杉本星子・西川祐子編
A５上製 三四四頁 四八四〇円

金時鐘コレクション（全12巻） 内容見本呈
5 日本から光州事件を見つめる
詩集『光州詩片』『季期陰象』ほか
エッセイ
〈解説〉細見和之 口絵４頁
〈月報〉荒このみ／西村秀樹／朴愛順／茂呂治 ［第９回配本］
四六変上製 四〇〇頁 四六二〇円

医療とは何か
音・科学そして他者性
方波見康雄
四六上製 四四八頁 二九七〇円 口絵４頁

＊の商品は今号に紹介記事を掲載しております。併せてご覧戴ければ幸いです。

書店様へ

▼今月より『**玉井義臣の全仕事 あしなが運動六十年**』（全4巻・別巻一）を刊行いたします。「あしなが育英会」創設者玉井さんの、60年にわたる遺児支援活動の全記録！（第1回配本は第2巻『**交通遺児育英会の設立と挫折**』）。内容見本もございます。お気軽にお申し付けを。定期お申込もお待ちしております。▼先日の『北海道』記事に続き、4／25（木）『東京』で『**医療とは何か**』著者方波見康雄さん特集記事、書籍も大きく紹介！▼俳人・黒田杏子さんの一周忌を機に出版した『**花巡る**』が、3月刊行から忽ち重版。ゆかりのあった『新潟日報』、『熊本日日』、『下野』で大きく紹介。大反響。▼4／19（金）『産経』コラム「東京特派員」で、湯浅博さんが『**後藤新平の『劇曲平和』**』、『**国難来**』を大きく紹介。大反響。▼4／14（日）『産経』書評欄で『**日本ワイン産業紀行**』紹介。在庫のご確認と、社会（地域振興）・経済・農業などでご展開を。▼『**易を読むために**』が待望の重版。『**全釈 易経**』上・中・下巻とともに、哲学・思想・占いなどで是非ご展開を。（営業部）

Ⅰ 第18回 後藤新平賞 授賞式
中村桂子氏（生命誌研究者）

Ⅱ 後藤新平の
劇曲『平和』
世界初演&シンポジウム

〈演出〉笠井賢一
〈パネリスト〉
榎木孝明（俳優）
小倉和夫（元フランス・韓国大使）
橋本五郎（読売新聞特別編集委員）
伏見岳人（東北大学法学部教授）

【日時】5月31日（金）Ⅰ午後3時／Ⅱ5時
【場所】千代田区立内幸町ホール
【定員】一五〇名（申込み先着順）
【入場料】四千円（授賞式無料）
【主催】後藤新平の会／藤原書店（申込先）
【協賛】公益財団法人 上廣倫理財団／
公益財団法人 京葉鈴木記念財団／
日本郵政株式会社

上村千賀子
『占領期女性のエンパワーメント』
メアリ・ビーアド、エセル・ウィード、加藤シヅエ
昭和女子大学女性文化研究特別賞受賞

安里英子さんを偲ぶ会
【日時】5月19日（日）午後2時
【場所】教育福祉会館（那覇市）
【会費】千円

出版随想

▼新緑の候だ。近くの善福寺公園の池の廻りを散歩したが、緑の息吹きと〝芽生え〟を感じるひとときだった。すべての生き物が芽を出し、生まれ出る力が漲っているように思えた。今のこの時も世界のあちこちで戦で街は破壊され、泣き叫ぶ子ども達が映像に次々と映し出される。わが国でも、小さな島々の要塞化が時々刻々と進んできている。

▼沖縄島に棲む安里英子さんが、この三月、闘病生活の末、急逝された。享年七五。彼女とは、八五年秋、「フォーラム・人類の希望」のイバン・イリイチ氏を囲むシンポジウムのパネラーとして玉野井芳郎・代表幹事の推薦でお呼びした。「沖縄のシマ社会における食文化と女性の役割」について話された。終わった後、司会を務められた鶴見和子さんのお宅で、小宴が催された。英子さんは、沖縄の自然をこよなく愛し、侵されてゆく沖縄で自らミニコミ紙『地域の目』を作っているとその時伺った。その後、数回の手紙のやり取りをした位で音信は途絶えていた。

▼九七年秋、小社で刊行した『女と男の時空――日本女性史再考』の完結記念シンポジウムを沖縄でやることになった。それが彼女との再会であった。それ以来、時折訪沖した時は、必ずといっていいぐらい会って意見交換した。〇八年から始めた、年二回の「ゆいまーる・琉球の自治」（〜一八年）活動にも積極的に参加してくれた。最近では、やんばるの旅にもご一緒した。芭蕉布の人間国宝平良敏子さん、国頭村の共同店など色々と現地を紹介してくれる存在だった。

▼最後の交感は、新著『琉球 揺れる聖域』出版への序文の依頼だった。その頃は、かなり悪くなっていたのかもしれない。しかし、最後の最後まで、沖縄の土を愛して止まなかった彼女は、九〇年初頭に出した『揺れる聖域』は、今ではもう読めないので、巻頭に全文載せて欲しいと懇願された。三〇有余年経った現在の沖縄は、宮古・八重山の小さな島々にも、自衛隊やミサイルが配置・配備され、いつでも戦闘できる態勢を整えている。まさに要塞化されてゆく琉球。安里英子は、半世紀以上、愛する沖縄の有りようを怒りと悲しみに悶え苦しみながら闘ってきた。安らかにお眠り下さい。合掌（亮）

では両者の相違の根源にあるのは何か。ヴェイユは、それは、祖国の伝統をどのように解釈するかにかかっている、と言う。伝統の解釈の仕方を誤れば、これまでの国粋的愛国心のように自国民及び他国民を国家のために犠牲にすることになるが、正しい伝統解釈にのっとっていれば、すなわち、伝統の中の善を読み取りそれに確実に根づいていれば、自国民も他国民もどちらをも生かし友愛で結び得る精神としての愛国心になるとされている。他の自然圏としての国も、フランスと同様に善に根づいている以上は、同等の価値を持つものであり、自国の文化や宗教のみを絶対視することは当然避けなければならない、とヴェイユは言う。

祖国を〔…〕絶対的価値とみなすことはとんでもない不合理である。〔…〕地球の表面には一つならざる国民がある。わが国民はもちろん独自である。しかしながら、他の国民もそれぞれ、それ自体として愛情をもって眺められる時、同じ程度において独自の存在なのだ。[35]

だが、伝統に含まれる善への根づきを重視するこの考え方は、逆に、根づいていないと判断された国であれば、自国他国とを問わずそれを滅ぼす決意も必要になるということである。また、そうした善に根づかぬ国から自国が侵略を受ければ、自国を守るために当然軍事やそれに伴う国民の犠牲は必要となるであろう。[36]では、一体そのヴェイユが考えていた、正しい解釈によって理解される祖国の真の伝統とは何か、そしてそれを具体的にどのように読みとってゆけば、そこに根づくことができるのだろうか。

2　伝統――普遍的な善およびその多様な現れとして

ヴェイユは、国家の偉大さや栄光ではなく、祖国の弱さに眼をとめ、これを愛するべきだと言った[37]。この国家、祖国への視線の転換は、それらの伝統及び過去のとらえ方を変えることによって可能となるとし、従来の愛国心について、彼女は次のように批判している。

フランスには過去への愛の上にではなく、国の過去との最も烈しい断絶の上に築かれた愛国心という一つの逆説が存在した[38]。

それでは、真の「過去への愛」とは一体フランスの歴史のどの部分を愛することなのか。そして「国の過去との断絶」とは歴史における何を指すのだろうか。

ヴェイユは、われわれがこれまで「フランス史」と呼んできたものの意義を問い直す。すなわち、実証主義の歴史学によって生み出されてきたこれまでの歴史は、既存の史料に基づいて歴史家が書いたものだが、しかし、その史料とは、大部分が勝ち残った強者によって残されてきたものに他ならず、歴史に跡を刻まずに消えていった数多くの弱者の価値を正当化する視点は、そこからあらかじめ消去されている。したがって、これまでわれわれが過去の総体として「歴史」と呼んできたものは、結局強者の記録にすぎず、それ自体、この世における力の賛美に供される宿命を持つ。よって、われわれはこれまで「歴史」と呼ばれてきたものを、自分たちの過去としてそのまま受容してはならない、とヴェイユは言うのである。

フランスを愛するためには、〔…〕その過去を包んでいる歴史の外被を愛してはならない。語らない、名もない、消え失せた過去の部分を愛さねばならない(39)

「消え失せた過去の部分」とは、すなわち、下劣さと残酷さが織り成した一枚の布のような「歴史」の中で、所々にわずかに輝いている「純粋な」部分であるとヴェイユは考えている。われわれが本当に自分たちの過去を知るためには、慎重に、歴史の中の真の偉大さと偽りの偉大さを見出すよう努めなければならず(40)、その時真の偉大さとは、その隠された「純粋さ」なのだ、とヴェイユは言おうとしている。これこそわれわれが過去の中で愛すべき部分であり、例えばそうした「純粋さ」の例として、ヴェイユは、フランス史の中で敗者となって消えていった多くの小規模の伝統文化、すなわちケルト文化、オック語文化圏、カタリ派等を挙げる(41)。

一方、「歴史の外被」とは、これまでわれわれが歴史の中で賛美してきた偽りの偉大さと栄光なのであって、まさにそれが、われわれの真の歴史の中で断絶をもたらしてきたものに他ならないとヴェイユは言う。たとえば、リシュリューの施政、ブルボン王朝の開始、ナポレオンの登場、植民地帝国の建設など、これらは全て歴史における力の支配を容認する要素であり、真の過去との断絶を促進するものである。そして、ヴェイユは問う。なぜフランス人はヒトラーを批判しつつ、ナポレオンを賛美することができるのだろうか、と。ヒトラーもナポレオンも、彼らの行為の動機は同一である。彼らは共に力の崇拝者に過ぎない。われわれはこうした矛盾に一刻も早く気づかねばならず、そのためには歴史研究の中で善を軽蔑することや善を流行の問題とすること、すなわち歴史的な価値相対主義に陥ることを今後断じてやめなければならない、とヴェイユは力説する。

例えば、一七八九年革命の中で、明らかに善と呼べる部分は何か、とさらにヴェイユは問う。それはフランスが「世界のために考え、世界のために正義を決定するという役目を引き受けた」ということであり、最終的にはキリスト教に遡る伝統の一要素なのである。ヴェイユはこの一例のみならず、フランスにおける過去の純粋なる部分は、その全ての真髄が真正なキリスト教及び古代ギリシアの精神に遡ると結論している。これは実はフランスを含むヨーロッパ全体の、文化的宗教的伝統の中にある善の具体的現れであるとされる。(42) ヴェイユは、古代ギリシア哲学、真のキリスト教に現れている価値を共有し志向する自然圏がフランスであり、ヨーロッパであると想定する。人々がフランスの伝統から善を読み取りそこに根づくとはすなわち、そうした古代ギリシア的、キリスト教的価値を尊重してゆくことに他ならない、とヴェイユは考えている。とすると、ヴェイユは、フランスという自然圏においてはそれら以外の宗教的文化的伝統は認めるべきではない、というのだろうか。

結論から言うと、ヴェイユのそのような発言は見当たらない。逆に、例えば、われわれがすでに第二章で見たとおり、彼女は、人がいかなる宗教を信奉していようとも、それが真正の宗教である限り、その宗教は唯一なる善を反映していると言っていた。また、唯一の価値である善は、さまざまな表現を取りうるのであって、その表現の多様性は保護されるべきであり、もっとも大切なことは、諸宗教における共通の善を見出そうと努めることだ、というのがヴェイユの根本的な考えである。ここでわれわれは、彼女の晩年の多くの時間が、世界各地の諸宗教および民間伝承の研究に費やされていたことを思い出すべきだろう。まさにその研究の成果がここに言い表されている。またヴェイユは多宗教研究においては、無神論者すらも視野に入れ、彼らを含めた広汎な層に「善」概念が理解されるよう表現に工夫を凝らしもしていた[43]。したがって、ヴェイユの「善への根づき」は、いささかも異教徒の改宗を強制するものではなく、彼女の自然圏思想と文化的宗教的多様性は両立しうる。

しかし、それでもヴェイユの伝統をめぐる議論にはまだいくつかの疑問が残ると言わねばならない。すなわち、ヴェイユが、文化・宗教と土地のつながり、人間と土地のつながりを非常に重視している点である。それは、たとえば彼女が時に「キリスト教の使命は白色人種の国々で集団生活の中心的霊感となるということ」（*EL* 156）と語るように、一定地域と特定宗教の結びつきの強調に顕著にみられる特徴である。それは、個人が意志によって周囲と異なる宗教を選択することを「根づき」に反するとして批判する態度につながりかねないのではないだろうか。また、社会はいかなる社会でも、ある程度の流動性を持つものであるから、常に経済的、政治的理由から移民のような形で少なからぬ人間がその集団、地域に流入してくるのは避けられないはずである。土地と切り離されてしまった人々が少数の集団として保持しようとする文化・宗教は、ヴェイユの「根づき」重視の社会においてはどのように位置付けされることになるだろうか。

実は未公開の資料の中に、ヴェイユがこの問題についてどのような考えを持っていたか示すものがあるといわれている。それは、「非キリスト教徒で、外国出身のフランス在住少数民族に関する法令の基礎」と題され、ド・ゴール政府に出された報告書である。これはフランス社会における主としてユダヤ人問題に関連する提案であるが、この中でヴェイユは、未来のユダヤ人世代に対してはキリスト教的教育を施すよう、そして少数民族として存在しつづけることを避けるため早くフランス社会に同化させるよう提案していると言われる。(44)ヴェイユ自身は、国籍変更をした両親を持つ二世代目のユダヤ系フランス人であり、幼少から転居を繰り返していて、恐らくは、「根づき」よりは「根無し」に近い生き方を常にせざるを得なかったはずである。(45)こうしたヴェイユが、自らの境遇を正当化し意味付けする方向ではなく、むしろ逆に、そのようなあり方を消極的にとらえ、土地の伝統に結びついて生きることの重要性を訴えたことは興味深い。もちろん、ヴェイユはアメリカ合衆国に代表される意志的に作られた国のあり方を批判している。また当然ながら、前述の通りルナンの「国民とは日々の人民投票」という概念に対しても批判的である。そして、次のように述べる。

ある特定の圏は、外部からの影響を持ちより財産としてではなく、自己本来の生命をより強力なものにする刺激剤として受け入れなければならない。したがってその圏は、外部から持ち込まれたものを、消化した後自らの糧とすべきである。(46)

やはり、ヴェイユの自然圏思想における文化的・宗教的寛容には、一定の留保があることは認めなくてはならないだろう。これはヴェイユの善に基づく義務とその結果導き出される社会が、本質的に文化的多元主義とは距離をもっていることを如実に示すものである。ただし、もちろん一九四〇年代前半当時のフランスにおける移民の状況は、今日のそれとは規模・質の点で全く異なるのであり、そうした時代背景の違いには注意が必要であろう。

さらにより大きな問題は、ヴェイユの、善を反映していないと判断される宗教・文化をめぐる態度であろう。善に根づいていないかぎり、それらは真正のものとは認められず、存続の必要性も認められない。たとえば、ヴェイユにとってユダヤ教は善を反映しない宗教であり、常に強い批判をこめて言及される。だが現実に、ある宗教が善に基づくのかそうでないかを判断するのは、困難を極める問題だろう。その判断の基準如何によってヴェイユの描く善に基づく宗教・文化、それと深く結びついた政治体制をもつ社会のあり方が抑圧的になりうる可能性が残ることは指摘しておかねばならない。

以上、われわれはヴェイユの「自然圏」の概念を通じて、善という唯一の基準のもとに営まれる共同体、及びそれと価値を共有しつつ積極的にそこにかかわろうとする人間が描かれているのを見た。ヴェイユの共同体論の中で最も興味深く独自性が見られるところは、共同体への愛、すなわち「愛国心」と呼ばれるものを通じて、より大きくより高次のものへの愛に人は目覚めることができる、と考えていることだろう。それは、言い換えれば、それぞれの国に対する愛国心を通じて、共通の善を愛する心情が生じるということになる。確かに、ヴェイユは次のように言っている。

> 愛国心を通じて祖国よりも高次の善に対する愛をめばえさせ、それを育て上げるような行動に進むとき、その魂は殉教者たりうる資格を獲得し、祖国はその利益を享《う》けることになる。(47)

カントロヴィッチの議論を思い出してみれば、彼の「祖国のために死ぬこと」の中では、祖国のために死ぬことが殉教であるか否か、すなわち祖国のために死ぬことがこの世における死後の栄誉と同時に来世における救済をも意味するかどうかが、問題となっていたのだったが、ヴェイユにおいては、愛国心を通じて祖国よりも高次の善への愛が芽生え育った魂による犠牲をして初めて、殉教に比されるようになる。さらに、そもそもヴェイユのいう殉教者とは、あの世における栄光や救済が教義上期待できるような初期キリスト教会設立後の殉教ではなく、おそらくはイエスの受難のように宗派や教団、教義が確立していない段階で、自らの死の意義が何であるか最後まで全くわからないまま他者の救済のためにささげられた悲惨の極みの死をさしていた。また、ヴェイユの言う愛国心は、自分の祖国の過去の偉大や栄光などを愛する気持ちでなく、滅び行くもの、弱く純粋なものへの共感と同一であったことは忘れてはならない。ここにも前節でみたカントロヴィッチのいう愛国心や殉教とはかなり異なる意味内容を含んだヴェイユのそれが確認される。

ヴェイユは、自らの所属する共同体の歴史を新たに読み替える作業を通じて、その伝統を認識しなおすことの必要性を強調していた。すなわちそれは、力の秩序を正当化するものでしかなかった実証主義的歴史を捨て、善の基準に従って歴史を再構築すること、そしてそこに新たな伝統の認識の基礎を置こうとする試みだった。だが、いずれにしても常に問題となるのは、基準としての善を現実に反映させる上での手続き上の課題があまりにも大きいことである。彼女にとって上記の通り確かに祖国はともに苦しむべき弱き存在であり、それは単に観念的な共感ではなく、命の犠牲をもともなう共苦、同伴なのだったが、しかし善の反映が十分保障され権力を制限する機構が整っていない限り、われわれの生命、身体を含む自己全体の投入が期待されている国の権力は常に暴走する可能性を秘めることは避けられないだろう。また、ヴェイユの考える普遍的な善についても、善の現実への反映のさせ方によっては、いかようにもその元来の普遍性が歪曲されてゆく危険があるのではないか。残念ながら、ヴェイユの晩年には、その危険性を阻むことのできる社会制度を十分に考慮する時間は残されていなかったようである。

次項では、先の引用でみた、彼女が共に苦しむべき弱き祖国への愛を通じて、さらに高次の愛に目覚めると言っていたこと、すなわち「愛国心」と呼ばれるものを通じて、共通の善を愛する心情が生じると述べていたことに戻り、その善を愛するにまで至った人間がいかに行動するようになるか述べているところにさらに注目していきたい。

3　滅びゆく自然圏のための犠牲から「善への愛」へ

彼女は、弱き祖国への愛国心のような比較的低次の愛から「善への愛」のような高次の愛へと至る可能性は必ずあると考えており、その実現は社会において目指されるべき目標ではあるのだが、それはまさにこの世の必然を超えねばならない事柄の一つであり、その意味で実は超自然的な出来事に属しているとみなしている。この根本的な社会全体の価値転換を、ヴェイユは、革命などの手段による多数派獲得工作を通じて行おうとするのではなく、一人一人の人間における愛の精神の芽生えにより、根源的に力の秩序に縛られない生き方が局所的になされてゆくことを通じて、次第に実現されることを期待している[48]。

ところで、われわれは近代的法制度の下、こうした「愛」「愛徳」といった概念については、個人の道徳、良心、及び宗教の範疇に入れるべきものとし、社会の公的なルールとは別のものと考えてきた。なぜなら、現実の社会において問題となるのは、社会構成員の利益追求における公平性であり、それこそが狭義の正義の精神であって、そしてその公平性を守るために設けられるのが法だからである。すなわち、法は正義の観念に基づいてつくられる[49]。他方、愛は、特定の具体的な対象としてのある他者を厚遇する態度であり、目前のその人の窮状に対する例外的救済措置を試みることであるから、実はこれは公平とは言えず、正義やそれに基づいてつくられた法の範疇には入らない。また、愛によってなされる自己犠牲などの行為は、行為者の所有権、時には生存権が侵される不利益を伴うこともあり、全ての人に要求すべき社会生活において最低限必要とされる態度には含まれない。したがって、法がよって立つ正義の精神と、愛の精神とは一般には一致しない。また、近代以降の自由主義的な法治国家においては、法が要求する道徳的レベルはできるだけ低い方が社会全体にとって益であると常識的に考えられてきた[50]。ところが、ヴェイユは、そうした近代以降の政治及び法における正義の理解に異議を唱え、その意味の転換を要求する。

人々の間に愛の狂気がある限りにおいて、正義の意味上の変化の可能性がある。

正義の精神は愛の狂気の最高完全な精髄そのものである。愛の狂気は、共苦をして、偉大さ、栄光、名誉以上の強い動機、戦闘を含む全ての行為の強い動機とする。[51]

このようにヴェイユは、通例の正義は、「愛の狂気」によって変化し、自らを利する動機を超えて、共苦を動機として行為する精神を芽生えさせる、と言っている。法における正義の意味が転換し、愛徳の精神と一致する時、初めて、その新たな正義の名において、人に悪が為されぬよう監視すること、そして悪が為された時にはたとえ自らの利益に反しても他者を救うことに同意することが可能となるのである。

正義は同意の能力の地上における行使を目的とする。[52]

ヴェイユのいう正義とは、力の関係を超えて他者と共に苦しむことに同意すること、他者のため自分の不利益にもなりうる行為をすることに自発的に同意することである。この同意は、「愛の狂気」によって初めて可能となり、そして他者への義務はこの「愛の狂気」によってなされた同意によって初めて可能となる。「愛の狂気」を経て、愛徳と正義は完全に一致するものとなるのである。

この二つが対立させられる時、愛徳は低次元の気紛れでしかなく、正義は社会的束縛でしかない。[53]

ヴェイユによれば、われわれは自分の行為・不行為を、これは愛徳の領域、あれは正義の領域というように便宜的に分けることはできないということになる。

では一体、「愛の狂気」とは具体的には何であろうか。そしてわれわれの全ての行為における唯一の基準とは何であろうか。果たしてヴェイユは、この「愛の狂気」の源泉もまた、古典ギリシアとキリスト教に求める。[54] そして彼女は、全ての行動における唯一絶対の基準とは、「この世のものではない他の世界にある善[55]」である、とあらためて言う。義務はその絶対善に直接依拠するものであるから、したがって場所・時を問わず正当性を有するのであり、その意味で「義務は無条件」なのである。[56] この宇宙に人間が唯ひとりしかいないとしても義務はある、とヴェイユは言う。

それでは、ヴェイユの義務論に入る前に、彼女が、善への愛に目覚めた人間による真の犠牲の行為として、ドイツ軍とフランス軍の戦いの最前線に派遣されて応急処置を行う看護婦について考えていたことを見て、彼女の「愛の狂気」による真の犠牲の例を確認したい。

4　愛の狂気と真の犠牲――最前線看護婦部隊編成計画

われわれはすでに本章第二節で、ヴェイユが偽の犠牲の例として、全体主義的集団の擬似宗教的熱狂のもとでなされる滅私奉公型の自己犠牲を批判していたことを見てきた。ここでは、ヴェイユが、そうした全体主義体制下の偽の犠牲が引き起こす多大な力に対して、もし唯一対抗しうるものがあるとすれば、それは真の犠牲に他ならないこと、さらにその真の犠牲は具体的にどういったものなのかを、ある計画の実現によって示そうとしていたことを見てゆきたい。

彼女によれば、真の犠牲とは、無垢な存在が善への愛に基づいて全存在をかけて犠牲となることを承認することであった。では、具体的にどのような犠牲を、弱き祖国、自然圏のための犠牲として考えていたのだろうか。

もっともそれがよくうかがえるのが、彼女が一九四〇年以降、文字通り必死になって実現に奔走していた「最前線看護婦部隊編成計画」であろう。これは「戦場のまっただ中で応急処置が出来るよう最も危険の多い場所に一〇人ほどの看護婦の一団を派遣する」（*EL* 188）という計画である。もちろん、最前線に送り込む以上、この看護婦部隊における死亡率も非常に高くなることが予想されるが、そうしたことを想定した上でそれでもヴェイユは、戦場にこのような女性がいることによって得られる利益は計り知れないものになると考えた。

まず、このような部隊を計画した理由であるが、当時のヴェイユの脳裏には、ナチスの親衛隊（SS）のことがあったようで、特にこれに対抗できるものを考え出そうとしていたらしい。ヴェイユは、ナチス快進撃の背後に、ヒトラーの悪魔的発明ともいえるSSのような特別部隊の働きがあることを見、[57]彼らが広告塔となってナチスの宣伝をしたり、人々の想像力をかきたてて敵国に対する闘争心を煽ったりしてそれが大きな成果を上げていることに危機感を抱いていた。そしてヴェイユは、このSSに負けないような何らかの精神性をもつ組織をフランスも創設すべきであると考えるようになったのだった。[58]

まずヴェイユは、SSの生みの親であるヒトラーを次のように分析する。ヴェイユによれば、ヒトラーの才能は、現代の戦争においては精神的な要素が重要であることを誰よりも理解した点にあった。

ヒトラーは、自分の兵士、敵の兵士、数限りない戦争の傍観者たちなど、あらゆる人々の想像力を刺激するのがどんなに必要なことであるかを決して見失ったことはなかった。[59]

そして、ヒトラー主義（hitlérisme）は、宗教の代理物すなわち擬似宗教であり、人々の心に忠誠心を芽生えさせ、ヒトラーのため、国家のために犠牲的な行動に駆り立てる役割を果たしているのである。これがヒトラーの成功における最大の原因だと、ヴェイユは見ている。そしてその具体例がSSやパラシュート部隊の創設と成功だとする。そして、これらの部隊の特徴についてさらにヴェイユは次のように分析した。

これらの部隊は、特殊な任務のために選抜された男たち、生命の危険をかえりみないばかりか、決死の覚悟をかためた男たちから構成されていた。ここにこそ、まさに重要な点がある。これらの男たちは〔…〕一つの信仰心、一つの宗教的精神にもあい似た精神に動かされている。(60)

これらの男たちは、自分自身にとっての、自分以外の人類全体にとっての、苦しみも死も眼中にない。彼らのヒロイズムの源泉をなすものは、極端なまでの獣的本能である。こういう男たちを集めた部隊は、体制の精神とその指導者の意図とにまったく完全に相応ずるものである。(61)

ヴェイユはこのように、SSやパラシュート隊がヒトラー主義を完璧に体現していること、部隊のメンバーがヒトラー主義という擬似宗教に対する信仰心と獣的本能から出たヒロイズムをもち、それがために自己犠牲をなす勇気を限界まで推し進めて巨大な恐るべき戦闘力となっていることを見て取った。(62)

それでは、このような敵に対してどのように立ち向かっていけばよいとヴェイユは考えたのだろうか。

ＳＳは〔…〕そのヒロイズムを、およそ人間の勇気がたどりつくことのできるぎりぎりの限界まで推し進めている。私たちは、この敵たちの勇気の段階を抜きん出て、かれらよりも値打ちのあるものであることを、人々の前に示すことはできない。量の点でこういうことは不可能だからである。しかし、私たちはもっと違った性質の勇気、一層困難な、一層稀な勇気をもっていることを見せることはできるし、また見せなければならない。彼らの勇気は、獣的で、卑しい種類のものである。権力欲と破壊欲から出てきたものである。私たちの目標が、彼らの目標とちがっているように、私たちの勇気もまた、まったく別な精神から生じてきたものである。(63)

ヴェイユはこのように述べ、ＳＳと対比的な精神的価値を持つ、看護婦部隊を創設することを提案し、効果面では後者が前者を上回るものになるであろうことを力説する。例えば、ＳＳの精神が「宗教信仰の代理物である偶像崇拝の精神」であるのに比較すると、自分たちの部隊のそれは、同じように宗教的ではあるものの、しかし「どこまでも真正で、純粋な」精神(64)に基づくものである、とヴェイユは言う。

今ここで提案している女子部隊の編成ほどに、このわたしたちの精神をみごとに表現しうる象徴は何ひとつない。戦いのまっただ中において、蛮行がその極点にまで達しているときにあって、人間的な献身のわざが、こうして屈せずに続けられていくということだけでも、〔…〕この蛮行に対して、かがやかしい挑戦となるにちがいない。(65)

具体的には、ＳＳが、ヒトラーに対する擬似的信仰心、偽の宗教的精神に動かされ、「破壊力、権力欲」において「獣的で卑しい勇気」を発揮する男たちであるのと比較すると、ヴェイユの看護婦部隊は、「純粋で真正な」宗教的精神のもと、まったく武装せず、人を殺害しないという固い意志をもった女の集まりである。彼女たちの勇気は、傷ついて苦悶する人々、死に行く人々を見守るという勇気である。

人を殺害しようとする意志により鼓舞されたのではない勇気、最大の危機に直面しつつ傷ついた人々や死の苦悶にあえぐ人々をじっと注視していられる勇気、そういう勇気が、若い狂信的なＳＳの勇気よりももっと貴重な性質のものであることは、確かである。(66)

明らかに、こういう女たちには、相当な大きさの勇気が絶対に必要とされるであろう。女たちは、自分の生命を犠牲にささげる覚悟ができていなくてはならないであろう。女たちはつねに、最も困難な場所に出向き、最大の危険を冒す兵士たちと同じだけの危険、いや、それ以上の危険をなめつくす心構えがなくてはならないであろう。しかも、それは攻撃的な精神に支えられていてはならない。それどころか傷ついたものや死者の上に身をかがめながら果たされねばならないのである。(67)

このような勇気を発揮する彼女たちが、周囲に及ぼす影響はいかなるものになるだろうか。SSはこれまで、すさまじい宣伝効果を上げてきた、とヴェイユは言う。味方においてはたえず前線へと向かう衝動をかきたて、敵に対しては非常な混乱状態を引き起こし、傍観者たちに対しては、驚きと感銘を与えてきたのである。(68) これと比較して、最前線看護婦部隊には一体どのような効果が期待できるとヴェイユは考えているか。まず、味方の兵士たちから、彼女たちに多大な尊敬が寄せられることは確かだろうとヴェイユは言う。

兵士たちといえども、女が危険を前にしてたじろがぬ勇気を証拠だてたならば、かならず尊敬を払わずにはいられなくなるであろう。(69)

また、敵の兵士たちや、傍観者としての大衆一般にも、必ずや彼女たち看護婦は大きな感銘、感動を与え、想像力をかきたてる役割を果たすはずだという。

武装していない女ばかりの集まりであるが〔…〕敵の兵士たちにも深い感銘を与えることであろう。というのは、この女たちの存在と態度を見ただけで、私たちの精神的な資産や決意がいまやどの程度にまで達しているかを、もう一度あらたに、思いもかけなかった仕方で感じさせられるに違いないからである。(70)

日々こういう種類の勇気を実践している小さな一群れの女たちのすがたこそ、今までにはなかった光景であり、〔…〕ヒトラーが発明した数々の方法のいずれにもまして、一層想像力を刺激するものとなろう。現在まで、大衆の想像力に強く訴えることができたのは、ただヒトラーだけであった。そういう今、彼よりも強い刺激をもたらすことができねばならないのである。女たちばかりのこの部隊が、おそらくこの目的を成功に導く方法の一つになることは間違いないであろう。(71)

そして、何よりヴェイユが実現を図りたいことは、この婦人部隊がSSと対比されることによって、人々の心に進むべき道の二者択一を喚起できるようになることである。すなわちそれは、他国の侵略と「栄光の祖国」への道か、もしくは、「弱き祖国」の防衛および他国との平和共存への道かを人々が自らに問うことが可能になるということだとヴェイユは期待していた。

こういう婦人部隊の存在は、戦いに参加している国々、戦いを目撃している国々において、広く一般に少なからざる深い感動をもたらすことであろう。その象徴としての重要性が、どこにおいても痛感されることであろう。一方にこの部隊、他方にＳＳをおいてみれば、そのあざやかな対照によって、どんなスローガンにもまして有益な絵図ができあがることだろう。それは、今日人類が選ぶことを迫られている二つの方向について、およそ考えられる限りのもっとも明白なありようを示すことになるであろう。(72)

ここで「象徴」という語を用いていることからもわかるように、彼女はこの看護婦部隊が、量の点で、ＳＳに勝るものを何か成果として上げられるとは考えていない。(73) 例えば、救命率の上昇など数量で計れるような実効性を直接の目標としているわけではないのである。先にも紹介したように、この看護部隊は一〇人ほどのかなりの少人数の部隊として構想されており、(74) また、各人にさほど高度な医療技術が期待されているわけでもない。看護婦としては初歩の知識しか持たず、包帯、止血、注射といった応急手当しかしないので、この点ですでにいる看護兵、野戦病院勤務の看護婦などとは異なるとされている。(75) ヴェイユが彼女たちに期待しているのは、専門的医療行為よりも、彼女らの機動性、また何よりも常に最前線にいて担架兵が到着するまで傷ついた兵士のそばで精神的な支えとなることである。彼女たちの勇気、覚悟を目の当たりにした兵士たちに与える精神的な効果のほうこそが、医療行為よりも重要であると、ヴェイユは考えていたのである。

女たちは、死の間際にある人々から、家族にあてた最後の言づてを聞き取ってあげて、死の苦しみを軽くしてあげることができるであろう。女たちは、ただその場にいて、言葉をかけてやるということだけによって、傷ついてから担架兵が到着するまでのあいだ、どうかするとあまりにも長く、痛ましいものに思われるその待機の時期の苦しみを少なくしてあげることができるであろう(76)。

ヴェイユはこう述べ、真の宗教的精神に基づいて自らの犠牲を顧みず兵士のそばに共にいつづけるという行為が、この看護婦部隊の特徴であることをあらためて強調している。

ところで、戦場には上述のとおり、すでに担架兵、看護兵、後方に野戦病院付看護婦がいるので、ヴェイユが特に看護婦をとりわけ危険度の高い最前線におくという案を提出しても現実に受け入れられることは難しいだろうという予想はつく。ヴェイユは一九四〇年の発案以来、この計画の実現を各方面に働きかけ、ド・ゴールやルーズヴェルトに送ったが、ド・ゴールは「狂気の沙汰だ」と却下し、ホワイトハウスからは、最前線での救急体制についてはすでに技術的改革が行われて改善されたという見当違いの返事がきたという(77)。どちらにせよ、周囲の理解を得られなかったヴェイユは落胆を隠せず、その後急速に健康を害し死期が早まる一因になったと推測されるが、われわれは、読み進めていくうちに当時の戦争指導者たちとはまた異なるある種の問題を感じさせられることは事実である。

たとえば、ヴェイユが以下のように言うとき、彼女があまりにも最前線看護婦たちの生命を軽視していないか、という疑問が湧く。ヴェイユは、これらの女性たちは、「思春期前期を過ぎた、夫や子供のいない女性に限る(78)」とし、

一般的にみても、ひとりの女性の生命を、ひとりの男性の生命よりも貴重なものだとみなすにたる理由は何もない。とくに、女性が思春期前期を過ぎ、結婚もせず、子も産まずにいる場合においてである。まして、その女性が死の危険をも甘んじて受けようとする場合には一層そうだといえよう(79)。

という。これは未婚女性に対して配慮に欠ける発言ではないだろうか。また、女性に、母性としての役割を期待しすぎていないか、という問題も感じさせられる。

この人間的な献身のわざが女性によって果たされ、母性愛に包まれたものであるとき、この挑戦はひときわ、感動的なものとなろう(80)。

また、ヴェイユは看護婦たちが兵士たちの精神的支えとなりうるのは、彼女らの存在が、彼らにとって最も心のよりどころであるところの家庭を思い起こさせるからだと言う。

わが国の兵士たちをヒトラー配下の青年と同じような、若い狂信的な野獣にかえることはできないことであるし、また、望ましいことでもないであろう。しかし、かれらが守ろうとする家庭を、かれらの思いの中に出来る限り強くまざまざと保ちつづけさせることによって、その情熱を最大限にまで高めることはできよう。

この婦人部隊こそまさしく、はるか遠くの家庭を具体的に思い起こさせ、心を奮い立たせるようなものとなるに違いない(81)。

さらにヴェイユは、女性たちが戦場において、士官や下士官にとっての補助的役割を果たすことを強調する。

彼女たちは自然にその〔士官や下士官の〕補佐役となり、武器をあやつる以外のあらゆる任務、例えば、連絡、集合、命令の伝達など、あらゆる仕事につくことになるであろう。彼女たちがあくまでもその冷静さをそのまま保持していることができれば、こういう場合においても、彼女たちが女性であることによってかえって一層有能な手先となってはたらくことができよう。[82]

このような、看護の現場における、「結婚適齢期」を逃した未婚女性・離婚女性の採用、家庭を想起させる態度の要請、母性愛の強調、補助的役割の固定などは、じつは近代的看護職の生みの母であるフローレンス・ナイティンゲール（一八二〇—一九一〇）がまさにその近代的看護職の確立にあたって採用した方針、強調した要素とまったく同一であり、今日フェミニズムの側がナイティンゲールの功績にたいし疑問を投げかける場合問題にする点と一致するのである。ヴェイユは、ある意味でナイティンゲールが理想とした看護の真髄を、それとは知らぬうちにこの「最前線看護婦部隊編成計画」の中でなぞっていると言ってもよいのかもしれない。

看護はそもそも、家庭内における家族の養育から始まって、中世はキリスト教の修道院や仏教寺院において宗教的な慈悲、隣人愛の精神から行われていたとされる。近代的看護婦制度は、周知の通り、クリミア戦争（一八五三—五六年）時のナイティンゲールの試みから始まる。「看護とは、新鮮な空気、陽光、暖かさ、清潔さ、静かさを適切に保ち、食事を適切に選択し管理すること——こういったことのすべてを、患者の生命力の消耗を最小にするように整えることを意味する[83]」と、明確に言語化したのは、彼女が初めてであり、また、看護婦の教育における近代的システムを確立したのも実質的には彼女である。従って、現在のわれわれがイメージするような看護婦（師）、近代的な看護内容が確立したのは十九世紀半ばのことに過ぎない。ヴェイユがこの計画を立案した、一九四〇年の段階では、百年もたっていない職種であったことは確かである。

具体的にクリミア戦争で最初にナイティンゲールが行ったことは、それまで、野営地にいて名ばかりの看護を行っていた、ほぼ慰安婦に近い存在だった女性たちに代わり、前線病院に行状の良い女性を雇って、無私無欲で怪我をした兵士に付き添う「ランプを手にした淑女」たちとして働かせたことだった。これは一般大衆の非常な想像力をかきたて、また、その後、上流階級において「結婚適齢期」を逃したことで時間とエネルギーを余らせ、愛情の注ぎ場を探していた未婚女性たちに病院が格好の働き場所を提供することになったとされる。(84)

このようなナイティンゲールの意図、さらに看護にかける情熱、情念と、ヴェイユのそれは果たして重なるところがあるだろうか。例えば、両者とも、フェミニズム的な観点から女性の社会進出を後押しする立場からは程遠いということはいえるだろう。(85)両者は、最前線であれ、野戦病院であれ、看護織につく女性には、家族の看護をする機会が得られなかった女性がふさわしいと考えている。結婚できず婚期を逃したり離婚したりして家庭を持てず、妻として母として家族のために愛情を向けることのできない女性の、その本来伴侶や子供に向かわせるべき愛情や労力が、兵士の看護に振り向けられるのが望ましいとしているのである。

また、女性が兵士と接触することで生じる風紀の乱れなどの点についても、男性の側の責任を追及するよりは、女性の側の「身持ちのよさ」などを厳しく要求し、男性からの尊敬の視線を得ようとする点も両者に共通した特徴であるかもしれない。例えば、ヴェイユは最前線看護婦隊と兵士の接触によって、「風紀上のいかがわしい結果[86]」が出ることが予想されるので、両者は「休息中は接触を禁ずる[87]」べきである、という具体的提案も書き込んでいるほどである。次の文章の中にも、ヴェイユの女性観があらわれている。

女には、どんな境遇の中にあっても、いつもひとかどの者と見てもらいたがる気持ちがあるものだが、そういった気持ちを出さずにすませるだけの、冷静な、雄々しい決意をたっぷりともっていないかぎり、どうかすると足手まといになるような女が出てくるのも避けがたいことであろう。こういう冷静な決意が、傷の痛みや死の苦悶を和らげ慰めるのにぜひともなくてはならないやさしさと一緒に、同じひとりの人間の中に結びついているのは、めったに見られないことではある[88]。

「けれども、めったにみられないといっても、絶対に見出されないというわけではない」ので、そういった女性を採用すべきだ、と文章は続くのだが、このヴェイユの女性観とナイティンゲールのそれとはかなり類似しているものがあるだろう。この女性の「ひとかどの者とみてもらいたがる（se compter quelque chose）気持ち」を最大限に利用したのが、ナイティンゲールであったかもしれない。逆に、女性たちにそれを最後まで出させずに、さらに高次の感情に向けて昇華させようとしているのがヴェイユだったのではないだろうか。

たとえば、ナイティンゲールは、つねに男性患者からの感謝と賛美の視線を受け、彼女も彼らを「子供たち」と呼んでいたが、その彼女の博愛、母性愛の実践の背後には、「未婚であっても〔既婚女性が家庭経営でするような〕知的・道徳的活動をしたい」という家庭を持たない未婚・離婚女性の自己充実の場が全くなかったヴィクトリア朝社会の旧弊に対する彼女自身の挑戦があり、またその実践と激しい情念の充足とは表裏一体であった(89)。当時、ナイティンゲールにあこがれて看護職についた非婚女性たちの多くが、ナイティンゲールと同様、患者からの感謝と依存のまなざしの磁場の中で、患者に母性愛を注ぐことで生きることの充実感が得られたことが想像される。それまで非婚の彼女たちは、閉塞的な時代・社会状況の下で閑暇と偏見に飽いていたからである。ナイティンゲールが創出した看護の現場は、従って、女性の献身や自己犠牲が求められる場だっただけではなく、そのいわば見返りとして彼女たちの自己実現を可能にした場だった。ナイティンゲールは看護する側の感情の力学を、当時の社会の諸条件をふまえつつ、巧みに看護の現場に生かして成功させたはじめての人間だったといえる。現代の社会状況においては批判を受けたり改善を必要とされたりする面もあるだろうが、彼女の歴史的成功の理由は、ここにあるだろう。ではそうした自らの情念や目標を成就させるためにナイティンゲールが行ったような各方面に対する周到な推察と仕掛けは、ヴェイユにおいては用意されているだろうか。

さまざまな条件が異なるとはいえ、ナイティンゲールが現実に当時の実力者たちを動かして計画を成就させたのと比較すると、ヴェイユが心血を注いだこの企画は当時取り上げられることなくうち捨てられてしまい、文字通りの失敗であった。ナイティンゲールの特徴は「卓越した行政力、統率力、天使のような外観に隠された意志の強さ、辛辣さ、術策」であったとされるが、安易な比較を許されるなら、特にヴェイユに欠けていたのはこのうちまさに「術策」であったかもしれない。

ド・ゴールに「狂気の沙汰だ」と一言の下に却下された理由も、ヴェイユのあまりに術策を欠いた、すなわち女性の自己犠牲を徹底して期待する文面の故だったのではないだろうか。

> すべてのメンバーがよろこんで死ぬことを決意しているような特別部隊の編成がどんなに有用であるかは、うたがいをさしはさむ余地がない。〔…〕こういう部隊が存在するというだけで、軍全体に強力な刺激となり、奮起をうながすもととなるのである。ただ、そのためには、犠牲的精神が、単に言葉だけではなく、行為によって示されていることがぜひとも必要とされよう。(90)

まったき犠牲的精神に動かされた特別部隊が存在することは、四六時中、行為をもって

する宣伝がなされていることである。このような部隊は、どうしても、宗教的な精神によってのみ存立しうるのである。(91)

こうした犠牲的精神は、上記のとおりド・ゴールには「狂気の沙汰(Mais elle est folle!)」と言われたが、ヴェイユ自身もこれが正気の沙汰ではないということはよく理解していただろう。ヴェイユが最前線看護婦隊のメンバーに期待していたのは、まさしく彼女が言うところの、「愛の狂気(folie d'amour)」であった。他方、ナイティンゲールが理想としたのは、人間が人間に行う愛の行為であり、おそらくそこには愛される者と愛する者との間に互恵的な関係が許されていただろう。したがって、ヴェイユの最前線看護婦がナイティンゲールのそれと異なる点は何かといえば、ヴェイユの看護婦が払う犠牲は、みずからの存在が認められるという見返りもなく、死後の顕彰もない犠牲であったということである。そこでは、兵士の心身の治癒の問題を超えて、ましてや自分が女性として人間として充実して過ごせるか否かといった問題をはるかに超えて、自らが戦死の可能性にさらされつつ兵士と共に最前線にいつづけること、決してドイツ兵を殺さないやり方で弱きフランスを救うことが求められている。つまりフランス、ドイツどちらにも犠牲を発生させないために、自らが犠牲になることを承認するという犠牲である。それは、現世における互酬性を超えた愛であり、またさらに愛すら超える「愛の狂気」に他ならず、すなわち、これは、高次の善への愛以外の何ものでもない。そうした善への愛に基づく犠牲は、そこから、聖性が生じ、その聖性こそが人々の心を揺り動かすのである。ヴェイユにとっては、真の犠牲とは、無垢な存在が善への愛に基づいて全存在をかけて犠牲となることを承認することであった。ヴェイユは、ナイティンゲールと同様に、女性の「弱さ」「けなげさ」という属性を利用して人々の心を動かそうとしている点は同じである。しかし、真の現世的術策家であったナイティンゲールとは異なり、ヴェイユの看護婦には現世における利益は何も用意されていない。無垢な存在が善への愛に基づいて全存在をかけて「犠牲」となることを承認するとき、聖性が生じ、人々の心を呼び覚ます。それは、他者と共にいるとき呼び覚まされる負債の感覚であり、最終的には「愛の狂気」としか呼びようのない、他者に対する義務の感覚になる。

このような真の「犠牲」に基づかない限り、全体主義を根底から乗り越えること、新しい社会を再建することはできないというのが、自らの展望であり確信だったからこそ、ヴェイユはこの計画に賭けていたのである。

四　社会思想の中の義務

それでは、彼女の「愛の狂気」は、戦時においてのみ必要とされるものなのだろうか。実はそうではなく、「最前線看護婦部隊編成計画」を立案した後、二年ほどたった一九四二年末から四三年の春にかけて、彼女は平時の社会における基盤にも「愛の狂気」が必要であると考えはじめる。
一九四二年十二月半ばにレジスタンスに参加するためロンドンに到着したヴェイユは、ド・ゴールのもとで政策立案を任され、病で倒れる翌年夏までの半年間に、驚くべき量の宗教的、哲学的そして政治的な文章を書く。『ロンドン論集』に含まれる企画書や著書『根をもつこと』などである。

そこでヴェイユが主張するのは、戦後の新しいヨーロッパ社会は、人格に基づいた権利思想の限界、民主主義の限界を超えていなくてはならないということである。その背後には、「偽の犠牲」から生じた恐るべき力をもって迫ってきたナチスのファシズムに対する危機意識と、そのファシズムの伸張を防ぐことのできなかった自分たちの社会への反省があった。果たして、ファシズムの偽の犠牲の威力が目前に迫ったとき、自由、人権に基盤を置く民主主義が有効に機能しそれを抑制しえただろうか。ヴェイユの答えは否である。こうした偽の犠牲が人々の心を動かす力は圧倒的で、これによって生じる偶像崇拝熱に対抗するのは、自由、人権に基盤を置く民主主義によっては非常に難しいと最晩年のヴェイユは考えた。

自由、人権に基盤を置く民主主義によって全体主義に抗するのが難しい理由は他にもある。それはヴェイユによれば、民主主義が基礎を置く人権、権利とは、すなわち力であり、力の尊重・崇拝はヒトラーの目指したものと根源的に同一だからということである。独裁政治を根底から否定するためには、近代以降の民主主義以外のものをもってしなくてはならないというのが、ヴェイユの主張である。それゆえ、ナチスとは異なる基礎に基づいた社会の必要性をヴェイユは訴えたのだった。

1　人格主義から非人格中心へ

彼女のこうした主張を理解するには、当時の彼女の人間観もあわせて確認する必要があるだろう。まずは、この最晩年のヴェイユの社会理論の基となっている彼女の人間観を見てゆきたい。実は、一九四三年当時、彼女は人格主義とよばれるあるレジスタンス側グループの思想に対して厳しい批判をしていた。その批判の中で、彼女は、人間を見る際にはその人格を見るのではなく「非人格」に目を留めるべきだと言った。これこそ、彼女が晩年に到達した、十字架上のイエスの受難や「犠牲」を念頭に置いた人間観、すなわちヴェイユ独自の「非人格」概念を基とする人間観に他ならない。彼女の最晩年の社会思想の背後には、こうした「犠牲」の観念を基にした人間観がある。すなわち彼女は、独自に創出した人間観である「非人格」の思想に基づき、最終的に人格に基づく近代的な権利概念や民主主義体制に対する根源的な疑問を提起するに至ったのだ。

(1)　犠牲の観念に基づく人格主義批判

一九三〇年代よりカトリック教会勢力は、反ユダヤ主義的傾向を強め、第二次大戦が始まるとヴィシー寄りの言動を繰り返して一層保守化の傾向を強めた。その中で、カトリック系知識人エマニュエル・ムーニエ（一九〇五―五〇）は、雑誌『エスプリ』を一九三二年に創刊し、そこにおいて一貫して反ユダヤ主義を批判しつづけた。ムーニエは、その良心的で時代に流されなかった勇気ある発言により、現代でも高い評価を受けている一人である。そのムーニエが『エスプリ』で展開したのが、まさに人格主義とよばれる主張であった。これは、ムーニエがキリスト教に立脚しながら近代文明批判を行おうとした試みであり、また特にキリスト教と社会主義の融合による精神革命の必要性を説いた点に特色を持つ。

　ムーニエは、人間における最も尊ぶべきものは「人格〔ペルソナ〕」と考えた。この「人格」とは、ムーニエによれば、自律的かつ自己完結的な近代的自我とは異なるもので、神の似姿として尊い価値が保証され、また同時に常に超越的存在である神と関わりを有する存在である。さらにこの「人格」は、社会的共同体へも積極的に関わろうとする開かれた存在であるとされる。こうした「人格」の定義からは、ムーニエがキリスト教に立脚しつつ、社会主義からも影響を受けていることが見て取れる。[92] ヴェイユも実は三〇年代後半にこの『エスプリ』誌の読者であり、また数回寄稿もしていたので、[93] 彼女がここでムーニエによる人格主義を知ったことは確かだろう。

　さらにムーニエ以外にも、一九三〇年代のカトリックの反ユダヤ主義的傾向にくみしなかった穏健派の良心的カトリック知識人で、ヴェイユが面識を得ていた人物がいる。それは、ヴェイユがニューヨークに滞在していた間（一九四二年七月―十一月）に、同時期にやはり当地に亡命していたジャック・マリタン（一八八二―一九七三）である。彼との出会いは一九四二年で、これはマリタンの著書『人権と自然法』がニューヨークで出版された年でもあり、ヴェイユもこの著作を読んでいる。マリタンは、戦後ド・ゴールによってバチカン駐在大使に選ばれ、戦後のド・ゴール政権とバチカンとの緊張関係を緩和する役目を負ったほど、戦争中の言動から戦後各方面で厚い信頼を寄せられた人物だった。上記の書物に著された彼の思想は、国連憲章にも影響をあたえたと言われる。(94)

これらムーニエやマリタンはともに、カトリックの信仰に立脚しつつレジスタンスの側に立って発言を続けた良心的カトリックとして、戦後もまた現代においても評価が高く信頼されている知識人である。(95) そして当時彼らは、人格主義者と呼ばれることが多かった。

ヴェイユがカトリックの信仰に傾倒しつつも、カトリック教会のもつ全体主義的傾向を批判したことは前に見たが、興味深いことにヴェイユは、一九四二年にロンドンで書いた「人格と聖なるもの」の中で、このムーニエやマリタンらをも批判、とくに彼らによって提唱されすでに当時一定の層に影響力を獲得しつつあった「人格主義」思想に対して、非常に厳しい評価を下していたのである。

良心が別の証言をしているにもかかわらず、自分の人格は自分に何らかの聖なる感情を与えていると考え、さらにそれを一般化してその聖なる感情はすべての人に具わっているなどと考える人がいるとき、その人々は二重の幻想の中にいる。彼らが感じている感情、それは真に聖なる感情なのではなく、集団によって作り出される偽の模造品に過ぎない。〔…〕もしも彼らが自分の人格についてそのように考えるならばそれは、彼らの人格が社会的配慮を通して集団の威光の分け前にあずかっていることからきているのだ。〔…〕人間において人格とは、寒さにこごえ避難所と暖を求めて駆け回っている悲惨な状態の何かである。〔…〕自分の人格が社会的配慮によって暖かく包まれている人々は、そのことに気づかない。だからこそ、人格主義哲学は大衆の間にではなく、職業柄、肩書や名声を現に持っていたりあるいは持ちたいと願っていたりするような作家たちの間に広まったのである。(96)

この文章の中で、まずヴェイユは、自分と人格主義の立場に立つ人々とでは人格のとらえ方が異なるということを明らかにしている。すなわちヴェイユにとって人格とは、人間が社会の中で様々な困難に直面しながら生きてゆくとき、周囲から肉体的・精神的に暖かく優しく受容されることを願い求め、それでも得られずに苦しんでいる、そうした自分の中のある部分である。ところが人格主義は自分の人格を何かしら自分において聖なる感情をもたらす部分とみなしており、全ての人もそうであろうと推測している。しかし人格主義者らは、社会において恵まれた地位にいる人々であり、ヴェイユの眼には、彼らが現実に多数の人格がおかれている悲惨な状況を無視している、と映ずる。

もちろんヴェイユは、彼ら人格主義者に対し、その近代批判の試みに一定の評価をしてはいるのだが、

人格主義と呼ばれる現代思潮における用語は間違っている。用語の重要な誤りが犯されているところに思考の重大な誤りがないとはいえない。(97)

と、最終的には厳しく批判する。

ここで、ムーニエやマリタンの人格、もしくは人格主義といった用語の用い方を確認してみよう。

人格性の観念には、総体性と自立性の観念が含まれている。〔…〕「人間は神の似像である」と言う中で宗教思想が表現しようとしたこと、それは、人間に本性として具わる秘蹟に他ならない。人格の価値、人格の自由、人格の権利は、父なる神の刻印を有しその刻印の上に活動の最終目的を持つ本性的に聖なるものの秩序に従属する。人格は絶対者と直接的な関係を持つがゆえに、絶対的尊厳を有し、そしてその絶対者においてのみ人格は己の十全

なる完成を見出すことができる。（マリタン『人権と自然法』[98]）

諸々の人格の上には、〔…〕それ自身人格的であるところの神、人間の条件を引き受け、これを変貌させるために「人となり」、各々の人格に対して個別の親密なる関係、彼の心性の分有へと招くところの神が存在するのである。（ムーニエ『人格主義』[99]）

これに対し、ヴェイユは以下のように反論する。

確かに、人格という言葉はしばしば神と結び付けて語られる。しかし、キリストが人間に、完成すべき完璧さのモデルとして神を示す中には、人格のイメージだけでなくとりわけ非人格的秩序のイメージがそこに入っている。[100]

カトリックの中心にあるものはわたしたちが想像しているようなキリストの人間的なペルソナでもなく、同じく私達の内部で誤りだらけの想像力が勝手にこしらえ上げた父なる神の神的ペルソナでもない。〔…〕宗教生活の真正な姿が見られるところではどこでも、これと同じく、何かしら非人格的な性格をうかがわせるようなものが存在する。[101]

われわれはここに、第一、二章で確認した、ヴェイユの神観、および諸宗教研究における神の非人格的性格の把握の影響を見ることができる。すなわちヴェイユにとって、神は人格的存在（ペルソナ）であるのみならず、非人格的存在でもあるから、したがって、ヴェイユは人間の人格尊重の根拠に、神の人格（ペルソナ）を置くことはできないと考える。もし、人間を神の似像ゆえに尊重するとすれば、それは人格においてではなく非人格的性格をもつということにおいてすべきだ、というのがヴェイユの主張である。最晩年のヴェイユでは、人間観の根底に人格的のみならず非人格的神像が置かれたことがここで明らかになる。

ムーニエ、マリタンらの人格主義者達と近代的人間観を批判するという動機を共有こそするが、最終的な人格概念に対するヴェイユの態度が彼らと全く異なるのは、ここに第一の理由があった。

さらに、彼女の人格主義批判には第二の理由がある。それは、「人はみな人格を有する」とする、人格主義の前提そのものへの批判である。また、犠牲の観念と関係の深い「非人格」とヴェイユが言い表したところの思想の存在である。これは、彼女の工場体験と神秘体験をきっかけに生じた思想にほかならない。

たとえば、マリタンの著書において散見される「人格の開花」(102)という表現、これは各人の人格が社会において十全に発揮される状況を肯定的に言い表したものだが、この表現に対するヴェイユの敵意は非常に露わである。

人格が開花するのは、社会的威信がそれを満たしている時に限られる。人格の開花は一つの社会的特権である。(103)

ヴェイユはこのように述べて、マリタンの「人格の開花」が万人に期待できるものではないことをまず指摘する。

「人格と聖なるもの」においてヴェイユは社会における人間を対比的に提示する。例えば、彼女は、「作家、学者、芸術家、司祭、裁判官、組合及び政党関係の知識人」を称して、「才能ある人物、知的な人、自分の知性に誇りを抱いている人、著名人、言語を独占している人々、特権者、社会的威信をもつ人々」という形容をする。そして、常に彼らを、「人格」を持つ者の例に挙げている。他方ヴェイユはそうした人々の対極に、「キリスト、奴隷、窃盗をした浮浪者、村の白痴、労働者、群衆」という人々を置く。彼らは、「最下層の人、最も後になる人々、才能のない人、不幸な人々」と形容される。こうした提示の仕方を見てもわかるように、彼女においては明らかに、「人格」は社会において特権を持つ側の人々においてのみ享受されるものとみなされている。(104) これはヴェイユにとって厳然たる現実であり、この現実を無視し安易に人格概念を一般化することは、彼女には到底許されないことに映る。彼女にとってはキリストの「人々がわたしを苦しめる」(「マタイによる福音書」一七章一二節)という苦悩は、そのまま最下層の人々の、他者からいわれなき悪を被ることで心の内奥におこる苦悩・嘆きに感じられている。この他者からいわれなき悪を被るということこそ、社会においてキリストが払った、そして最下層の人々が今現在払い続けている犠牲であり、逆にいえば、「キリスト、奴隷、窃盗をした浮浪者、村の白痴、労働者、群衆」といった「最下層の人、最も後になる人々、才能のない人、不幸な人々」は、犠牲に供せられ人格を喪失してしまった人なのである。そして、かれらにあっては、つぎのような心の叫びが生じている。

最も後になる人々においては、キリストにおいてと同様に、常に非人格的な抗議が存在している[105]

ヴェイユにとって、かれらは、社会の最底辺にあって、周囲から軽視され続けることで主観的自己意識までもが踏み潰されてしまった存在で、結果として他者からも自己からも十分に認められ得るような「人格」が成立しえない人々である。彼らは人間社会における矛盾を背負わされているのであるから、意図せずして偽の犠牲に供されてしまった人々であるということもできよう。このような人々が現実に存在するとき、そうした人々に「人格の開花」と提言することほど場違いなことはないとヴェイユは言うのである。

人格はすべての公的制度に適用される基準を満たすものではない(106)

というヴェイユの指摘は、以上の背景を持つものである。すなわちヴェイユは、「人格の開花」など望むべくもない、社会における矛盾の犠牲、すなわち偽の犠牲に供され続ける人々の苦悩を深く理解し、彼らの立場に立ちつつ、「人格」概念とは別の新たな人間像を展開し社会の礎に据えたいと考えたに他ならない。

ヴェイユは人格主義と近代批判の視点を共有したが、しかし人格主義における人格神概念は拒否した。そして人格主義が、その人格神概念に価値づけの根拠を置きつつ、近代的人格概念の再評価を試みた点については、厳しい批判を加えた。さらに人格主義がその人格概念の背後に見落とした、近代的人格がいかにしても成立し得ない、社会的に見ると無に等しく他者から認められることがない人々、社会のさまざまな矛盾の犠牲になっている人々、この人々への視線の重要性をヴェイユは強く訴えた。われわれはこの最後の点に、人格主義のみならず近代的人格概念そのものへヴェイユが批判を加えてゆく、その根拠を見て取ることができる。

そこで次に、ヴェイユのこうした社会における最底辺層に注ぐ視線にはいかなる背景があるのかを彼女の「犠牲」の観念から及び人格概念批判の観点から見てゆきたい。

まずわれわれはヴェイユの言及した具体例（キリスト、奴隷、窃盗をした浮浪者、村の白痴、労働者、群衆）の中で特に労働者、およびキリストに注目する。そして、第一章で、彼女自らの労働体験や神秘体験が彼女の「不幸」「奴隷」および「犠牲」の観念を創出させたことを見たのと関連する部分もあるが、その労働体験によって労働者の境遇に関する著述が一九三〇年代後半以降どのように変遷したか、また彼女自らの神秘体験後のキリスト理解がどうであったか、そしてそれぞれの過程でどのように「非人格」概念が表出し、そしてそれがどこで「犠牲」の観念と重なり合うのかを考察したい。

（2）社会的人格の喪失と非人格

第一章で述べたように、ヴェイユは一九三四年十二月から翌年八月まで、三つの工場で単純賃労働に従事した。これが、労働の現実を自分の目で見たい、という彼女の当時の思惑を超え、結局「人生観そのものを変える」[107]体験となったことも前述した。この体験こそ、「奴隷」「不幸」概念および「犠牲」観念が生まれるきっかけの一つになったのだったが、ここでは、この労働体験と「奴隷」の観念が、七年後の一九四二年には、「不幸」とならんで「人格の喪失」という表現をされるようになることを見る。人間において最も尊重すべきものは果たして「人格」なのか、という問題に対して、ヴェイユが根源的な疑問を抱くきっかけにもなった体験であったことを、確認したい。

私はパリ近くの機械工場で一年近く女工として働きました。個人的体験と私の周りで働いていたみじめな人々への共感とが結びつき、それに私自身の目から見ても、私はそれらの人々と区別ができないほどその中に混じり込んでいたものですから、社会的人格を失うことの不幸が私の心の奥深くに入り込みました。あまり深く入り込んだものですから、それからというものはいつも、自分が古代ローマにおける意味での奴隷であることを感じているほどなのです。[108]

（J・ブスケへの手紙一九四二年五月十二日）

工場では誰の目にも、私自身の目にも、私は無名の大衆と一緒になっていましたから、他の人々の不幸は私の肉体の中に、また心の中に入りこみました。私を他の人々の不幸から切り離すものは何もありませんでした。〔…〕ローマ人たちが最も軽蔑する奴隷の額につけた焼き鏝《ごて》のごとき奴隷の印を、私はあそこで永久に受け取ったのでした。それ以後、私は常に自分自身を奴隷とみなしてきました。[109]

（ペラン神父への手紙一九四二年五月十五日頃）

この全く同時期に書かれた二つの書簡に特徴的なのは、「奴隷」という語に並んで、「社会的人格を失うこと」という表現が使用されている点である。「社会的人格を失うこと（dégradation sociale）」[110]という語に注目してみると、この語は、一九四二年に書かれた他のテクストの中でもしばしば使われており、その際ヴェイユは前提として、「われわれの存在の三つの面」（*PSO* 108）すなわち「肉体・魂・社会的人格（personne sociale）」という三つの要素を提示している。そしてその前提の上で、「極度の不幸とは、肉体の苦痛と、魂の苦悩と、社会的人格を失うことが同時に生じていること」（*PSO* 104, *AD* 120, *OC* IV 1, 120）と述べているのである。さらにこの語と同等の意味内容を表現する語に「社会的失墜（déchéance sociale）」という語がある。ヴェイユは例えば、

> 不幸が本当に存在するのは、一個の生命をとらえてそれを根無しにした行為が、その生命のあらゆる部分すなわち社会的・心理的・肉体的部分において、直接または間接にその生命をおそう場合に限られる。社会的要因は本質的である。何らかの形をとって社会的に失墜すること、またはそういう失墜の懸念が存在していないところには、実際には不幸は存在しない[111]。

と表現する。これらは明らかに、彼女が三五年の工場労働当時、日記の中で単に「奴隷」と表現していた状態の多様な分析描写に他ならない。彼女は他にも、

> 雇用主らは、〔…〕工場のなかに不幸な人間の家畜、すなわち根を奪われいかなる資格においても何らの尊敬も受けない人間の家畜を飼うことを選んでいる[112]。

人格があるのは製品の方で、入れ替えのきく製品であるのは労働者の方だという気がし

てくる。(113)

と当時の状況を表現している。

以上から、ヴェイユの人格主義に対する批判、特にその人格讃美の安易さへの批判は、まさに彼女自身の一九三五年の工場体験から導き出された「社会的人格の喪失」の認識に立脚点を置くことが理解されるであろう。社会において人格を喪失せざるを得ない状況にある人々に対し、その失われた人格の「開花」を唱えたり人格に基づく権利の重要性を教えたりすることは、ヴェイユには全く無意味なことに感じられたに違いない。人格主義者たちに対する彼女の苛立ちはそこにあった。そして、彼女は彼らが社会のありのままの現実と接触が希薄なまま、概念を構築することを以下のように批判する。

間違って彼ら〔人格主義者達〕は〔自分たちの体験を〕一般化することができると信じている。〔…〕しかし、彼らがこのことを理解する機会をもつのは困難なことである。なぜなら彼らはそのような機会に接することがないからである。(114)

(3) キリスト体験と非人格

一九三五年以来、彼女の社会における人間を見る視線はつねに「奴隷」状態に置かれている人々、「社会的人格」を奪われた人々など、社会の中で「犠牲」になる人々に注がれていると言ってよい。

そしてその後、彼女が神秘体験をした（一九三五年八月）ことは、第一章で見たとおりである。工場体験を終えポルトガルに休暇のため赴いた時、近くの漁村で彼女は初めて「カトリシズムとの重要な接触」を経験、「キリスト教はすぐれて奴隷の宗教」であると確信し、「奴隷たちは、とりわけ私は、それに身を寄せないではいられないのだという確信を得た」のだった。[115]

ところで、なぜ奴隷たちはキリスト教に身を寄せずにはいられない、とヴェイユは考えたのだろうか。それは、ヴェイユがその後、次のような経験もしたことと関係が深いだろう。それは、ソレムでの神秘体験で、それをきっかけに彼女が「キリストの受難という思想が私の中に決定的に入ってきた」と言うに至ったあの体験である。[116]

おそらく、ヴェイユは、キリスト教が受難のキリストを中心にしているからこそ、そこに奴隷たちは身を寄せずにはいられないと考えたのだろう。つまり、問うても意味のわからない受難にあうキリスト、神に対しては「なぜ私を見捨てたのですか」（「マタイによる福音書」二七章四六節、「マルコによる福音書」一五章三四節）と問い、人に対しては「人は私を苦しめる」（「マタイによる福音書」一七章一二節）と言うしかない、この世においてすべてから打ち捨てられた悲惨なキリストがキリスト教の中心にあるからこそ、そこにヴェイユは自らも奴隷の一員として身を寄せざるを得ないのだと思ったのだ。ヴェイユは、元来熟練労働者に対する憧れや肉体労働を美しいと感じる美的意識があったが、単純労働の工場労働者の現実に触れ、その圧倒的に不条理な現実に打ちのめされた。こうして、社会において逃れられない生活苦に苦しむ人々を、受難を被り犠牲になる人々ととらえ、自らもその一員として意識したとき、彼女は受難のキリストの存在に触れ、心を奪われるようになった。以後、彼ら不安定雇用かつ低賃金で重労働にあえぎながら労働する人々の立場は、十字架上のイエスの悲惨の場と重なり、そして彼らの現場からいかに社会を考察するかが、晩年のヴェイユにとっての最大の課題となっていたと言えるだろう。その過程において、人格主義における人格のとらえ方が結果的にはいかにも社会の中産階級以上の人々をしか範疇に入れていないことに、ヴェイユは違和感を覚えたのだと思われる。ヴェイユが、社会の再底辺にいる人々から社会の原則を考えようと生み出した人間観が、「非人格」なのであった。

（4）人間における非人格的な部分への注目

ヴェイユは上に述べたように、人間に関する非人格の思想をとなえ、これを戦後の新しい社会の基盤とすべきであると考えた。すなわち、ヴェイユは、十字架上のイエス、奴隷、子供など非自立的主体としての人間像から出発することを唱えたのである。以下、彼女が試みた、人間を「人格」的存在としてではなく「非人格」としてとらえるとらえ方をみてゆく。

ヴェイユは、彼女がいうところの奴隷、すなわち飢えから盗みを犯す軽犯罪者、浮浪者、精神障害者、単純工場労働者ら、当時の社会における最底辺層の人々が、あまり物言わぬ人々であることや自己主張においては不器用な人々であることをよく知りぬいていた。

彼ら不幸な人間は、舌を切り取られていながら、ときどきその障害を忘れてしまう人間のような状態にある。唇は動くが、いかなる音声も人の耳に達しない。聞いてはもらえないのだという確信ができるために、彼らは自分から舌の不能症状にたちまち冒されていく(117)。

こうした人々のために、一部の社会的正義感に駆られた知識人たち、例えば労働者の場合なら労働組合活動家や弁護士などが、裁判所のみならず、彼らの生活改善のための労働運動や権利闘争などにおいて、彼らの代弁をしようとするのはよくあることだが、しかし、ヴェイユはそうした代弁者によって事態が多少なりとも好転するかと言えば、まったくそうではないと考える。

弁舌の専門家は、労働者たちの境遇について語るとき、彼らの給料のことを話してしまうのが普通である。不幸な人の方は、自分たちを圧倒し注意の努力をすべて痛みに変えてしまう疲労の下で、数字の持つ安易な明快さにほっとしながら、これに飛びついてしまうのである(118)。

こうした、誤った代弁者が、不幸な人々に対し、さらに人格（および民主主義・権利）という言葉を贈るのは「いかなる善をもたらす気遣いもなく、したがって多くの悪を与える贈り物」（*EL* 29）だとヴェイユは非難する。

ヴェイユは、社会の底辺にいる犠牲となる人々の救済のためには、人格概念そのものに対する根本的な批判が必要だと強く感じ、以下のように考え始める。近代以降われわれは、人格とは一人一人違うものであり、その差異ゆえに尊いと考えてきた。「人格の開花」という表現にも、そうした異なる個性が社会において発現することこそが望ましいととらえる視点がある。しかしその時の個性の差異は、常に周囲にいかによい影響を及ぼし、社会にいかにその人が貢献するかという部分において現れ出る差異である。したがって人格の尊重とは、厳密にはそして明らかに現実には、社会においてその人が他者から優越する部分を尊敬することである、と。そしてヴェイユは、個々の人格を称揚する態度の中に、人間を社会における有用性で捉える視点が包含されていることを見抜く。ヴェイユにとって人格とは、社会における有用性から見た人間の個別性であり、それに対してことさらに注目することは不平等を温存し、犠牲を黙認することだ、と彼女は考えたのであった。

聖なるものとは人格などではなく、ひとりの人間の中にある非人格的なものである。人間の中の非人格的なものはすべて聖なるものであり、それ以外にはない。(119)

ヴェイユは上のように述べ、人格に代わってわれわれが尊重すべき対象として「人間の中の非人格的なもの」を提示したのである。

では、ヴェイユの言う「非人格的なもの」とは具体的に何を指すのだろうか。先に引用した、「聖なるものとしての、人間の中にある非人格的なもの」、「〔人々の中で〕最も後になる人々においては、キリストにおいてと同様に、常に非人格的な抗議が存在している」（*EL* 16）というヴェイユの言葉を見てみよう。この「非人格的抗議」とは、「悪による打撃が心の内奥に引き起こす驚きと苦しみの叫び」（*EL* 15）であり、「なぜ人々は私を苦しめるのか」という無力な弱きキリストの嘆きでもある。また「人から良くされたい、苦しめられたくない」という全ての人間の中に潜む子供っぽい願いも含んでいる。これら全てをヴェイユは「非人格」と形容している。これらの叫び、願いは、全ての人に共通で同一な普遍的要素であって、非「私的・個人的」、及び非「独自・独特」といえる。これらはまた、われわれが近代以降、人間の中の弱くみじめな部分として人間の理想的な自我像からは切り捨ててきた部分でもあるから、反「近代的自我・人格」とも言えるだろう。

ヴェイユがひとりの人間の中にある「非人格的」な部分を「聖なるもの」と言い、それに対して尊敬の念を抱くよう訴えた[120]、その主張の背景には、全ての人に平等の敬意が払われるような人間の見方を創出しなければならない、社会の中で犠牲になりつづけるもの言わぬ人々を決して捨て置くままにしていてはいけない、という強い動機がある。そうした新しい人間観は、人間における差異にではなく人間における普遍的要素に注目するものとならなければならない。それを踏まえヴェイユは最終的に次のように人間を定義する。

ありとあらゆる人間は、中心に善への希求を持ちその周囲に精神的な素材と肉体的な素材が配置されているものと考えられる限り、絶対的に同一である。(121)

すなわちヴェイユは、人間における普遍的な部分を、「善への希求」およびそれを取り巻く「精神的・肉体的な素材」として提示し、この部分こそが人間の非人格的部分、聖なる部分であり、またわれわれが尊敬を払うべき部分だと考えようとしたのである。

ところでヴェイユの言う「善への希求」であるが、この善は「絶対善 (bien absolu)」という形而上的意味を当然もつ。(122) しかし他方で「人からひどいことをされるのではなく、良くされたい (faire du bien non du mal)」(*EL* 13) という表現にも、ヴェイユは同じ **bien** という語を使っている。また、

ごく小さい子供の時代から墓場に至るまで、誰もが〔…〕他人は自分にひどいことをするのではなく良くしてくれるものだというように、どうしても期待してしまう何か

絶えず良くされることを期待してやまない、この心の内奥にある幼児のような部分「なぜ人は私を苦しめるのか」というキリスト自身ですら押さえ切れなかった子供らしい嘆き[123]

というように、ヴェイユはどんな人間も他者の善意を子供のように求め続ける気持ちを常に持っていることをも強調している。この二つの bien について、ヴェイユは、「人間の本質である善への希求と感受性の間には確立された関係がある」（*EL* 19）として、その関係性を自明のものとして提示する。すなわち他者から良くされたり苦しみを与えられたりしたことを感じ取る子供にでも備わっている感受性と、絶対善の希求とは深く通底しているということである。

これは言い換えれば、「人間の非人格的部分」とヴェイユが呼ぶその中心には、他者からの善意を求めてやまない子供っぽい願望、他者からこの願望を裏切られれば傷つけられるであろう感受性、そしてその願望・感受性と深く結びついた善への希求とが存在する、ということである。

そして、「善への希求」の次に挙げられていたのはそれを取り巻く「精神的、肉体的な素材」であるが、これは、全ての人間における生命維持上の肉体的、精神的な必要物と言い換えられるだろう。ヴェイユにとってこの人間の生命維持上の欲求というのは、確かに「卑小な欲望」ではあるのだが、しかし同時に、人間がこの世に位置しこの世の現実を生きている、ということの証となるものである。人間はこの世の必然に委ねられて生きざるを得ないわけだが、そのまさに必然に従う部分がこの人間の生命維持上の基本的な欲求なのである。したがってわれわれがこの世に生きる存在として、同じように生きる他者に尊敬を払おうとすれば、そのときその尊敬の念を表現する方法は、他者の現世的な生命維持上の欲求を満たすという行為以外にないと、ヴェイユは言う(124)。

以上見てきたように、ヴェイユが人間における「非人格的なもの」として示したのは、全ての人に普遍的に存在する善への希求と生命維持上の欲求であった。またその各要素を検討する中で、それらこそ、現世に生きる人間が同等の尊敬を払い合える共通部分であることをヴェイユは示したのだった。

ところで、人間を非人格的存在として見、絶対善や他者からの善意を求める存在とみなすというのは、どういうことだろうか。それはすなわち、人間を非自立的主体とみなすことに他ならないだろう。それは、ヨーロッパが近代以降、人間を理性と自由意志とをもった自律的な人格的存在としてみなしてきたことと全く相反するのではないだろうか。

例えば、宮本久雄は『受難の意味――アブラハム・イエス・パウロ』において、「理性や自由意志は、『他者が自分を記憶している』ということを土台にして働いてはじめて『わたし』とか『自己同一性』の媒介になりうる」と言う。そして、人間の自己意識の形成は、根源的に、他者の「記憶」を必要とするという（ここで宮本は、アウシュヴィッツについて行われた悪についてのハンナ・アーレントの読解を念頭においている）。したがって、主体の成立は、他者から自律した理性、自由意志のみによると考えるのは幻想に過ぎないというのである。(125)

まさにヴェイユが、犠牲となる人々の共通点として考えた、「社会的人格の喪失」、「社会的失墜」が意味するところのものこそ、この宮本、アーレントの言う「他者の記憶（および意識）の中からの抹殺」を日常化したものなのではないだろうか。ヴェイユが提唱する非自立的主体というのはつまり、人間を、他者の意識を必要とする存在としてみるということである。ヴェイユは、理性や自由意志を持って屹立する人間主体というのは、恵まれた境遇の人間においてのみ現出する現象であって、それをもって人間の普遍的特徴とするのは幻想に過ぎないと考えている。宮本は同書で、上記のような人間のとらえ方は、「ヨーロッパ思想のコペルニクス的逆転である」というのだが、ヴェイユが「人格と聖なるもの」で提唱しようとした人間へのまなざしの転換もまさにそうした意味において、根本から従来の人間観の転換を提唱しようとしているに他ならない。ヴェイユにとって人間は、他者からの尊重のまなざし、意識、記憶があって初めて人間として自己同一性を獲得できる、あいまいでひ弱な存在、子供っぽい存在である。彼女は、アウシュヴィッツが一般に知られる以前の一九四二年において、二十世紀前半の戦争の現実や階級闘争、機械化が進む工場労働の現場、そしてキリストとの出会いから、人間は非人格的存在であると、書き記したのである。

では、このような、「非人格的なもの」を尊重する社会、すなわち人を有用性でとらえることをやめ、他者との差異に目をむけさせる「人格」などに立脚しない政治をするには、どうしたらよいのだろうか。生まれながらに社会の底辺に生活せざるを得ず、時には犯罪者に転じてしまう人々、もしくは犠牲となって人々の意識や記憶から消えて行く人々、社会の日常において無用とされる人々を尊重するにはどうしたらよいのだろうか。

2　権利概念批判

ヴェイユの非人格から人間を見る人間観が、いかに社会理論に発展してゆくかを、次に見てゆきたい。社会において有用性がみとめられないような「人格」なき人々も、他の人々と等しく尊敬される社会は、どのようにして可能になるか。そうした社会は、何に基づいて構築されねばならないのだろうか。ヴェイユはまず、フランス共和国がよって立つところの、そしてまたド・ゴールらのレジスタンスがナチス・ドイツのファシズムに抵抗する際の矜持でもあった、フランス人権宣言から、批判を開始する。

人間は自由かつ権利において平等なものとして生まれ、また存在する。(126)

一七八九年のフランス人権宣言は、このように、その第一条で、全ての人間の権利における生まれながらの平等を謳い上げた。しかしヴェイユはまさにその権利を、

空中に宙づりになっていて大地にしっかり根づいていない概念、中間的な価値に属する概念(127)

として批判する。

彼女はなぜ権利概念を批判するのだろうか。それは、第一に権利が人格と深く結びついた概念だからである。確かにロックに代表される近代的権利概念は、人格を持つ人間を前提とし、それらが平等な所有権を有すると定めることによって、人格を持つ人間の「平等」を自明のこと、すなわち自然状態として提示した。だがすでに確認したように、ヴェイユにとっての問題は、社会的人格を喪失している人がこの世には存在するということであり、彼女の出発点は「不平等」を社会の自然状態と考えることである。そのようにして初めて、われわれはどのようにしたら人格を喪失した不幸な人にも公平な敬意を払いうるか、そのためには社会の方向性をどのように定めるべきかという問題意識が共有される。その意味で、あらかじめ人格を有する者を前提とする権利概念は、この世の現実の不平等を解決する拠り所としては、不十分で曖昧なものと言わざるを得ないということになる。

近代的人格及び権利概念の出現は、十七、十八世紀におけるブルジョワジーの経済的・社会的勢力伸張をその背景に持つものであったが、それはヴェイユの視線の先にある社会的底辺層の不幸の現実を予めその視野に含んでいたわけではない。また、啓蒙思想家たちは、絶対君主の恣意的な権力の行使を制限する必要上、「平等」を自然状態として提示することから権利概念を構築していったが、それは彼女が「不平等」をこの世の自然状態として出発する点とは全く異なる認識である。(128) よって、権利概念がいかに拡大してその後社会権を含むようになろうと、また、社会主義が誕生しようと、それが「人格の平等」を前提とした「権利の平等」を謳う思想として展開される限り、ヴェイユの目にはそれらすべては大きな欠点を内側に抱えたものとして映るのである。ヴェイユにとって権利を基盤とする思想は、すべて大きな限界をあらかじめ持ったものなのである。

たとえば、ヴェイユは、権利という語が現実において全く効力を発揮しえない状況の例をいくつか挙げているが、その中のひとつに、無理やり売春宿に入れられようとする少女の例がある。ヴェイユは、この少女と同じ立場に置かれた時、果たして人は何と叫ぶか、と問う。「あなたがたはわたしにこんなことをする権利はない」と言うだろうか。決して言わないに違いない。それはそうした立場に置かれれば誰であっても、そのような言葉はその場ではまったく滑稽に響くだけで何の役にも立たないだろうと直観するからである。なぜか。それは、権利という言葉が、もともと周囲の他者によって認められて初めて現実的効力をもつ言葉であるにもかかわらず、この少女の置かれた状況においては、そうした周囲への期待は最初から完全に裏切られているからである。ヴェイユはこのように説明する。そして、こうした権利概念が内包している知られざる依存性について次のように表現する。

一つの権利の現実における成就は、その権利を所有している人によるのではなく、その人に対して何らかの義務を負っていることを認めた他の人々による。(129)

ただし、もしわれわれが市場で自分の農場の卵を売っている農民の立場に立っているならば、買いたたかれた時に「あなたがそんな安値をつけてもわたしには私の卵を売らないでいる権利がある」と言うことはできる、とヴェイユは言う。なぜなら権利は基本的に人間相互の争いを喚起する言葉であって、その争いに何らかの勝利の見込みがある時には、非常に有効に働く言葉だからである。ところが、現世の動かしがたい状況によって決定的に最初から勝敗が決まっている状況にある時、敗者にとって「権利」は全く無意味な言葉に過ぎない。したがって、上記の少女がこの場で口にできるのは、「こんな事は間違っている」という叫び、もしくは「なぜ人は私にひどいことをするのか」という答えの得られない呟《つぶや》きだけである、とヴェイユは言う。仮に彼女が何かの理由で自ら売春宿に入る道を選んだ場合でも、これらの叫びが心の中で消えるわけではない、とヴェイユは言うのである。

このヴェイユ的観点に立って逆に考えると、買春を権利の侵害であるとか人格を傷つける行為であるとするとらえ方も、大きな誤解とされるはずである。なぜなら、自発的意志の有無に拘らず、こうした事態に陥った時点ですでに少女は、周囲から寄せられるべき社会的人格への配慮を失ってしまっているのであるし、また、彼女が蒙る肉体への打撃というのは、彼女の肉体や人格のみならず、魂、そして他者に対して善を期待する彼女の最も無垢な部分を破壊するものだからである。これは彼女固有の肉体及び固有の人格に対する打撃ではなく、全ての人間の共通部分に対する打撃であるととらえねばならない。こうした打撃を受けた人に、あなたの肉体は傷ついても人格は傷ついていないと教えることは明らかな誤りだし、人格に基づく権利概念を教え込んで、「あなたには……する権利がない」「私には……する権利がある」と言えるようにさせることもまた誤りである。それらの試みは結局、「こんなことは間違っている、なぜ人は私にひどいことをするのか」という切迫した彼女らの叫びもしくは胸中の無言の呟《つぶや》きを聞き届けたことにはならないのである。こうした見当違いの努力を行っても、結局彼らに人格ならびに権利を享受する社会的優越者への羨望を教えることになるだけである、とヴェイユは言う[130]。

さらに現実の世の中では、暴力や犯罪の被害者のみならず、加害者の心の内にも、「これは正しくない」「なぜ人は私にひどいことをするのか」という呟きが聞かれることがしばしばある。たとえば、下級裁判所で毎日繰り広げられている状況を考えてみればよい、とヴェイユは言う。食物を盗んで裁判にかけられている浮浪者は、自分がやむを得ず犯罪にいたった状況を裁判官に説明する能力がない。労働組合・支援団体などの集団の力を背景に持たないかぎり、このように自分を的確に表現する能力を獲得できずにきた社会的人格喪失者が司法の場で自分の利益のために戦うことは不可能に近い。彼は、多少の情状酌量はあるものの犯した罪の責任を問われて裁かれ、彼の胸中の様々な呟きに耳を傾ける者はないまま裁判は終わる。たとえ刑を終えても、彼が自分の犯した罪を客観的に把握することはないし、その後彼が社会の網の目に戻って他者の敬意を取り戻すこともない、とヴェイユは言う[131]。

以上のように、ヴェイユは例を提示しつつ、権利を守るための法に基づいている現行の司法が解決できるのは、「人はなぜ私より多くもっているのか」という叫びだけであること、また「なぜ人は私にひどいことをするのか」という叫びは従来の権利概念によっては解決されないことを強調する。権利の概念は、前者の叫びだけを聞き届け、解決し、沈黙させることができるのみである。すなわち「権利の主張は、常にある程度社会的に認知された者だけに許された行為であり、それは必ずや闘争を伴う、そしてその主張は勝者とならなければ決して承認されないものである」というのがヴェイユの結論となる。

権利の概念は配分・交換・量の概念と結びついている。そこには何かしら商業的なものがある。概念そのものによって訴訟や弁護が思い起こさせられる。権利は、それを要求する態度をとり続けない限り維持されない。そしてこの態度がとられるときには、それを堅固にするため、力は近くに、背後にあるのである。もしそうでないとすれば、権利要求の態度など愚かしい[132]。

ヴェイユはこのように、権利の概念が、人間相互の利益関係の調停においてのみ有用であり、社会においてその人があらかじめ持つ力を背景に初めて維持されるものであることを訴えた。彼女は、一七八九年の人権宣言のなかで唱えられた権利における平等にも、こうした取引の精神、既得の利益保護の精神が入り込んでいるとし、ディドロを始めとする百科全書派をその「物質中心主義」ゆえに批判している[133]。

確かに元来、近代的権利概念は、ブルジョワジーが絶対君主に対しその既得の利益の不可侵を主張することに端を発した。また中世における権利概念は、君主と自立的諸勢力間の、及び諸勢力同士の利益関係の調停において用いられていた。そしてそれら権利思想の源泉を辿ってゆけば、古代ローマの所有権概念に遡ることは、法思想史上の定説であるが、ではその古代ローマにおいて権利という語が何を意味していたかと言えば、それは「社会の中で各人が占めるべき正しい位置を与える」ということに他ならなかった。すなわち古代ローマにあって芽生えた権利概念は原初的に、既成の社会秩序としての奴隷制を正当化し、その制度維持において多大な役割を担った側面を持っていたのである[134]。

では、この古代ローマの所有権について、ヴェイユは何といっているだろうか。

権利の概念をわれわれに伝えたからといって、古代ローマを称賛するとは全く恥ずべきことである。なぜなら古代ローマにおいて芽生えたばかりのこの権利の概念がどういう類のものだったかを見極めようとすれば、所有権とは使用、濫用する権利であることがわかるからである。そして結局その所有者が持っていた使用及び濫用の権利の対象は、その多くが人間だったのである。(135)

このように、ヴェイユは、奴隷の所有、使用をめぐる所有権を端緒とする古代ローマ法が、ローマ人による奴隷の所有・使用を正当化することに大いに貢献したことを的確に見抜いていた。ヴェイユは結局、源泉及び成立過程においてこのような限界を持つものである以上、近代権利概念は平等に関して、本質的に曖昧さを残した概念にならざるを得ないと考えている。そして、権利概念の源泉にあった、「奴隷」制の正当化という特質、及び自立的な個人同士の闘争とその範囲で得られるにすぎない社会的公平という限界性は全て、人格あるものの平等を便宜上自然状態とした近代権利思想が本質的にもつ限界と深くつながっている、とヴェイユは考えている。

では一体、この権利概念にかわるものとしてヴェイユは何を社会の基礎におこうとしているのだろうか。何によって、真の平等は得られるだろうか。ヴェイユはここで、「義務」という言葉を用いはじめるのである。

ひとりの人間は、〔…〕義務だけを背負っている。〔…〕彼の観点から見られた他の人々は単に権利しか持たない。だが彼も、彼に対して義務を負っていると認めた他人たちの観点に立って考えられる時、今度は権利を持つのである。[136]

ヴェイユは、権利というものは、それを認める人が周囲になくてはとるに足りない観念であって、本来強調すべきは、権利を支え実際に生かす概念の方だと考えた。それは義務の観念に他ならない。ここで注意すべきは、ヴェイユが単に、これまでの権利概念を否定して代わりに義務を提示しようとしたわけではないことである。近代的権利概念が高らかに「人間は生まれながらに権利をもつ」と断言することによって忘却してしまった事実、すなわち元来権利概念は互酬的、相互恩恵的性格を内包しているという事実について、ヴェイユはあらためて義務の観念を用いてわれわれにその重要性を喚起しようとしたのである。

実は義務と権利は、ヴェイユに従って考えてみれば、ある一つの人間関係を見る時の観点の違いをあらわしているにすぎないだろう。もし仮に、現世において目指されるべき人間関係が相互に公平な敬意を払い合う関係であるとするならば、権利と義務はその敬意の具体的表明を、「私」と「他者」のどちらから見るかという観点の差なのである。「他者」に敬意を払うことは人間にとっての義務であるが、その義務は「私」がそれを認識するやいなやすぐ有効となり、「他者」は敬意を受ける権利を有することになる。「私」における義務は「私」以外の誰が認めなくてもその存在の完全性を何も失いはしない。ところが誰からも認識されない「私」の権利は、無意味である。そしてさらにヴェイユは、権利概念に必然的に付きまとう闘争的性格をできる限り排除しようと考え、そうするためには義務に一層の重点を置く以外ない、と考えるに至るのである。

義務の観念は権利の観念に優先する。後者は前者に従属し、依存する。(137)

こうしてヴェイユは、「自分は義務を負った」と考える存在があって、初めて権利が存在する、その逆では決してありえない、ということを強調した。その逆は、結局力ある者の権利のみが認知され行使される事態となり、無言のまま存在しつづける不幸の現実は無視されるだけだからである。「他者」の持つ権利は、「私」の義務観念があって初めて生かされるものであること、つまり権利は義務を前提とし、まさに義務がなければ権利はない、ということをまずわれわれは徹底して人々に訴えねばならない、とヴェイユは言う。これは決して権利概念との訣別ではなく、近代権利概念が、万人平等を自然状態とした、その認識を誤りとして指摘し、その後、あらためてまさにその万人平等を、社会の目的として強く希求してゆくために必要な作業である、とヴェイユは述べる。その時の平等は、財産や権力における平等ではなく、社会においてどれほど人格を認められないような存在であろうとも、その人に善への希求と魂と肉体がある限り、同じだけの敬意が払われるという意味での「平等」であり、そしてまさにその公平性の実現をより迅速にそしてより確実にするためにヴェイユが考えた手段が「義務」の観念を社会の基盤に据えることだったのである。

ヴェイユのこのような主張は、おそらく当時においては型破りであっただろうし、実際にド・ゴールの「戦うフランス」内でも評価されることは全くなかったが、実は現代ではそれほど奇抜なものではない。それどころか、人権思想の限界をいま現在現実に生きる中で切実に感じている人々にとって、ヴェイユのこの義務の思想が大きな勇気を与えている事実が既にある。例えば、重度障害者の娘・星子を持つ最首悟は、長年の介護の過程で、シモーヌ・ヴェイユのこの「義務論」が自分には次第に理解できたと思うとし、次のように述べる。

「宇宙にたったひとりしかいないと仮定するなら、その人間はいかなる権利も有せず、ただ義務のみを有することになろう」というシモーヌ・ヴェイユの言葉が、あらためて新鮮に想起される。この「義務」をめぐって私はずいぶんとわからなかったのである。そして、この「義務」こそがあらゆる宗教の原点であることにたどりつくのにも時間がかかった。そのために私には星子が必要だった。シモーヌ・ヴェイユの続く言葉、「一人の人間は個人として考えられた場合、自分自身にたいするある種の義務をも含めて、ただ義務のみを有する。これに対して、かかる個人の観点から考えられた他人たちは、ただ権利のみを有する」も、私はいまほのかにわかりかけているような気がする。

そしてまた、次のように述べる。

たとえば私の子ども星子のような者がいて、〔…〕力を添えなくては生を全うするのに困難なことがあると親（他人）が思ったとたんに、そこに星子は権利客体として誕生するのだろうと思います。〔…〕

私は、もう、いたる所でせっぱつまっているいろいろな少数者運動の中で、実はこのようなことがいまいろいろな形で予感されたり、発見されたりしていると思っています。

（括弧は原文）

最首はこのように「星子に天賦人権があるとみなすのは欺瞞だ、しかし他人がこの子と関わり、内発的義務を感じる限りにおいて、その関係の内にこの子には人権が発生する」という考えをヴェイユの「義務論」を通じて学んだと言う。最首の言葉はヴェイユの「一つの権利はそれ自体として有効なのではなく、その権利と対応する義務によってのみ有効となる」という思想がその背後にあって厳然と支えられているのである。最首はヴェイユの「義務」の観念をもってはじめて、家族でさえ抱く「一生言葉も話せないこの子に、人格や人権があるといえるのか」という何度問うても得られなかった根源的な疑問への答えを、また人権尊重の主張というやり方ではどうしても行き詰まらざるを得ない状況に陥っていると最首には思われる少数者運動の現状打開の方策を、見出しているのである。(138)

われわれは再びヴェイユにもどり、彼女が一九四三年の段階でこうした「権利」概念批判および「義務」の思想を確立した上で、次にどのような社会の構想に向かったかを、続いて見てゆきたい。

このように、「権利」が中途半端な概念である以上、社会の基礎となる憲法及びそれに準ずる宣言その他は、権利から始めてはならない、権利を支え成り立たせている義務の観念から始めなくてはならない、とヴェイユは考える。彼女の一九四三年における著作はそうした動機に貫かれている。しかし、義務は、権利思想とは異なり、いかなる力の背景も必要としないものであって、決して力でその必要性を周囲に知らしめてはならない。それではどのようにしてこの真の公平さのために必要な「義務」は人々の間に認識されるのだろうか。このことを考えるためには、ヴェイユがこの世の嘆きを二種類に分類していたことを再び思い出す必要があるだろう。人は、「私には……の権利がある」という叫びを発することもあるが、本当に不幸な人は、「人はなぜ私を苦しめるのか」と呟《つぶや》く。そして前者の叫びが闘争を掻き立てるのと比較して、後者の呟きには、次のような独特の働きが含まれている。

もしもだれか人の言うことに耳を傾けることができる人に、「あなたが私にしていることは正しくない」と言えば、注意力と愛の精神を、その源泉において揺り動かし、目覚めさせることができる。(139)

「人はなぜ私を苦しめるのか」「これは正しくない」という呟きとは、まさに、心ならずも社会の矛盾の中で「犠牲」に供されつづける人間が発する叫びであろう。この叫びこそ、人間における愛徳の精神を目覚めさせ、そして、現世の力の秩序を打ち破る可能性があるとヴェイユは言う。どんな人も人間である限り、善への希求を内に秘めているのであり、そうである以上は、この声に反応せざるをえないはずだ、とヴェイユは考える。この叫び声に対する各人の応答こそ、ヴェイユにとっては、愛の精神の芽生えであり、逆にヴェイユが最後まで人間への期待を失わなかったその理由は、この善への希求と他者の叫びへの応答が人間に可能であると信じたからであった。

3　義務の思想

すでに見たように、ヴェイユにとって人間は、生まれながらにいかなる意味でも平等ではなかった。社会には必ず人格なき者、不幸な者がいるということがヴェイユにとっての自然状態の認識であった。したがって、ヴェイユは、人間の不平等を社会の自然状態として確認することから出発し、だからこそわれわれは互いに全的に承認しあい、公平な敬意を払い合わねばならないと考えた。そのため、われわれの敬意は人格に対してではなく、全ての人間に共通の部分にこそ払われるべきであって、その共通の部分を、彼女は「人間の非人格的部分」と呼んだ。それは、他者からの善意及び絶対善の希求、また生命維持上の肉体的精神的要求を内容として持つものであった。

したがって次なる問題は、いかにして実際に、この人間の非人格的部分への敬意は表現されるか、ということになる。ヴェイユはそれについてまず「〔人間に対する〕敬意は、人間の地上における欲求を媒介としてしか表明されない(140)」と述べ、この敬意は他者の欲求を媒介に間接的に表現されるべきだとする。では、具体的にはそれはどのような手段をとればよいのか。ヴェイユはここで再び「義務」という概念を提示する。

義務は、たとえいかなる人間のであれ、人間の魂および肉体の地上における欲求を対象にする。各欲求に対して一つの義務が相応する。各義務に対して一つの欲求が相応するのである(141)。

こうして、ヴェイユは、われわれが他者への敬意を表わすとは、他者の精神的・肉体的欲求に対応した一つ一つの義務を果すという手段をとることだ、としているのである。そのような間接的なやり方でしかこの他者への敬意は表明し得ないものであり、いかなる人間もたとえどんな状況下にあろうともこの義務を免除されることはなく、もしもこの義務から逃れようとしたり、この義務を否定しようとしたりすればそれは犯罪とみなされるであろう、とヴェイユは言う。現実には、個々の局面に応じた様々な態度・行動がとられるであろうが、義務そのものを考慮してみれば、それはすべての人にとって常に絶対かつ同一なるものだ[142]、とヴェイユは述べるのである。

興味深いのは、ヴェイユが、この「義務」の観念を抽象的な道徳観念にとどめず、また「できればしたほうが望ましい」というような個人の良心に任せた行動の範囲内に限定せずに、「人間に対する義務の宣言」という形式をとってこれらの義務を提示し、実際の社会制度の基盤に供しようとしたことである。また、義務の不履行・否定を犯罪とみなし、「数世代後のことになるであろう」と言いつつも、これに対する刑罰の制度の設置、および義務観念の慣習としての定着を望んでいた様子が見受けられることである[143]。われわれはさらにこのヴェイユ独自の義務論の特色を見てゆくが、はじめにヴェイユが義務の対象としての欲求を具体的にいかに示したかを確認することにする。

『ロンドン論集』所収の「人間に対する義務の宣言」および『根をもつこと――人間に対す

る義務宣言のためのプレリュード』第一部「魂の要求するもの」には、人間の基本的な欲求が具体的に列挙されている。欲求と義務は対応しているから、欲求のリストを作るとはすなわち義務の対象のリストを作ることに他ならないわけだが、その作成に当たって、彼女は次のように、欲求―義務の代表例を挙げる。

相手を救うことができる時、飢えで苦しんでいる人をそのままに放っておかないことは、人間に対する永遠の義務の一つである。この義務は、最も明白なものであるから、人間に対する永遠の義務のリストを作成するに当たっての手本とならなければならない。(144)

このヴェイユの代表的義務モデルを、たとえば、カントの有名な義務論と比較してみると次のような相違が認められるであろう。すなわち、カントは「門前で飢えに苦しむ人に与える慈善」は、他者に対する不完全義務であって、した方が望ましいがしなくても良い義務、遂行が強制されない義務の代表例として示していた。(145) しかしヴェイユは、「豊富に食料をもっている人が、門前で飢えて死にかかっている人に対して何も与えずにいたら、誰もその人に罪がないとは考えないだろう」(*E* 13) と言い、飢えている人への慈善は義務であって、その拒否は、社会的処罰をすら伴うと定義している。ただし、その処罰の内容は、上述のとおり、具体的に提示されてはいない。ただヴェイユの「他者への義務」は、こうした飢えに代表されるような他者の困窮の救済を、個人の判断の自由に任せるのではなく、カント的「完全義務」以上のものとして認識、要求しているのである。(146) このことはヴェイユの義務論の重要な特徴として把握しておく必要があるだろう。

この事例から窺《うかが》えるように、ヴェイユの言う人間の欲求を満たす義務の行為とは、要するに「飢えている人に食料を与える行為」と同列の行為と考えられるべきものである。(147) それを踏まえた上でヴェイユは、そうした義務を具体的に想定する上で必要となる欲求の規定を、次のように行っている。まず「人間に対する義務の宣言」では、「肉体の欲求」、「魂の欲求」という二つのカテゴリーが示され、以下のように基本的欲求が列挙される。

「肉体の欲求」……食物、暖、睡眠、衛生、休息、訓練、新鮮な空気。

「魂の欲求」……平等と階層制、孤独と親密さ、同意された服従と自由、真理と表現の自由、個人的な所有物と集団的な所有物、懲罰と名誉、公共の仕事への秩序だった参加と自発性、安全と危険、自然な圏の中に根づきつつ宇宙と交渉をもつこと。

ここで注意したいのは、「魂が要求しているものは、互いに均衡しあい、補い合う一対の対立物である」として、最後の項目「自然圏への根づき」を除き、一六項目が八組のペアで示されていることである。一方、『根をもつこと』第一部でも、ほぼ同内容の人間的欲求の列挙がなされている。

「肉体の欲求」……暴力からの保護、住居、衣服、暖、衛生、病気の際の看護。
「魂の欲求」……秩序、自由、服従、責任、平等、階層制、名誉、懲罰、表現の自由、安全、危険、私的所有権、集団的所有権、真理。

後者の「魂の欲求」のリストは、各項目がペアで示されておらず、この点が、前者のリストとは異なっている。しかし、ヴェイユに、対立概念の組合わせとして示されるべき欲求という認識がなくなった訳ではない。「平等、階層制」に「責任」が付け加わって、三項目で一組になったこと、「表現の自由」と「真理」が前後に並んでいない(148)ということを除けば、ほとんど列挙の仕方に変化はない。前者にあって後者にないもの（「孤独と親密さ」、「公共の仕事への秩序だった参加と自発性」）、後者において新たに付け加えられた項目（「秩序」）など、細かな異同は見受けられるものの、ほぼ二文書は同様の内容である。ちなみに、前者の「根づきへの欲求」は、後者『根をもつこと』においては、主要テーマとなって、第二部・第三部を通じて詳しく展開され論じられる。

この二つの対立する欲求の組み合わせというのは、実はヴェイユが「均衡」および「比例」という概念によって社会の状況を把握しようとしていたことに由来する。ヴェイユは社会が理想に最も近づいた状態を「均衡」と表現し、「この世界のいたるところで比例は均衡の唯一の要因である」（*E* 28）と言っている。この時の「比例」とは、相反する要素からなる組合せにおいてその要素が互いに占めている割合を指す。したがって、社会を「均衡」に近づけるためには、この世における相反する要素の組合せの内部的な割合を修正してやればよいのである。上述の欲求―義務の対応関係についても、ヴェイユは「魂の欲求は対立する欲求との対において配置づけられ、均衡の状態において結びあわなければならない」（*E* 21）と言い、社会の改革は、すなわち「相対立する欲求が互いに十分充足される真の均衡状態」（*E* 21）をどこに見出すかにかかっているとしている。つまりわれわれが対立する欲求の両者に対してどの程度義務を果たして行けばよいか、その比例を決定してゆくことが問題なのであり、またそれに先立って現状況をどの位均衡の崩れた状態として把握するかということが大切なのである。彼女の現実的社会改革のイメージとはこのようなものであり、ここからも彼女が決して社会体制の革命的変換を求めているのではないことがわかるであろう。彼女の義務論とは、現実の社会に注ぐ一人一人の視線を意識的に変化させつつ、その上で状況の漸進的改革を行うことを目指すものである。

したがって、ひとりの人が義務を遂行する時、二つの相反する義務がぶつかり合うという現実的な問題が出てくることも当然ヴェイユは考慮する。つまり、実際上両立し得ない相反する二つの義務があるとき、例外的に一方の義務からわれわれが逃れられる場合もある。しかしそうした場合でも、われわれが放棄した義務を観念として否定した場合には罪が生じる（*E* 11）

というのがヴェイユの考えである。あくまでも「均衡」と「比例」の観念にしたがってどの義務をどの程度果たすかは決定されるべきであって、欲求が存在する以上それに対応する義務があること自体は決して否定されてはならないのである。

また、こうした義務論を支える上で基本となるのが欲求の規定であるが、憂慮されるのは、欲求を考える際に他者の「真の欲求」と「気まぐれ」とを混同してしまうことである。ヴェイユは、「欲求」と「欲望・気まぐれ・空想・悪徳」、「本質的なもの」と「偶然的なもの」、「魂の糧」と「錯覚を与える毒」とを混同してはならない、と述べる（*E* 18）。そうした混同を慎重に避けつつ、最終的に定められたのがヴェイユの欲求のリストであり、その意味でもこれは彼女の義務論を支える非常に重要なものである。

このように、ヴェイユが義務の観念の現実的適用をかなり真剣に考えていたと思われる節は多くある。もしもそうであるとすれば、この義務の観念と法律との関係はどうなるであろうか。ヴェイユは次のように言う。

義務の認識は、〔…〕実定法と名づけられているものを通じて表現される。実定法は義務と矛盾すればするだけ、まさに正確にそれだけその実定法は不当性の刻印を受けるのである[149]。

ヴェイユは条文化された義務の観念が、憲法の役割を果たすものとして位置づけられ、まさに実定法の基盤となるよう望んでいた。彼女は、「社会の指導層は全員この義務の観念に同意、宣誓しなければならない」としており、ここからも、彼女が、義務論の憲法としての定着について強い希望を持っていたことが窺える。以上が、ヴェイユが列挙した人間の肉体的・精神的欲求、すなわち義務の具体的対象のリストとその特徴である。

最後に、ヴェイユの「人間に対する義務宣言のための試論」および『根をもつこと——人間に対する義務宣言のためのプレリュード』に戻り、これらが執筆された直接的な動機について見ておく。まず第一にそれは、ド・ゴールの下で国家改革委員会が準備を進めていた「人間と市民の権利に関する新しい宣言」の草稿内容への批判の必要性をヴェイユが感じたためであった。[150] また第二に、一九四二年十一月七日ニューヨークで、「新人権宣言」が発表されており、ヴェイユがこれを読んで同様の批判的認識を持った可能性が強い。[151] さらにヴェイユの義務概念の主張は、前節で見た通り一九四二年に読んだマリタンの著書などへの批判を包含している。以上の三点より、ヴェイユの義務観念は、当時の反ファシズム派が打ち出した権利概念強化の方向性への強い批判として構築され、その権利概念に代わるものとして主張されたと結論づけられることを確認しておく。

終章

1　包括的なヴェイユ像の提示という試み

本書は、シモーヌ・ヴェイユの思想と生涯を包括的にとらえることを目指し、従来の研究によって明らかにされてきたヴェイユのさまざまな側面、すなわち哲学者、活動家、神秘家としてのヴェイユの側面のすべてを、有機的に結びつけ、ヴェイユのより総合的な全体像を描くことを目標としてきた。また、これまであまり扱われてこなかった文献を詳細に検討し、新たなヴェイユ理解の広い枠組みを設定しながらその中に位置づけることを試みた。さらに、一九三八年以降の神秘体験をいかに彼女の生涯と思想に結びつけるか、あらためて考えようとしてきた。

上記の試みは果たしてわれわれが分析の中軸に据えた「犠牲」の観念によって、解明し示すことができただろうか。

まず第一章においては、ヴェイユの一九三〇年代における平和と平等を模索する思索およびさまざまな行動の挫折から神秘体験へと至る道筋を見たあと、その神秘体験を経てはじめて犠牲観念が誕生したことを確認した。そして、ヴェイユの聖書論やキリスト論の特徴を、現代の新約聖書学の学問的成果との比較によってより明確にした。ヴェイユは従来から、批判的な読みにもとづいて独自に聖書を理解していたとされていたが、今回、彼女のそうした独自の聖書の理解が、実はある部分では現代の批判的聖書学の成果と一致することが示せたのではないかと考える。また同時に、彼女の聖書論やキリスト論がキリスト教の教義におけるそれらといかなる距離をもっているかも具体的に示すことができた。

第二章においては、ヴェイユの犠牲の観念が諸宗教研究を通じてどのような深まりを見せるに至ったかを具体的に検証した。これまで詳細な検討がなされていなかった『カイエ』中の諸宗教研究のテクストを取り上げ、実証的に分析することを通じて、ヴェイユが、犠牲の観念の中心に十字架上のイエスを置きつつも、その観念が諸宗教にも等しく見出せると考えていたこと、したがってヴェイユはキリスト教会のみならずキリスト教の「外部に」いたことが、決定的な形で示せたと考える。

また、この犠牲の観念こそが彼女の最晩年の思想と行動の中心になっていったこと、すなわちこの犠牲観念を基として彼女の最晩年の政治・社会論が形成されたということを第三章において示した。さらに第二章と同様に、これまでのヴェイユ研究の枠組みでは評価の難しかった文章を取り上げ分析した。それは、彼女の晩年のテクスト「最前線看護婦部隊編成計画」である。彼女が最晩年になぜこの計画の実現を最大限の力をこめて願ったのかを問い、この計画を当時の状況やヴェイユの思想、行動にあわせて犠牲の観点から取り上げ検討することによって、はじめて明確に彼女の当時の思想と行動の軌跡の中に、この計画書を位置づけることができた。そして、彼女の「愛の狂気」と犠牲の行為との関係性がこの計画書の中に非常によく現れていることがわかった。

こうして、われわれは本書の三章全体を通して、犠牲の観念によって、神秘体験から政治、哲学、宗教の各側面を有機的に結びつけることができ、また彼女の二十代と三十代の思想と行動のすべても総合的に理解することができたはずである。

2 思想史上の「犠牲」観念について

では、ここでいったんヴェイユを離れて、思想史上「犠牲」という観念がこれまでいかにとりあげられてきたかを整理してみたい。その後、あらためてヴェイユの「犠牲」の観念の特徴を考えることにしたい(1)。

まず「犠牲」を意味する英・仏語における sacrifice という語は、ラテン語の sacrum ＋ facere「聖なる行為をする」に由来する。この語は「供犠」と訳されることもあり、この供犠とは、一般に動物を儀礼的に殺してそれを神霊にささげることで神霊の恩寵その他を獲得しようとする行為をさす。そして植民地経営などの体験を経た西欧世界が、この供犠こそ世界中で観察される普遍的な宗教的現象であることに気づき、ことに十九世紀以降、多くの学問的研究がなされることとなった。

まず、供犠研究はエドワード・タイラーによって始まったが、彼は供犠の起源は、超自然的存在の好意を得るために行う人間からの贈与であると考えた。他方、ロバートソン・スミスは、『セム族の宗教』で、供犠に供されたいけにえの肉を食べる行為によって、人間は神霊との霊的交流を目指すのだとの理解を示した。タイラーの影響を受けたジェームズ・フレイザーが『金枝篇』において、供犠に関する事例を世界中から数多く集め、そして結論として神（この世には王、祭司として顕現する）の定期的殺害が普遍的供犠であるとしたことは、われわれも本書第二章で見たとおりである。フレイザーが『金枝篇』で暗示していたのは、人間が将来には儀式としての供犠が持つ呪術性を残した宗教一般から抜け出し、科学へと向かって進化を遂げるという図式であった。十九世紀末から二十世紀にかけては、マルセル・モースとアンリ・ユベールの『供犠の本質と機能についての試論』（一八九九年）ならびに『若干の宗教現象分析への序論』（一九〇六年）[2]が発表された。彼らは、十九世紀におけるタイラー、スミス、フレイザーらの供犠研究を批判的に継承しつつ、供犠全般にみられる「入場―執行―退場」という構成が普遍的なものであることを明らかにし、また供犠執行の過程で犠牲になった動物の肉が参加者や執行者の間で共食されることが多いことを改めて指摘した[3]。

これらの十九世紀から二十世紀にかけてみられる初期文化人類学や宗教社会学における供犠一般に対する興味、問題意識、具体的アプローチの背後には、いうまでもなく、キリスト教におけるイエス・キリストの十字架上の受難、贖罪の死、また聖餐式における聖体拝領が、客観的にまた比較の手法をとって見た場合、どのように理解できるのかという疑問があったと思われる。すなわち、そうした文化人類学や宗教社会学の研究者たちにおける、自文化内のイエス・キリストの犠牲の死や聖体拝領は世界各地の他文化における宗教現象と比較した際にどのように位置づけされるのか知りたいという問題意識、興味である。しかしそれはときに行き過ぎた解釈や一般化を招いたため、タイラーやフレイザーは後続の研究者たちから批判を受けることになった。その結果、二十世紀の文化人類学においては、個々のコンテクストが重要であり解釈は急ぐべきでないという傾向が強まったが、しかしそうした文化人類学的手法におけるコンテクスト還元の方法からは、今度は逆に、供犠の構造や諸相が明らかになっても供犠の普遍性の本当の理由を理解することは望めないという問題も発生することとなった。

そうした文化人類学的手法の限界を突破するため、二十世紀の宗教哲学や文芸批評からは以下のような供犠の理解が示されることとなった。

ヴェイユと同時代人であるジョルジュ・バタイユは『宗教の理論』[4]の中で供犠に注目し、供犠とは、有用な家畜を殺すことであり、それは家畜の中の有用性を破壊することに他ならないとした。そしてそうした行為は祝祭や詩、戦争、贈与などと共に非生産的行為なのだが、しかしむしろそれが非生産的であるがゆえに、またそれを通じてしか、人間の本性の内在性に近づくことはできないのだと位置づけた。

これに対し二十世紀後半のルネ・ジラール[5]は、供犠は共同体内部における秩序維持のためのメカニズムだと主張した。共同体内部では他者との差異化をはかるために常に暴力が必要とされ、さらにその暴力は模倣されて際限がなくなる。そうした暴力を特定の対象に向けることで、暴力を共同体の外に追いやり、共同体内部に初めて秩序を保つことが可能になる。こうしたスケープゴートとしての供犠獣に対する共同体全体による満場一致の暴力が供犠の本質だとジラールは理解した。

バタイユ、ジラール両者とも、やはりキリスト教におけるイエスの受難や聖体拝領を語るメタレベル言語を求めて供犠の概念を用いたことに変わりはないと思われる。ただし、彼らもまた、タイラーやフレイザー同様に積極的に供犠の普遍性に解釈を示しているが、検証不可能な提示方法しかとりえなかった。

したがって、これまでの供犠研究史を見る限り、検証可能ではあるが個々の差異に忠実になることで、普遍的な供犠の本質には踏み込めないか、もしくは検証こそ不可能だが供犠の本質を積極的に語るか、そのどちらかの道をとるしかないというジレンマが存在してきたことがわかる。西欧社会が植民地経営などの経験を経る中で出会った多くの異文化の中に供犠を見出したとき、供犠の本質を語るために、いかにキリスト教から離れて語るかを模索する試みが始まったのだったが、それは以上のような難しい問題に直面せざるを得ないのだということを自覚するに留まっているのが供犠の研究史を概観した際に理解されることである。

3　キリスト教を超えるキリスト教

ヴェイユの供犠に対する関心、彼女の犠牲論は、上記の供犠研究史においてはどのように位置づけできるだろうか。われわれが第二章で見た通り、彼女がもっとも影響を受けたのは上記のうちフレイザーであろうが、彼の結論としての進化論は否定しつつ、しかし彼が用いた文献を信用し、時代、地域を問わずすべての呪術、宗教、さらには文化の中心に犠牲があることを彼と共に積極的に認めた、というのがヴェイユのフレイザーに対する姿勢である。そして、多くの文化人類学や宗教社会学者が、キリスト教におけるイエスの受難・聖体拝領を多元主義的に他の文化圏や他の時代の供犠・犠牲と並列的に捉え客観化しようと苦心する中で、彼女は、実は全く逆向きの方向性をとったということが言えるだろう。すなわち、彼女の犠牲の理解の中心にははっきりと十字架上のイエスが存在し、キリスト教の聖体拝領が存在するのである。それは全くの包括主義的態度以外の何ものでもないといわざるを得ない。

ただし、ヴェイユの犠牲論における十字架上のイエスの受難のとらえ方には、キリスト教教義におけるそれとは厳然と異なる点があった。まずキリスト教は、紀元一世紀の中東でイエスが遂げた十字架上の死は、人間の全ての罪を引き受ける贖罪の死であり、これは歴史上一回限りの貴重な犠牲であるという教義を持っている。キリスト教においては、したがってイエスの受難以降、贖罪儀礼としての供犠（ユダヤ教にみられる動物供犠など）はいかなるものであっても一切意味を持たず、実質的に廃止されている。しかし、ヴェイユはといえば、われわれも第一章で確認したが、聖体拝領のたびに、イエスは何度もわれわれによって、文字通り体を食されている、と考えているし、また、イエスの受難は一回限りでなく、他の時代、他の文化にキリストはさまざまな現われをしてそのたびに受難にあっていると考えているのである。彼女にとって犠牲は歴史と地域を問わず発生しつづけるものであった。それがゆえに、彼女の犠牲論は、イエスの十字架上の受難を中心に持っているという意味で包括主義的ではあるが、キリスト教におけるキリストによる贖罪という教義からは距離がある。ヴェイユはさらに、神と人間の「犠牲」の交換関係も想定していたのであった。

また、ヴェイユの犠牲論には、仏教に代表されるような、殺生の残酷さゆえに供犠を禁止すべきであるという視点もない。ヴェイユによれば純粋な存在の犠牲があってはじめて宗教的聖性が発生するのであり、それなくしては真の宗教であるとはいえないのである。歴史上存在している現実のキリスト教共同体にしろ、仏教共同体にしろ、供犠、犠牲の禁止を通じて人間の罪の自覚を促したり共有したりする信仰共同体には彼女は一切属さないのである（第二章でみたように、ヴェイユは禅仏教の公案に神が人間に与える受難を見ていたので、その点で禅仏教は彼女にとって真なる宗教の一つであった）。

このように、独特の立場をとるヴェイユの犠牲論であったが、しかしジラールとは、供犠、犠牲によって共同体の危機が回避されるという視点をヴェイユは共有している[6]。上述のとおり、犠牲になった存在こそが宗教における聖性の中心であり、またそうした聖性は、人間の内面のみならず、人間の社会や政治をも本来あるべき正しい方向すなわち善に向かって動かすものとしてその重要性を強調する傾向がヴェイユには見られる。

4　他者を生かす思想

しかしヴェイユの犠牲論には、他に例を見ないほどの際立った特徴がある。それは、ヴェイユ自身の生き方との一致に他ならない。ヴェイユの生はまさに犠牲論という思想と一体化した、すなわちみずからに「犠牲」行為を要請する生の軌跡であった。例えば、われわれが第三章でみたような「最前線看護婦部隊編成計画」実現への奔走や、また占領下のパリへの自らのレジスタンスとしての派遣を切望し、それらの実現のために活動したことなどが挙げられる。またそれらがかなわないと知ると、ド・ゴールのための戦後フランス政策起草執筆に昼夜を忘れて没頭して、健康を害し、最晩年の半年間は、拒食による栄養失調が肺結核を悪化させ、明らかに自ら死期を早めたのだった。また、彼女は自分を最後まで教会の敷居の外側に立たせ続けることで、カトリック教会再生のための捨石になろうともした。彼女は組織としての教会批判のため、洗礼を拒否しつづけた。もし洗礼を受ければ得られたであろうあれほど熱烈に望んでいた聖餐に与る機会も結局得られずに終わったのだった。このようにして見てみると明らかに彼女の犠牲の引き受けは、「他者を生かすため」の行為であったことがわかるだろう。徹頭徹尾「他者を生かす」思想としての犠牲論を自分でも生ききったのがヴェイユの特徴である。

彼女の前半の労働組合運動、平和運動や市民戦争参加などの政治活動と、晩年の宗教性の高まりをどのように連続的に捉えるかについては、もちろん神秘体験による犠牲論の発生による変化を認めなければならない。しかしそれらすべてを通して一貫しているもの、それはすなわち、彼女の「他者を生かす」という内的動機に他ならないのである。これこそが彼女の人生に一貫している情熱であり生きる姿勢である。その「他者を生かす」という唯一の動機のゆえに、彼女の哲学研究も、政治参加も、また犠牲の思想の誕生も、また犠牲の行為の実践もありえたのだと思われる。したがって、「はじめに」で書いた執筆のねらいに応えるかたちで言えば、彼女の変わらない部分とは、一生を貫く「他者を生かす」という動機であって、これが彼女の多面体的生の主軸であり、そこが回転しながら必然的に周囲に生じたのが哲学的思索、政治参加、そして犠牲の思想であった。これらが彼女の「変わる部分」すなわち多面体を構成する一つ一つの面となったのである。しかし、神秘体験については、それを機に犠牲の思想が深まり、またそこから犠牲行為の実践も行われるようになったという、ほかにはみられない重要な意味を有する体験であるから、これは多面体の一側面とみなすより、主軸、縦軸に次いで重要な役割を果たす部分、すなわち主軸と交わるように差し込まれた新しい横軸というのがふさわしいといえよう。しかしあくまでも、主軸が用意され、あらかじめ待ち望まれていたからこそ、この横軸もしっかりとそこに差し込まれ得たのである。

さて、「他者を生かす」という動機に関してだが、ヴェイユにとって他者とは一体誰だろうか。それは、第三章で見たとおり、十字架上のキリスト、奴隷、労働者、障害者などの「弱きもの」に他ならなかった。フランスという国についても、彼女は「栄光のフランス」は唾棄すべきものとしたが、滅び行く弱きフランスは自らを犠牲にしてでも救おうとした。

時に、彼女のキリスト体験をしたとの発言を重視するあまりキリスト教の内部にヴェイユがいると考えたり、また彼女のフランスへの愛国心に関する発言から、フランスの内部にヴェイユがいると考えたりする過ちをわれわれは犯しがちであるが、それはヴェイユの言葉の意味を読み誤っている。ヴェイユは、滅び行く地域共同体のためには生命を呈することすら辞さないという徹底した忠実さを示すのであるが、しかし党派精神批判に立脚してキリスト教共同体に属することは拒否するという態度を示す。ヴェイユはキリスト教にも、またフランスにも属さず、常にそれらの「外部に」存在し続け、この世の集団の全ての外部から、最も「弱いもの」（十字架上のイエスや滅び行く一国としてのフランス）にのみ心を寄せ彼らを生かそうとしていることを見なければならない。ヴェイユにとっては、弱きものこそが他者であり、その他者を生かすために、ヴェイユは常にありとあらゆる集団の外部に立ちつづけているのであった。

ここで、あらためてペラン神父への手紙を読み直してみると、彼女の神秘体験の告白部分もさることながら、彼女がなぜ洗礼を受けられないか理由を述べている部分に注目すべきことが多いことに気づかされる。彼女にとって根本的な問題は、「キリスト者」として教会内で他の信者とともにコミュニオン（聖餐）を交わし、キリストの「犠牲」による救済された存在としてそこに安住することではなかった。これこそ彼女が「党派精神」と呼ぶものへの堕落であり、最も嫌った集団的精神状態であったのだろう。彼女が死の直前に書いた「教会が自由に考えることを認めないのは許さない」という遺言にも近い文書「最後のテクスト」(*PSO*)に、彼女の徹底した外部にとどまりつづける覚悟が見て取れる。それは、ユダヤ系や女性という属性をもちながらも、もしそれらを引き受けることで自分が少しでも有利になると判断するや否や、徹底的にその属性のもたらす恩恵を拒絶しつづけたことからも窺える、ヴェイユの基本的な生きる姿勢であった。ヴェイユは、ド・ゴールのレジスタンス組織とも最後は袂を分かつことになったが、それも「栄光のフランス」を戦後復活させるべく邁進し始めたド・ゴールの集団の方向性に耐えられなくなったためであった。このように、同時代、地域とかかわりつづけながらも、徹底して党派・領域の外部に立ちつづけていたヴェイユの姿はこれまであまり強調されてこなかった。マルクス主義的労働運動にかかわりつつ、その外部にいたヴェイユ、キリスト教会のみならずキリスト教の外部にいたヴェイユ、ユダヤ人コミュニティの外部、植民地というフランスの外部、アメリカ滞在時には、原住民の民話調査やゴスペル教会にいくなど常に亡命者集団の外部にしかいられなかったヴェイユ、最終的にはド・ゴールのレジスタンスグループとも袂を分かって外部に去ったヴェイユ、これらのすべての集団の外部にいつづけるヴェイユをわれわれはしっかりと見てゆく必要があるだろう。

ヴェイユが、両大戦間から第二次大戦という困難な時代を、社会正義を抱いて誠実に生きようとしたことは疑い得ない。そうした彼女が生んだ思想は、他者の「犠牲」を踏み台にして現世的な力を信奉する同時代への、また党派精神の権化ともいえる全体主義の伸張を許した自らの社会への、痛烈な批判であり、身を挺して鳴らす警鐘であった。彼女が前半生で政治パンフレットを大量に書いていたのに、晩年には宗教的著述が増えたという変化をどうとらえるかについては、一九五〇—六〇年代の受容の名残か、いまだに彼女は政治に疲労し宗教へ逃避した、と考える人も多いが、彼女の生涯を貫いているのは「他者を生かすため」の思想の模索であり、それを徹底的に知的に考えぬき、さらに行動に移すことを厭わない生き方ただそれのみに他ならない。そうした彼女の前には、最終的に、政治・宗教という近代以降の便宜的な分け方が無意味となることは明らかであった。

晩年には、そうした政治・宗教をすべてカバーする思想が成熟し、その基盤に、「犠牲」という観念が置かれた。このことにより、彼女の全生涯にわたって試みられた「他者を生かすため」の思想構築は、最も高みに昇ったといえるだろう。しかし、それは彼女自身が「愛の狂気」と呼ぶ以外ないものに至らざるを得なかった。そこにわれわれは彼女の純粋で激しい「他者を生かしたい」という情熱と、あまりにも厳しい時代状況との悲劇的かつ運命的な巡り合わせを実感せずにはいられない。

5　愛の狂気による語りかけ

まもなく没七〇年を迎えるヴェイユに、時を超えてこれからも読み継がれていく魅力があるとすれば、それは、人間の心の最も奥深い内部に切り込みながら、最も遠い超越的存在に迫る、その思考のダイナミズムであろう。その中間で妥協的な生を送ることで過ぎてゆくわれわれにとって、ヴェイユは常に新鮮であり、この生のかなたにあるものとこの自らの中心にあるものに気づかせてくれる存在である。ヴェイユの言葉に、その中間にある問題の答えを求めても答えは得られない。また、その中間にあるものの問題を解きたい人にヴェイユの言葉は無用である。ヴェイユの行動が彼女の人生を通していつもほころびて終わっていたように思われるのは、その中間の世界にいる彼女しかわれわれが普通見ようとしないからである。

もちろんのこと彼女の「犠牲」の観念と行動の一致に同意して付き従ってゆける人などごくわずかであろう。弱きわれわれには、他者を生かしつつ自らをも生かす道しかとりえないのだから。イエスの死に代表される普遍的救済のための犠牲の恵みをわれわれが享受し継承しつつ、現世で自らを生かし他者を生かしながら暮らすこと、宗教共同体が存在する意味は、本来それらの営みが同時に可能になるような仲介作用に見出すべきではないだろうか。しかし、歴史的宗教共同体という中間的なもの、ある種の妥協を本質的に含まざるをえない組織をすべて拒否してしまったとき、ヴェイユのようにイエスの犠牲だけを見、またイエスのように弱き他者のためだけに生きることになるのかもしれない。そこに人間が純粋に聖性に限りなく近づきうる果てしない可能性と希望を見るのか、人間として不可能に挑戦する不遜と愚かさを見るのか[7]、それはわれわれそれぞれの問題になるだろう。

確かに、十字架上のイエスのような人類全体の救済のための犠牲の意味をわれわれが継承し、その中で自己と他者を共に生かすにあたっては、われわれは、中間的集団の存在とその仲介作用を無視することはできないし、そもそもそうした犠牲は常に歴史的に副産物としての中間的集団を生み伴ってきたに他ならないであろう。しかし、ヴェイユは、善への渇望と愛の狂気による言葉を必要とする、弱きわれわれに対して、あくまでも中間的集団の領域の外から、心の深奥からの言葉と最も遠いかなたからの言葉の両方を、直接語りかけようとし続けていることは確かである。

あとがき

本書は、二〇〇九年末に東京大学大学院総合文化研究科地域文化研究専攻に提出した博士論文がベースとなっている。通例、博士論文は同じ専門の研究者にしか読んでもらえないことが多いため、各分野で第一人者である複数の審査員の先生方の目に触れる機会が得られることが魅力で、河上肇賞に応募したのだったが、思いもよらず第五回本章受賞の栄誉に浴することとなり、出版の機会まで与えて頂いた。審査員の先生方からの次のような評価は望外の喜びだった。「ヴェイユの中の一貫したものを問うのは新しい視点であり、それを『犠牲』を核にして分析したのは新鮮」（三砂ちづる先生）、「博士論文をそう読めることに新鮮な感動を覚えたぐらい夢中になって読んだ。圧倒的な迫力。供犠論の真っ芯に届いている」（赤坂憲雄先生）、「ヴェイユに肉迫した極めて高水準の学術論文」（川勝平太先生）、「ヴェイユにおける『犠牲』について教えられると同時に、人類にとって『犠牲』というものが持つものの大きさも教えられる」（山田登世子先生）（『環』四〇号、二〇一〇年冬）。出版に際して、一般の読者を念頭に、一部を読みやすく書き直したものが本書である。

論文執筆中は、ヴェイユの書いたテクストと格闘し、生き方に触れ、それらを理解、分析し、そして自分の選んだ言葉を通して表現するという、研究者として無上の醍醐味を味わい続けた。と同時に、自分という平凡な器を通過して、真理への比類なき情熱と強靱な思考力、稀に見る行動力で燦然と孤高に輝くヴェイユの思想や生涯を、果たしてありのままに伝えることができるだろうか、という不安との戦いも常にあった。そのような不安、悩みが最も高じていた頃、ある研究上の師が「ヴェイユの心で」と一言だけ書いた年賀状を下さったことが忘れられない。いかなる研究上の悩みがあろうともそれは本来瑣末なものであり、最も大切なのは、「ヴェイユの心で」進むこと。それさえ忘れずにいれば、彼女が最も大事にしていたことを読む人に伝える文章に必ずできるはず、と師の年賀状を見ながら何度も心に言い聞かせたことを思い出す。もし前述のような審査員の先生方の評価に値するものが本書にあったとすれば、それはこの「ヴェイユの心で」進めたことがもたらしてくれたもの以外の何ものでもないと思う。

ヴェイユは、「人格と聖なるもの」の中で、第一級のものはそれを生み出す人のものではない、作家や哲学者、芸術家個人の名前で生み出されるのは低い領域のもので、もっとも重要なものは本質的に無名の領域にある、と言っている。そして『カイエ』では、自分は全く曇りのない透明なガラスになって、その無名の領域から降りてくるものがあればそれをそのまま紙に写すことが大事だ、としている。

本書著者が曇りのないガラスになってヴェイユの思想を通過させられたかどうかは今でも心もとないが、ヴェイユの思想がまさに無名の領域からきた第一級のものであることは疑い得ない。彼女自身、自分の使命を次のように考えていた。自分は「金の預かり物」を天からもらっているのでそれを人々に届ける義務がある、と。これこそ「ヴェイユの心」に他ならない。この本が、彼女のその使命遂行に沿いその一助となるものであるならば、研究者として最高の喜びである。

ただ、受賞から出版までの道のりは平坦ではなく、最大の試練は、当初の出版予定日が目前だった二〇一一年三月、大震災が起きたことだった。出版の延期と同時に、精神的にも、多大な犠牲が現実に出たことを目の当たりにして、「犠牲」という語を研究書の中で観念として用いることがはばかられる気持ちに陥った。また、被災した人々に即効性のある援助をした人々を見て、自分が携わっている哲学・思想とはこういう非常時に一体何の役に立つのか、と焦燥感にかられたりもした。

しかし、震災直後から、哲学・思想書で人々を勇気づけまた新しい社会創出のため積極的に提案する意義ある仕事が次々と生まれていた。その中で筆者が感銘をうけたものの一つに、高橋哲哉著『犠牲のシステム——福島・沖縄』(集英社新書、二〇一二年)がある。原発事故や基地の現状を踏まえた、高橋氏の「犠牲なき社会を」という提案は、本書におけるヴェイユの「犠牲」をめぐる議論と、重なる部分と異なる部分の両方があり興味深く読んだが、しかし最も強く確信したことは、「犠牲」観念を基に非人格や義務の概念に発展するヴェイユの思想こそ、震災後の現代の日本で最も読まれるに値するものの一つに違いないということである。思想書は、復興援助の直接的即効性こそないだろうが、これから新しい出発を志す私たちに、社会転換期の心構えと思考の礎をつくる助けとなることは確かである。

ヴェイユは、人間的な限界も多々持っていたが、その思想は彼女が自らいうところの「金の預かり物」であり、現代のわれわれに届けられる必要、価値があることは疑い得ない。届けられさえすればそれを基に自らの思考を深める人が必ずいる。今の日本に特にその要請があることは間違いないし、本書はそれに応える一冊となることを志すものである。

本書執筆終了後に重要な文献の翻訳が出版されたことを付言しておく。シモーヌの姪シルヴィ・ヴェイユ著の『アンドレとシモーヌ――ヴェイユ家の物語』（稲葉延子訳、春秋社、二〇一一年）、ガリマール社刊『ヴェイユ全集』の抄訳『シモーヌ・ヴェイユ選集Ⅰ　初期論集哲学修業』（全三冊、冨原眞弓訳、みすず書房、二〇一二年）である。これらは今後のヴェイユ研究に必携書となるであろう。

論文の構想から執筆、完成まで、長期にわたって見守り励ましご指導くださった、鈴木啓二先生、石井洋二郎先生、また、博士論文審査にあたり貴重なご意見を賜った大貫隆先生、冨原眞弓先生、長谷川まゆ帆先生、増田一夫先生、本当に有難うございました。また、河上肇賞受賞と出版機会を与えてくださった、審査員の先生方、藤原書店の藤原良雄社長に感謝申し上げます。また編集者刈屋琢さんには、大変的確で鋭いご指摘を多々頂きました。心よりお礼申し上げます。シルヴィ・ヴェイユ氏の快諾のお蔭で、口絵に魅力的かつ貴重なヴェイユの写真を紹介することができました。またヴェイユ研究の先達として様々な助言・援助を下さった稲葉延子先生、柴田美々子氏に心からお礼を申し上げます。

それから、行き詰ったとき貴重なアイデアと励ましを与えてくれた研究仲間の友人たち、最後まで変わらぬ応援をしてくれた、夫や娘、両親、皆本当にありがとう。

このように、師、友人、家族すべてに恵まれてはじめて本書を書き終えることができました。
心より感謝します。

二〇一二年八月二十四日　ヴェイユ六十九回忌に

著者

注

序章

（1）*La Pesanteur et la grâce*, Paris, Librairie Plon, coll. « L'Epi », 1947.

（2）André-A. Deveaux, « L'accueil fait à *La Pesanteur et la grâce* dans les années 50, en France », *CSW*, XXVIII-3, sept. 2005, p. 195-218.

（3）*Attente de Dieu*, Paris, Ed. du Vieux Colombier, 1950.

（4）*L'Enracinement*, 1949, *La Connaissance surnaturelle*, 1950, *Lettre à un religieux*, 1951, *La source grecque*, 1953, *Ecrits de Londres et dernières lettres*, 1957, *Ecrits historiques et politiques*, 1960（以上、すべて Paris, Gallimard, coll. « Espoir »）. 彼の死後も、*Pensées sans ordre concernant l'amour de Dieu*, 1962, *Sur la science*, 1966 が同じ「エスポワール叢書」から世に出た。

（5）*Cahier* 1, 2, 3, Paris, Plon, coll. « L'Epi » (I: 1951, II: 1953, III: 1956), 2e éd (I: 1970, II: 1972, III: 1974).

（6）Miklos Vetö, *La métaphysique religieuse de Simone Weil*, Paris, Vrin, 1971, rééd. L'Harmattan, 1997.

（7）Michel Narcy, *Simone Weil, Malheur et beauté du monde*, Paris, Centurion, 1967.

（8）Simone Pètrement, *La vie de Simone Weil* (2 vol.), Paris, Fayard, 1973, 1978, 2ème édition (1 vol.), 1997. Jacques Cabaud, *L'Expérience vécue de Simone Weil*, Paris, Plon, 1957, *Simone Weil à New York et à Londres, Les quinze derniers mois (1942-1943)*, Paris, Plon, 1967.

（9）Mayumi Tomihara, *La transposition de la notion grecque de médiation dans la pensée religieuse de Simone Weil*, Thèse de troisième cycle, Université de Paris IV-Sorbonne, 1982. Eric-O Springsted, *Christus Mediator, Platonic Mediation in the Thought of Simone Weil*, Chico, California, American Academy of Religion No. 41, Scholars Press, 1983. Rolf Kühn, *Lecture décréative, Une synthèse de la pensée de Simone Weil*, Thèse de Troisième cycle, Université Paris IV-Sorbonne, 1985.

（10）Robert Chenavier, *Simone Weil, Une philosophe du*

travail, Paris, Cerf, coll. « la nuit surveillée », 2001.

（11）Emmanuel Gabellieri, *Être et don, Simone Weil et la philosophie*, Bibliothèque philosophique de Louvain 57, Louvain, Peeters, 2003.

（12）冨原眞弓『ヴェーユ』人と思想107、清水書院、一九九二年、四〇頁。

第一章　犠牲観念の誕生

（1）なおこの叙述にあたっては、シモーヌ・ヴェイユに関する詳細な伝記である、シモーヌ・ペトルマン『詳伝　シモーヌ・ヴェイユ』全二巻、杉山毅・田辺保訳、勁草書房、［一九七八］二〇〇二年（*SP*）、ならびに *Œuvres complètes* II 1, Gallimard, 1988, p. 364 の年譜に主として依拠し、また伝記的研究を含む冨原眞弓『シモーヌ・ヴェイユ』岩波書店、二〇〇二年を参考にしている（それぞれ、ペトルマン1・2、*OC* II 1、冨原と略す）。

（2）*OC* II 1, p. 364 « Chronologie » を参照。

（3）「若い労働者に対する教育は、彼らを自由にする」とヴェイユは考えていた。« Sur une tentative d'éducation du prolétariat » *OC* II 1, p. 56-57 を参照。

（4）ヴェイユ入学の前年度から、パリ高等師範学校でも女子の入学が許可されるようになっていた。ペトルマン1、四四頁を参照。

（5）しばしば、学友や教授たちに請願書への署名請求や労働組合のストライキの基金に寄付を求めた。ペトルマン1、一〇五頁を参照。例えば、シモーヌ・ド・ボーヴォワールは、ヴェイユとの次の会話をよく覚えているという。「〔ヴェイユは〕『今日の世界ではあらゆる人々に食物を与える革命だけが重要だ』と容赦のない調子で言った。〔…〕私は『問題は人々の幸福を作り出すことではなく、彼らの生活に意味を見出すことだ』と反駁した。彼女は私をじろりと見て、『あなたは一度もおなかをすかせたことがないということがよくわかるわ』と言った。私たちの関係はそこで終わった。彼女が私を『唯心論的プチ・ブル階級』の人間とみなしてしまったことが、私にはわかった。そのことに私は苛立った」ペトルマン1、九三頁、ならびに、シモーヌ・ド・ボーヴォワール『娘時代　ある女の回想』朝吹登水子訳、紀伊國屋書店、［一九六一］一九九二年、二二一頁参照。ヴェイユが高等師範学校受験準備期間中、ソルボンヌ大学の講義にも通っていた頃の出来事である。

（6）父親ベルナールは医師、兄アンドレは数学者。ちなみに、父方の家系は、アルザス定住のユダヤ系で、ベルナールの父も医師であった。ユダヤ教の信仰については、ベルナールの母のみが信仰深く、ベルナールは母の信仰を尊重してはいたものの、自身は不可知論者、無神論者であった。

シモーヌの母セルマ方の家系は、ガリチア地方（オーストリア・ハンガリー帝国内にあったがロシア帝国内のポーランド、ウクライナ地方等と領域が接している地域のため、世界大戦を経る中で所属が二転三転した地方）の出身で、セルマ一家はロシアやベルギーを経てからパリに定住した。リベラルな家風でユダヤ教徒としての伝統的信仰生活は送っていなかった。しかし、セルマの父はヘブライ語に造詣が深く、多くの蔵書をもちヘブライ語で詩作をしていた。またセルマの母はピアノの名手、またセルマも声楽を専門的に学んだ経験があり、母娘ともに音楽に対する幅広く深い教養を持っていた。

以上のようにシモーヌの両親は、両者とも非常に知的かつ比較的裕福なユダヤ系の家系の出身であった。ペトルマン1、七—九頁。

（7）*EHP*, p. 220（『ヴェイユ著作集1』橋本一秋他訳、春秋社、〔一九六八〕一九九八年、四七一頁。以下、『シモーヌ・ヴェイユ著作集』全五巻、春秋社、一九六七—六八年については、『ヴェイユ著作集1』などと略す）.

（8）友人シモーヌ・ペトルマンの証言による。ペトルマン1、八二頁。

（9）同上、七九頁。

（10）« Sur une tentative d'éducation du prorétariat » *OC* II 1, p. 56-57.

（11）在校中の学校当局を挑発するような政治的言動が災いして、レオン・ブランシュヴィックを始めとする教授たちからの評価が低かった彼女は、希望とは異なる中央山塊《マシフサントラル》地方の小都市に赴任させられたのだった。ペトルマン1、一三七—一三八頁。

（12）一九三一年よりフランスでは大恐慌の影響が強く出始め、失業者の急増が見られた。柴田三千雄・樺山紘一・福井憲彦編『世界歴史大系フランス史3』山川出版社、二〇〇一年、二六七—二六八頁。ヴェイユもル・ピュイでは、失業者救済のためのデモにしばしば参加した。

（13）共産党を除名された革命的サンディカリストたちと定期的に接触を持った。当時の彼女が目指していたのは、社会党系の労働総同盟（ＣＧＴ）・共産党系の統一労働総同盟（ＣＧＴＵ）ほかに分裂して対立し弱体化しつつあった多くの組合を一つに統合することだった。*OC* II 1, p. 13を参照。

（14）オート＝ロワール県の小学校教員全国組合の会報に寄せた一文。ヴェイユが一九三一年十二月七日、失業者と共に市議会にデモに行き、その後彼らと広場でカフェに入ったり握手をしたりしたことが問題になり報道された。これを大学区当局が問責したことに対する抗議文である。その頃他に彼女が書いたものに「労働総同盟定期大会」「組合運動統一への歩み　ル・ピュイにおける組合連合集会」「経済危機に関する考察」などがあり、建設組合機関紙や上記教員組合会報などに寄稿されている。*Ibid.*, p. 58-67, 88-89.

（15）一九〇四年、統一社会党の機関紙としてジャン・ジョレスにより創刊。社会党の分裂に伴い、フランス共産党機関紙となった。柴田三千雄・樺山紘一・福井憲彦編、前掲書、一五〇頁ほか。

（16）フランス共産党は、一九二〇年、フランス社会党がロシア革命およびボリシェヴィキ政権の評価をめぐって分裂し、その後多数派によって結党されたもの。柴田三千雄・樺山紘一・福井憲彦編、前掲書、二四七頁。

（17）« En marge du comité d'étude » *OC* II 1, p. 69-70.

（18）現在ガリマール社から刊行されつつあるヴェイユ全集（一九八八年―、全一六冊予定）のうち、一九三〇年代に書かれたものは「歴史的・政治的著作集」（Ecrits historiques et politiques）として三巻にまとめられ（*OC* II 1-3）、中でも三〇年代初頭（一九二七―三四年）頃書かれたものを集めた巻（*OC* II 3）には、編者によって「組合運動への参加」（L'engagement syndical）という副題がつけられている。

（19）*OC* I に収録。

（20）*OC* II 1, p. 120, 126（『ヴェイユ著作集1』二五、三一、四二頁）.

（21）*Ibid.*, p. 182-185（同上、八九―九二頁）.

（22）「〔ソビエト連邦の体制は〕言論の自由はなく、制度枠内での政党の自由もなく、〔…〕共産党は書記局に握られた行政機関に過ぎない。」« Perspective, Allons-nous vers la révolution prolétarienne ? », ibid., p. 262.

（23）*Ibid.*, p. 263. トロツキーはこのヴェイユの論文「展望　われわれはプロレタリア革命に向かっているのか」（一九三三年八月発表、« Perspective, Allons-nous vers la révolution prolétarienne ? », *ibid.*, p. 260-281）に対して小冊子「第四インターナショナルとソ連邦社会主義共和国」において反論をした。ペトルマン1、二七六―二七七頁を参照。一九三三年七月に亡命してパリに来たトロツキーとヴェイユは激論をかわしていた。しかしヴェイユは、共産主義批判勢力からはトロツキーをかばい、他の幾人もの政治的亡命者に対してと同様にパリの自宅に手厚くかくまったのだった。ペトルマン1、二九八―三〇一頁。

（24）一九三三年当時、革命や共産主義に対して好意的であった知識人は多く、例えばアンドレ・ブルトン（トロツキーに影響を受け一九二七年共産党入党）、ボリス・スヴァリーヌ、ジョルジュ・バタイユ、アンドレ・マルローなどが挙げられる。ヴェイユは特にスヴァリーヌとバタイユとは、雑誌『社会批評』のメンバーとして親交があった。彼らとは一九三二年十二月頃に会い、スヴァリーヌの創設した同誌での活動に参加したが、しかしすでに一九三三年頃には、ヴェイユは特にバタイユと革命観が違うことなどを理由に、同団体の解散提案書を書くに至っている。また当時、バタイユによるマルローの『人間の条件』の書評を、ヴェイユはさらに批評し、そこでバタイユ、マルロー両者の革命観に対して痛烈な批判を加えた。*OC* II 1, p. 318-319を参照。さらにヴェイユは、マルローとは、一九三八年に実際に出会い、相変わらずスターリン体制がファシズムの一形態であることを認めずソ連を別扱いしつづけるマルローに非常に落胆したとされる。ペトルマン1、三三二頁、同2、一七二頁、桜井哲夫『「戦間期」の思想家たち――レヴィ＝ストロース・ブルトン・バタイユ』平凡社新書、二〇〇四年、一七八、一八三―一八六頁参照。

（25）*OC* II 1, p. 260-261, *OC* II 2, p. 45. ヴェイユは次のようにも述べている。「人間が資本家とプロレタリアに分裂することを廃しても、精神労働と肉体労働の分離が漸次消滅することにはならない。では社会主義は可能だろうか？〔…〕では闘争を絶望と考える材料はあまりにも多い。では闘争をつづけるべきだろうか？〔…〕多少とも効果があると思われる手段をあげて戦うべきだろう。それに希望もないわけではない。労働者階級はなお精鋭労働者を内蔵している。いずれ自然発生的大衆運動が彼らを前面に押し出すだろうが、それまでは彼らの団結を援助することしかできない。社会主義唯一の希望は今のうちから可能な限り肉体労働と精神労働との結合を自己の内部で実現した人々にかかっている」*OC* I, p. 260-281.

（26）*OC* II 2, p. 71-72. 左翼陣営からはヴェイユの革命批判に対して、ペシミズム、敗北主義とのレッテルが貼られたが、しかし一貫して彼女はブルジョア陣営の左翼批判にくみすることは決してなく、極左の雑誌に主張を載せるに留めていた。また、これほど革命に悲観的な考え方を抱いているにもかかわらず、熱心に組合活動をするヴェイユの行動は周囲には理解し難いと受けとめられていた。ペトルマン1、二二三頁参照。

（27）*OC* II 2, p. 91-92. 同上、九五—九六頁。冨原、九一頁の訳を参照。

（28）*CO*, p. 22（『ヴェイユ著作集1』、一八五頁）. ペトルマン1、四一頁。

（29）*Ibid.*, p. 107（『労働と人生についての省察』黒木義典・田辺保訳、勁草書房、［一九六七］一九九二年、一二四頁）.

（30）*Ibid.*, p. 107（同上、一二四頁）. ペトルマン1、三九—四一頁。

（31）ペトルマン1、二二一頁。

（32）三四年夏に教え子に宛てた以下の手紙に、国内的政治活動を断念すること、しかし植民地闘争には力を入れていく決意をしていることが書かれている。「目下の状況がこのようですから、私は政治的社会的領域においては、今後いかなるものにも参加しない決心です。ただし、次の二つの場合は除きます。それは、反植民地闘争と防衛措置の行使に反対する戦いです。」（ペトルマン1、三四五頁）ここで彼女が言う「目下の状況」とは、フランスの社会主義者やコミュニストたちの、当時の国際情勢に対する態度とそれによって引き起こされる将来的状況をさす。すなわち、ヴェイユによれば、社会主義者やコミュニストは、目下、仏植民地で行われている抑圧政策や、またロシア国家（ソ連）内での抑圧に対しては寛大な態度を示しており、したがって近い将来世界大戦がおこれば、自由のため、プロレタリアートのため、「労働者の祖国」のためと言って彼らは労働者たちを死地に送り込もうとするに違いないということである。こうした、当時の国際情勢に対する社会主義者やコミュニストの動向にヴェイユはかなり批判的であったため、それら左翼勢力を結果的に支援することになる組合活動への関与を止めることにしたのであった。もちろん、ヴェイユは、高等師範学校生だった一九三一年にインドシナ反乱の報に接し、はじめて植民地の惨状に目を開かれて以来、一貫して植民地の状況に関心を寄せていた。

（33）一九二七年「平和への意志」という小グループが結成され、ヴェイユも参加し、新聞の帯封に糊付け、宛名を書くなどした。同上、八八頁。

（34）*EHP*, p. 223. ベルナノスは、このスペイン市民戦争の実態に衝撃を受け、小説『月下の大墓地』を書いた。それを読んだヴェイユは、このベルナノスの批判的見解には真実があると見、政治的立場を超えて深く賛同できると考えて、この手紙を書いた。冨原、九七頁を参照。

（35）Robert Spaemann, *Bonheur et bienveillance Essai sur l'éthique*, PUF, 1997, p. 149-166. これはプルーストも『失われた時を求めて』において「心理的遠近法」として触れていた。冨原、二〇〇頁を参照。

（36）しかし、マルセイユでも植民地からの難民収容所を訪問・援助することは続けていた。このころ彼女がかかわりを持っていた組織は、文学誌『カイエ・デュ・シュッド(Cahiers du sud)』、マルセイユ哲学会、キリスト教青年労働者連盟、反ヴィシーの地下抵抗グループ誌『キリスト者の証言手帳（Cahiers du Témoignage Chrétien）』であった。同上、二二八―二三八頁を参照。

（37）*EL*, p. 105-108（『ヴェイユ著作集2』五一三―五一六頁）.

（38）*E*, p. 16（『根をもつこと　上』冨原眞弓訳、岩波文庫、二〇一〇年、一六頁）. なお、本書では、『根をもつこと』の邦訳として、上記の冨原訳(岩波文庫）と、山崎庸一郎訳（『ヴェイユ著作集5』）の両方を参考にしているが、注内での該当ページの指摘は、適宜どちらか一方に限った。

（39）*E*, p. 30（同上、二〇頁）.

（40）*EL*, p. 191-192（『ロンドン論集とさいごの手紙』田辺保・杉山毅訳、勁草書房、一九六九年、二二九―二三一頁）.

（41）*CO*, p. 15（『ヴェイユ著作集1』一六四頁）.

（42）OC II 2, p. 234（『労働と人生についての省察』黒木義典・田辺保訳、勁草書房、一九九二年、一〇三頁）.

（43）OC IV 3, p. 182-183. 大木健『シモーヌ・ヴェイユの不幸論』勁草書房、一九六九年、五八頁参照。

（44）*PSO*, p. 80, 知人ジョー・ブスケへの手紙、一九四二年五月十二日付。dégradation socialeを、「社会的人格喪失」と訳したのは、大木健（『シモーヌ・ヴェイユの不幸論』勁草書房、［一九六九］一九八七年、七二、七四頁）である。他方、渡辺義愛は、「社会的身分を失うことの不幸」と訳した（『現代キリスト教思想叢書6　ヴェーユ・ボンヘッファー』白水社、一九七三年、七二頁参照）。本書では、大木の訳語に近い訳を選んだが、その理由については、本書第三章注（110）を参照のこと。

（45）*AD*, p. 42, ペラン神父への手紙一九四二年五月十五日付（『ヴェイユ著作集4』三二頁）。

（46）*EL*, p. 22-23, 29（『ヴェイユ著作集2』四五〇、四五六頁）.

（47）工場体験直後に赴任したブールジュでの教壇（一九三五年九月―三六年六月）では、社会問題を語る際にもそれまでの憤りに満ちた口調が消え、抑制されてはいたものの悲嘆を伴ったそれへと変化していた。ペトルマン1、四八―四九頁参照。

（48）OC II 1, p. 145. 冨原、二七頁を参照。

（49）*EL*, p. 52-53（『ヴェイユ著作集2』五〇〇頁）.

（50）工場では腕に外傷を負って退社、スペイン市民戦争では足に火傷をして戦線離脱せざるを得なかった。ペトルマン2、三三、八二頁。

（51）後年、潜伏性竇炎との診断を受けた。同上、二〇四頁。

（52）*AD*, p. 41-42（『ヴェイユ著作集4』三一―三二頁）.

（53）*Ibid.*, p. 43（同上、三三頁）.

（54）*Ibid.*, p. 43（同上、三三頁）.

（55）*Ibid.*, p. 43-44（同上、三三―三四頁）.「愛」は、イギリス形而上派詩人の一人であるジョージ・ハーバート（一五九三―一六三三）によるもので、以下のような内容である。

愛は私を招き入れた。だが私の埃と罪にまみれた罪深い魂はひるんだ。／炯眼の愛は私の躊躇を見、私が入るなり近づいて、やさしく尋ねた。／「なにか足りないものがあるか」

と。／「ここにふさわしい客がおりません」と私は答えた。／愛は言った。「お前がその客だ。」／「この悪しき恩知らずのこの私が、ですか。ああ、愛する方よ、私はあなたを見ることもできません。」愛は私の手をとり、微笑みながら言った。「私以外の誰がこの眼を創ったのか。」／
「主よ、そうです。けれど私はその眼を穢してしまいました。私の恥辱をふさわしいところへ行かせて下さい。」／
「お前は知らないのか。だれがその咎を負ったのかを」と愛は言った。／「愛する方よ、それでは給仕をいたします。」
「座って、私の肉を味わうがよい」と愛は言った。／そこで私は座って、食べた。
(56) *Ibid.*, p. 44-45（『ヴェイユ著作集4』三四頁）. 一九三八年十一—十二月頃。
(57) 一九四〇年に一連のユダヤ人弾圧法がヴィシー政府により公布され、十月の「ユダヤ人身分法」による公職追放でヴェイユは教壇に立てなくなっていた。
(58) 新約聖書中、「マタイによる福音書」六章九—一三節、「ルカによる福音書」一一章二—四節などに記録されている。「祈りを教えて下さい」と頼んだ弟子たちにイエスが授けたとされる祈り。
「天にまします我らが父よ／願わくは、御名をあがめさせたまえ／御国を来たらせたまえ／御心の天になるごとく地にもなさせたまえ／われらの日用の糧を今日もあたえたまえ／われらに罪を犯すものをわれらが許すごとく、われらの罪をも許したまえ／われらを試みにあわせず、悪より救い出したまえ／国と力と栄えとは、限りなく汝のものなればなり」。
(59) *Ibid.*, p. 47-49（『ヴェイユ著作集4』三六—三七頁）.
(60) 一九二六年に書かれた「自由に関する断章」「魂と肉体について」『ミサの聖体におけるキリストの実在』に関するドグマ」に、マタイ・マルコ・ルカ・ヨハネの各福音書からの引用が計六回ある。*OC* I, p. 91-92. ペトルマン1、六七—六八頁参照。
(61) 同上、六七—六八頁。
(62) 同上、一七四—一七六頁。*CSW*, XXX-3, sept. 2007, p. 359.
(63) 一九〇二年発行、アルザス生まれのラビ、ザドック・カーンによるユダヤ系仏語使用者のための旧約聖書の仏訳。

(64) *CSW*, XXX-3, sept. 2007, p. 359. 旧約聖書は、ヘブライ原典で三部二五巻、ギリシア語訳（七〇人訳聖書）で四部（律法書、歴史書、文学書、預言書）三九巻から成り、仏訳すると合計約千頁になる大部な書物なので、ヴェイユのように約六週間で読了しようとすると、一日に三〇頁弱は読まねばならない計算になる。これはまさに「離れ業」（*CSW*, XXX-3, sept. 2007, p. 359）というしかない集中的読書ということになるだろう。それに加えて『カイエ』K 9～18（第九―一八分冊）（一九四二年二月―四三年七月執筆分）の中にみられる数多くの旧約聖書に関する覚書から、ヴェイユは速読するだけではなく、読みつつ考えたことを引用も含めて書き留めていたこと、また、読了後もしばしば振り返って、度々テクストを引用したり、考察の記録をしたりしていたことがわかる。

(65) *OC* VI 4, p. 146（『カイエ 4』冨原眞弓訳、みすず書房、一九九二年、八七頁。以下、『カイエ』全四冊、みすず書房、一九九二―九八年は、『カイエ 1』などと略す）. ちなみに、一九八八年以降、ガリマール社より *Simone Weil Œuvres complètes* が順次刊行中だが、一九三三―四三年七月にヴェイユによって執筆された一八冊すべての雑記帳については、すでに全冊が詳細な注と共に所収・発行された（*OC* VI 1-4）。上記邦訳『カイエ』全四冊、みすず書房は、一九七〇年代にプロン社から出版された *Cahier* 1-3 および *La connaissance surnaturelle* の四冊を底本としている。この雑記帳の前半一一冊を託されたヴェイユの友人ギュスターヴ・ティボンが、後にテーマ別に編集して出版したものが *La pesanteur et la grâce*, Plon, 1948（『重力と恩寵』田辺保訳、ちくま学芸文庫、一九九五年）である。こちらはティボンの編集の手が加わっているので、一九七〇年代以降はふつう典拠としては用いられない（序章参照）。『カイエ』においてヴェイユが犠牲観念に言及している箇所の特色の変遷については、巻末略年譜参照。

(66) *OC* IV 2, p. 290-291（『ヴェイユ著作集 2』四〇四―四〇六頁）.

(67)「彼は軽蔑され、人々に見捨てられ、多くの痛みを負い、病を知っている〔…〕。〔三節〕／彼が担ったのは私たちの病、彼が負ったのは私たちの痛みであったのに、私たちは思っていた、神の手にかかり、打たれたから、彼は苦しんでいるのだ、と。〔四節〕／彼が刺し貫かれたのは私たちの背きのためであり、彼が打ち砕かれたのは、私たちの咎のためであった。彼の受けた懲らしめによって、私たちに平和が与えられ、彼の受けた傷によって、私たちはいやされた。〔五節〕」「イザヤ書」五三章『新共同訳』。

ちなみに、「イザヤ書」全六六章のうち、前八世紀の大預言者イザヤに帰せられるのは一―三九章のみで、残りの四〇―五五章は第二イザヤ（姓名不詳により、このように呼ばれる。前六世紀）によるもの、五六―六六章は第三イザヤ（同上、前六―五世紀）によるものとされている。『岩波キリスト教辞典』岩波書店、二〇〇二年、八〇頁参照。

(68) *OCVI 4*, p. 369-370（『カイエ 4』五七二頁）.

(69) ヴェイユは、「ヨブ記」を熟読して論理的矛盾があることに気づき、エリフの議論は後からの加筆ということを当時既に独自に指摘していた。ペトルマン2、一七六頁（この「加筆説」は、批判的聖書学成立以前の段階では想像もされなかった説であった。一九八〇年代においてもなお研究者の間で議論があり、しかし二〇〇〇年代初めに至って「大方の研究者」が賛同する学説となったことが左記の研究書から窺われる。『関根正雄著作集　第九巻　ヨブ記註解』新地書房、一九八二年、四頁、『旧約聖書 12 ヨブ記・箴言』並木浩一・勝村弘也訳、岩波書店、二〇〇四年、三三〇―三三四、三四〇頁参照）。

(70) *OCVI 4*, p. 293（『カイエ 4』三九一―三九二頁）.

(71) *Ibid.*, p. 231（同上、五二〇頁）.

(72) *PSO*, p. 49（「神の愛についての雑感」『現代キリスト教思想叢書　6』渡辺義愛訳、白水社、一九七三年、四四頁。以下、『神の愛についての雑感』と略す）.

(73) *Ibid.*, p. 57-58（同上、五三頁）.

(74) ペトルマン2、一七五頁。

(75) 前九世紀頃のイスラエル北王国の預言者で、政治・軍事にも関わり、また死人を甦らせたり、皮膚病を癒すなどの奇跡を行ったとしてイエスの奇跡を喚起させる人物。

(76) ペトルマン2、一七五、二四三―二四六頁。

(77) ペラン神父ほか一九五〇年代のカトリック側からはヴェイユの理解の浅さが指摘されてきた。

彼女の旧約の神批判にたいする彼らの反論は、*Réponses aux questions de Simone Weil* (Paris, Aubier, 1964) にある。同様に、ヴェイユの旧約聖書批判にたいしては、ユダヤ教の立場から、エマニュエル・レヴィナスによる批判がある。「シモーヌ・ヴェイユ、反聖書」『困難な自由――ユダヤ教についての試論』内田樹訳、国文社、一九八五年、一五〇―一六三頁。彼女の旧約聖書読解の特徴には、優れた資料批判的態度がある一方、執筆者の置かれた歴史的状況などへの配慮の欠如があることは否めない。

(78) ペトルマンの伝記の中に友人らの声が収録されている。例えばコレット・ドーニィは、ヴェイユがアブラハムを称賛するのを聞いたと証言、シモーヌ・ペトルマンはこれに驚いたとしている。ペトルマン2、二八一―二八二頁。

(79) *OC* VI 3, p. 284（『カイエ3』二九八頁）.

(80) *OC* VI 2, p. 138（『カイエ1』四二九―四三〇頁）.

(81) *AD*, p. 243-244（『ヴェイユ著作集4』一八一―一八二頁）.「創世記」八章二一節参照。

(82)「ヨハネによる福音書」における父・子・聖霊の三位一体的ヴィジョンである。すなわち、イエスは先在のロゴスとして永遠の昔から神の独り子であり、時至って受肉し、彼を通して父なる神が啓示されたということや（「ヨハネによる福音書」一章）、聖霊も父を根源とし、子を通して派遣されたということなどである（同一五章二六節、一六章一五節）。『岩波キリスト教辞典』前掲書、四五四―四五五頁参照。

(83) 同上、三一五頁。

(84) *PSO*, p. 149（『神の愛についての雑感』一二九頁）.

(85)『ある修道者への手紙』第一四項には、「キリスト仮現論者だけは破門してもよい」と読める記述がある。*LR*, p. 44（『ヴェイユ著作集4』二四一頁）.

(86) *Ibid.*, p. 55-56（同上、二四八―二四九頁）.

(87) 大貫隆『イエスという経験』岩波書店、［二〇〇三］二〇〇四年、二一五、二二〇―二二二頁。

(88) *OC* VI 4, p. 188（『カイエ4』一四二頁）.「ヨハネの第一の手紙」第五章一節からの引用を含む。

(89) 教義的イエス像から離れて、史的イエス伝を書こうとしたルナンの『イエス伝』(一八六三年)、様式史的研究のブルトマン『イエス』(一九二六年）が当時既に世に問われており、ヴェイユは少なくとも前者は読んでいたかもしれない。しかし、*Réponses aux questions de Simone Weil* を書いてヴェイユに反論したような、ヴェイユと同世代のフランス・カトリック聖職者たちの書いているものの中には、これら史的イエスを念頭においた発言は見られない。当時にしてはおそらくヴェイユがかなり資料批判的視点を持って聖書を読んでいたことは、彼女が「ヨブ記」の編集史的問題に独自に気づいていたことからも明らかだろう。本章注（69）参照。

（90）この記事は「マタイによる福音書」（二七章四六節）と「マルコによる福音書」（一五章三四節）の両福音書にしかない。「ルカによる福音書」におけるイエスの辞世の句は「父よ、わたしの霊を御手にゆだねます」（二三章四六節）であり、「ヨハネによる福音書」では「成し遂げられた」（一九章三〇節）である。

（91）十字架上のキリストの悲惨にヴェイユと同様に注目し、さらにそのキリストの十字架による救済を神の痛みと捉えて弁証論的神学に発展させた論者に、北森嘉蔵『神の痛みの神学』（一九四六年）やユルゲン・モルトマン『十字架につけられた神』（一九七二年・邦訳一九七六年）がいる。また、大貫隆は『イエスの時』（二〇〇六年）という著書の中で「私は前著『イエスという経験』で、イエスの十字架上の最後の絶叫を、文字通りの神への懸命な問いだと解した。〔…〕「イエスは、〔…〕予定の死を死んだのではない。覚悟の死を死んだのでもない。自分自身にとって意味不明の謎の死を死んだのである。否、謎の殺害を受けたのである」〔『イエスという経験』二一五頁〕。前著『イエスという経験』の読者と論評者の中には、イエスの最期の絶叫についての前述のような私の見方に躓きを覚えた人が少なくない。〔…〕彼らの躓きの原因は、むしろ、イエスは究極的には自分の「死を死ぬ」存在でなければならないという確信にあるのだと私には思われる。彼らにとって、イエスは意味不明のまま、凄惨な十字架刑をもって殺害される存在であってはならないのである」（一一二頁）と述べて、現代においてもイエスの死の捉え方が一様でないことを示す。

（92）*OC* VI 4, p. 224（『カイエ 4』五一〇—五一一頁）. 本書一五二頁に詳しいリストあり。

（93）*Ibid.*, p. 140（同上、一四〇頁）.

(94) *LR*, p. 20-21（『ヴェイユ著作集4』二二六―二二七頁）.

(95) *Ibid.*, p. 53-54（同上、二四七頁）.

(96) 前注のほか、*OC* VI 3, p. 237（『カイエ3』二四二頁）など。

(97) *OC* VI 2, p. 328（『カイエ2』一八一頁）.

(98) *OC* VI 4, p. 347（『カイエ4』四六五頁）.

(99) *OC* VI 2, p. 270（『カイエ2』一〇一頁）. このヴェイユの「脱創造」(décréation) 概念に、ユダヤ教神秘主義カバラ思想の影響を指摘する研究者もある。Cf. Wladimir Rabi, « La conception weilienne de la création. Rencontre avec la Kabbale Juive », G. Kahn (dir.), *Simone Weil, philosophe, historienne et mystique*, Paris, Aubier, Montaigne, 1978.

(100) *OC* VI 4, p. 198（『カイエ4』一五八頁）.

(101) *OC* VI 2, p. 270-271（『カイエ2』一〇三頁）.

(102) *Ibid.*, p. 267（同上、九九頁）.

(103) 大貫隆は『受難の意味――アブラハム・イエス・パウロ』（宮本久雄・大貫隆・山本巍編著、東京大学出版会、二〇〇六年、四一頁）で、パウロの神学を評価しつつ、「イエス・キリストの十字架上の刑死は、神が自分の独り子を「呪われた」死に棄却した出来事であった。それは神の自己放棄に等しい出来事である」と述べている。これは二十一世紀初めにおける最も精密なパウロ神学の解釈、パウロにおける神概念分析の一成果であろうが、これとヴェイユの神概念とに通底するものがあることは注目に値するだろう（この大貫によるパウロの神概念分析と共通する見解としては、E・ケーゼマン『パウロ神学の核心』佐竹明・梅本直人訳、ヨルダン社、一九八〇年、六〇、八一、九三、一九二頁ほか、青野太潮『「十字架の神学」の成立』ヨルダン社、一九八九年、八一、八四、八六、一一七頁ほかを参照）。しかし、ヴェイユの結論が、旧約の神の棄却に最終的に留まったことと比べると、大貫隆は「神は自己自身からも絶対的に自由なのである」「一度ある行動を起こしたら、以後それにいつまでも拘束されるというような神ではないということ、場合によっては、かつての自分の行動を自由に撤回あるいは変更することもある神だということである」と述べて、旧約の神像が、新約において変更していることをパウロを通じて確認している（ヴェイユの旧約聖書読解における特徴・限界については、本章注（77）参照）。

（104）*OCVI 4*, p. 178（『カイエ4』一二七頁）.

（105）*AD*, p. 43（『ヴェイユ著作集4』三三頁）.

（106）「マルコによる福音書」一四章二二―二四節、「コリント人への第一の手紙」一一章二四―二五節。

（107）『岩波キリスト教辞典』前掲書、項目「聖体」「聖餐」「陪餐」、『新カトリック大事典』研究社、二〇〇二年、項目「聖体拝領」を参照。

（108）*OCVI 2*, p. 90, 447（『カイエ1』三六〇頁、『カイエ2』三六一頁）.

（109）*Ibid.*, p. 90, 447.

（110）ナーゲル『キリスト教礼拝史』教文館、一九九八年、二五頁によれば、聖餐式が儀式化する以前、原始キリスト教会においては、愛餐（アガペー）という信者共同体による会食（「パンを裂くこと」使徒二章四二、四六節）が教会生活の中心であったという。そして次第にそれが聖餐（エウカリスティア）と結びついていったということである。これと比較したときのヴェイユの聖餐論の特徴は、次頁「プロローグ」において見られるように、神（もしくはキリスト）との一対一の食事の悦びの意義の重要性こそ含むものの、聖餐として儀式化される以前の、信者共同体における共同会食としてのアガペー（愛餐）的要素が視野に入ってはいないということになるかもしれない。おそらくは、当時第二次大戦下のフランスのカトリック教会の集団主義的あり方にヴェイユが徹底して批判的であり、本来、聖餐には信仰を共にする少数者同士の神のもとでのわかちあいという意味もあることまでは彼女は想起し得なかったのであろう。他方、J-J・フォン・アルメン『聖餐論』土居真俊・片山寿昭訳、日本キリスト教団出版局、一九七二年、九五―一〇六頁においては、愛餐（アガペー）の歴史的意義、現代における再評価の必要性は認めるものの、基本的に聖餐が成熟するまでに必要とした「栗のいが」としての役割しか認めていない。当然ながら聖餐と愛餐の関係性、位置づけは現代のキリスト教会内においてすら一様ではないことは確かであろう。

（111）*OCVI 3*, p. 369-370（『カイエ3』四二一頁）.

（112）*OCVI 3*, p. 396（『カイエ4』二四頁）.

（113）*OCVI 2*, p. 428, *OCVI 3*, p. 55, *OCVI 4*, p. 179, 203, 257（『カイエ2』三三〇、四五八―四五九頁、『カイエ4』一二八、一六六、三三三頁）.

(114) *OC* VI 3, p. 279(『カイエ 3』二九一頁).
(115) *OC* VI 2, p. 454(『カイエ 2』三七三頁).
(116) *OC* VI 3, p. 279(『カイエ 3』二九一頁).
(117) ただし、シモーヌ・ペトルマン『詳伝 シモーヌ・ヴェイユ』には、ヴィダル師(カルカソンヌ神学大学学長)の証言があり、ヴェイユは彼に「キリストにとらえられた」との発言をしたという。ペトルマン 2、三二七頁。
(118) 同上、二一三頁。
(119) 逆にペラン神父は、ヴェイユは自分にはキリスト教以外の問題(例えば哲学や政治など)は語らず、したがって自分は彼女が前半生で労働組合運動などをしていたことを、彼女が亡くなるまで知らなかったと証言している。Domenico Canciani, *L'intelligence et l'amour*, Paris, Beauchesne, 2000, p. 132 を参照。
(120) 一九四〇年当時のフランス・カトリック界がいかにヴィシー体制に協力し反ユダヤ主義的であったかは、渡辺和行『ホロコーストのフランス——歴史と記憶』人文書院、一九九八年に詳しい。例えば「第四章 ヴィシー時代のカトリック教会」には、「組織としての教会からは、ユダヤ人を救うための「良心の声」は決して挙げられなかった。隣人への愛は、キリスト教の教えではなかったか。」(九〇頁)とある。このような一九四〇年当時のカトリック界における全体的風潮の中で、おそらくペラン神父の姿勢は少数派であり勇気あるものだったに違いない。
(121) ペラン神父は肉体的障害という不幸を背負いつつ社会にかかわり続けていた。ヴェイユ自身も二十代から原因不明の頭痛に悩まされ続けていたことから、彼の大きな障害を抱えて生きる生に大きな共感を抱き、発言にも他の友人・知人以上の信頼をおいたことと想像される。
(122) *AD*, p. 51(『ヴェイユ著作集 4』三五頁).
(123) *Ibid.*, p. 36(同上、三九頁).
(124) *PSO*, p. 69, 72(「質問書」『神の愛についての雑感』六三—六四頁)を参照。
(125) それまでに計三通の手紙をペラン神父には出していた。また、その後も二通を、停泊港のカサブランカから出している。
(126) *AD*, p. 36(『ヴェイユ著作集 4』二八頁).
(127) *Ibid.*, p. 50(同上、三八頁).
(128) *Ibid.*, p. 46(同上、三五頁).
(129) *Ibid.*, p. 54(同上、四二頁). ここでヴェイユが言う「本当の召命」とは、彼女によれば「本当に肉になったキリスト教の可能性を公衆に示すこと」である。その障害になるのは、「教会の破門宣告」であり、ヴェイユはこれを教会の「権力乱用」であるとしつつ、「キリストの愛が本質的にまったく別のものであることを示すためには、いくつかの羊は羊小屋の外にいるのがよいと信じています」と述べる（*Ibid.*, p. 55-60. 同上、四二―四六頁）。

（130）*EL*, p. 187-195（『ロンドン論集とさいごの手紙』田辺保・杉山猛訳、勁草書房、一九六九年、二二二―二三八頁。以下、『ロンドン論集』と略す）.

（131）『岩波キリスト教辞典』前掲書、項目「洗礼」一八六頁。

（132）*CSW*, XIX-2, juin 1996, p. 139-140.

（133）Cantiani, *op. cit.*, p. 129.

（134）*AD*, p. 59（『ヴェイユ著作集４』四五頁）.

（135）*Ibid.*, p. 62（同上、四七頁）.

（136）*OC* VI 1, p. 79（『カイエ１』一六頁）. *OC* VI 2, p. 90-91（同上、三六一頁）.

（137）『ある修道者への手紙』第七項で、キリストの行為や言葉は「ヘブライの預言の成就としてのみ捉えられるべきでない」としている。また確かに、ヴェイユのキリスト論は、キリストの「受難」「犠牲」の出来事にのみ注目し、それによってもたらされる救済については注目していないのは事実である。しかし、大貫隆は、『受難の意味――アブラハム・イエス・パウロ』の中で、「場合によっては、かつての自分の行動を自由に撤回あるいは変更することもある神だ」とパウロの神論（モーセ律法の拘束力を無効にし、イエスを十字架に架けた神）を紹介している（本章注（103）参照）。旧約と新約において描かれる神の相違を、ヴェイユは旧約の神を否定することで納得しようとしたが、当時ヴェイユがキリスト教教義に期待していたが、聞くことができなかった神論とは、実はこうした神論だったに違いない。

（138）一九九六年に発見公刊されたブスケへの手紙（Cancian i, *op. cit.*, p. 90-101）参照。

（139）*LR*, p. 20（『ヴェイユ著作集４』二二六頁）.

（140）*Ibid.*, p. 22（同上、二二七―二二八頁）.

（141）たとえば、神秘主義思想の研究者マリー＝マドレーヌ・ダヴィは、『神秘主義事典』の中で、現代の神秘主義として、キルケゴール、ベルジャーエフ、ヴェイユの三人を代表として挙げるが、ヴェイユについては明らかに「キリスト教の枠組みの中でとらえるのは誤り」とし、「キリスト教の扉に立ち続けた霊性」と捉えている。妥当な解釈といえるであろう。 Marie-Madeleine Davy (sous la direction de), *Encyclopédie des Mystiques*, t. 2, Paris, Seghers, 1977, p. 552.

(142) *AD*, p. 46（『ヴェイユ著作集 4』三三五頁）.

第二章　諸宗教における犠牲

（1）*AD*, p. 52（『ヴェイユ著作集 4』四〇頁）.

（2）*Ibid.*, p. 43-45（同上、三三―三五頁）.

（3）*Ibid.*, p. 49（同上、三七頁）.

（4）前章注（141）参照。

（5）*Ibid.*, p. 46（同上、三五頁）.

（6）*LR*, p. 23-24（同上、二二九頁）.

（7）*OCVI 4*, p. 224（『カイエ 4』五一〇―五一一頁）. 並びに本書八三、一五二頁。

（8）従来のシモーヌ・ヴェイユ晩年の宗教意識に関する研究においては、彼女の「キリスト体験」に関する論考こそ多数見受けられるものの、その体験と、彼女の同時期における民間伝承研究およびある種の宗教混交的傾向とを、資料の上から有機的に関連付ける研究はこれまでなされてこなかった。本節が目指すのは、これまで看過されがちであった彼女の「シンクレティズム的」著述にこそ注目をし、資料研究を通じて、それらと彼女の神秘体験との関連性を探ることであり、また、その作業を通じてあらためて、彼女の晩年における諸宗教研究、および宗教意識の独自性、さらにそれらと犠牲の観念との関係はいかなるものであったのかを考えることである。

（9）*AD*, p. 45-46（『ヴェイユ著作集 4』三三五頁）.

(10) *OCVI 2*, p. 344, *OCVI 3*, p. 171(『カイエ 2』二〇五頁、『カイエ 3』一三八頁).

(11)『歴史（上）』巻二　五〇、松平千秋訳、岩波文庫、一九八二年、一九五頁。

(12) 同上、巻二　四八―四九のオシリス祭の描写。一九三―一九四頁。

(13) 例えば、ゼウス＝アメン、ヘルメス＝トトなど。

(14)『エジプト神イシスとオシリスの伝説について』柳沼重剛訳、岩波文庫、一九九六年、六八―七二頁他。

(15) *OCVI 2*, p. 481（『カイエ 2』四八五頁）.

(16) *OCVI 3*, p. 274（『カイエ 3』二八四頁）. ノンノスは、五世紀アレクサンドリア在住の人物で、ディオニュソスに関する叙事詩『ディオニュソス讃歌』(ディオニュシアカ)をギリシア語で書いた。Nonnos de Panopoils, *Les Dionysiaques*, t. I, éd. Francis Vian, Paris, Les Belles Lettres, 1976, p. 9-18., t. II, p. 69-70.

(17)「地上で苦しみ、死んで復活し、死者たちの至高の裁き主となる」*OC* VI 2, p. 481(『カイエ2』四一五—四一六頁).

(18)『岩波西洋人名辞典』岩波書店、一九八一年を参照。

(19) *CS*, p. 222. 幼児のザグレウスはティタンたちに鏡で誘い出されて八つ裂きにされたが、ゼウスによってザグレウス・ディオニュソスとして蘇生させられる。そもそも、ザグレウスはゼウスの子であるが、ティタンたちは大地の女神ガイアの子であり、ザグレウスにゼウスから世界の支配権が委譲されようとするのを嫉妬したのだった。

(20) 古代ギリシア宗教の一つで、オルフェウスを始祖に仰ぐ。この宗教は、ザグレウス・ディオニュソス神が受難する神話を持つ。『岩波哲学・思想事典』岩波書店、一九九八年を参照。

(21)『エジプト神イシスとオシリスの伝説について』前掲書、八二頁。

(22) *OC* VI 3, p. 174(『カイエ3』一四三頁).

(23) エウリピデス「バッコスの信女」『ギリシア・ローマ古典劇集』松平千秋訳、世界文学大系2、筑摩書房、一九五九年、二五三頁。バッコス(リューディア語)はディオニュソスの別名。高津春繁『ギリシア・ローマ神話辞典』岩波書店、一九六〇年を参照。

(24)『エジプト神イシスとオシリスの伝説について』前掲書、一六〇頁注。

(25) *OC* VI 3, p. 174, 63(『カイエ3』一四二頁、『カイエ2』四七〇頁).

(26) *OC* VI 4, p. 140(『カイエ4』七八頁).

(27) *OC* VI 3, p. 53(『カイエ2』四五五頁).

(28) *Ibid.*, p. 168(『カイエ3』一三二頁).

(29) *OC* IV 1, p. 442-443(『神の愛についての雑感』六三—六四頁).

(30) *AD*, p. 43(『ヴェイユ著作集4』三三頁).

(31) シュルレアリスト。霊性研究、および東洋思想への関心が深く、鈴木大拙の英語の著作を初めて仏訳してフランスに紹介した。口絵七頁のランザ・デル・ヴァスト(ガンジーの影響をうけた『反暴力の手法』著者)と知り合ったのも彼の紹介だった。

(32) Daisetz Teitaro Suzuki, *Essays in Zen Buddhism*, second series, London, Luzac and Company, 1933.

(33) 主として *OCVI* 3 に見られる。

(34) 鈴木大拙『東洋的な見方』岩波書店、一九九七年、二四〇頁。

(35) ヴェイユと大拙（および禅）を扱った邦文文献には、長谷正當、小林恭らによるものがある。欧米にもヴェイユの大拙読解に注目する研究者がいないわけではないが、これまで深く踏み込んだ言及はなされていない。

(36) 公案は、唐以来の禅者の「話《わ》」集であり、常識では理解困難な内容が多数含まれる。後代の修行者たちは、自らの固定観念を打破して悟境に至るため、それらをあえて理解しようと努めた。『岩波哲学・思想事典』岩波書店、一九九八年を参照。ただし、鈴木大拙自身は、「安心――禅と念仏」（『東洋的な見方』所収）の中で、「禅には修業とか公案というものがあり、それを自力のように考えるが、その実、最後の処は、自我を超越したところから来る」と、述べた。『東洋的な見方』岩波文庫、一九九八年、二五四頁。

(37) *OCVI* 3, p. 134（『カイエ 3』八八頁）.

(38) *Ibid.*, p. 133（『カイエ 3』八六―八七頁）.

(39) クーザンやルナン、ヘーゲルらが、仏教を「虚無の信仰」として拒否し、また他方、まさにその仏教の「無神論的」倫理体系ゆえに、ショーペンハウアーとその系列の知識人たちによって仏教は称揚された。参考、ロジェ＝ポル・ドロワ『虚無の信仰――西欧はなぜ仏教を怖れたか』島田裕巳・田桐正彦訳、トランスビュー、二〇〇二年。

(40) 「ヒンズー教徒が言っているとおり、神は人格的であると同時に非人格的でもあります。〔…〕西洋では神という言葉が普通の意味では一個の人格を表しているので、その注意力と信仰と愛とはほとんどもっぱら神の非人格的な面に向けている人びとは、〔…〕自分を無神論者と思い込み、そういう風に公言している場合があります。」*LR*, p. 39-40（『ヴェイユ著作集 4』二三八―二三九頁）.

(41) *OCVI* 3, p. 143（『カイエ 3』一〇一―一〇二頁）.

(42) *OCVI* 3, p. 182-183（同上、一五六頁）.

(43) Robert Chenavier, « Un pluralisme culturel et religieux de principe », *CSW*, XXIX -N° 4, déc. 2006,

p. 341.

（44）数学者の兄アンドレ・ヴェイユがインドに一九三〇―三二年に研究滞在し、サンスクリット文学、ヒンドゥ教その他について彼女に大いに影響を与えたと想像される。

（45）鶴岡賀雄は、「『神秘主義の本質』への問いに向けて」（『東京大学宗教学年報XVIII』東京大学宗教学研究室、二〇〇〇年、五頁）の中で、神秘主義が時代を経るに従って、神学、教会の枠組みを次々と超え出てきたことを指摘し、さらに近代では、キリスト教の枠組みを超えること、また現代に到っては、宗教すら超越したとしている。「現代に到っても、ユング、ティヤール・ド・シャルダン、シモーヌ・ヴェイユ、バタイユ等、「神秘家」の呼称を与えられる人々はさまざまな場所に出現する。が、彼らの多くは既に、「宗教」に拘泥する者でもないだろう。〔…〕神秘主義は、現代に到って、「宗教」の領分にも収まらなくなっている」と述べている。これまでみたとおり、ヴェイユが宗教以外の民話などにも真の犠牲、聖性を見出していることからして、まさにこの指摘は正鵠を得ているといえよう。

（46）*Le Rameau d'or*, trad. Lady Frazer, Paris, Librairie orientaliste Paul Geuthner, 1923. 改訳は trad. N. Belmont et M. Izard, Paris, R. Laffont, collection « Bouquins », 4vol, 1981-84 が出ている。

（47）竹沢尚一郎『表象の植民地帝国——近代フランスと人文諸科学』世界思想社、二〇〇一年、一〇六―一一〇、一二三頁。

（48）*OC* VI 4, p. 99（『カイエ 4』二六〇頁）.

（49）*Ibid.*, p. 96（同上、二五〇頁）.

（50）*Ibid.*, p. 96（同上、二五〇頁）.『金枝篇』第三五章「植物神としてのアッティス」から引用。以下同じ。

（51）*Ibid.*, p. 97（同上、二五二頁）. 第三四章「アッティスの神話と典礼」。

（52）*Ibid.*, p. 97（同上、二五二頁）.

（53）*Ibid.*, p. 96（同上、二五一頁）. 第三一章「キュプロスにおけるアドーニス」。

（54）*Ibid.*, p. 96（同上、二五〇頁）. 第三五章「植物神としてのアッティス」。

（55）*Ibid.*, p. 97（同上、二五二頁）.

（56）*OC* VI 4, p. 99（『カイエ 4』二六〇頁）. 第五八章「古代ギリシア・ローマの人間替罪羊」。

（57）*OC* VI 3, p. 302（『カイエ 3』三三〇頁）. 第二

四章「神聖な王の弑殺」。
(58) OCVI 4, p. 96(『カイエ4』二五一頁)。第三六章「アッティスの人間代表」。
(59) *Ibid.*, p. 95(同上、二四九頁)。第四八章「動物としての穀物霊」。
(60) *Ibid.*, p. 96(同上、二五〇頁)。第五〇章「神を食うこと」。
(61) *Ibid.*, p. 96(同上、二五〇頁)。第五一章「肉食の共感呪術」。
(62) *Ibid.*, p. 96(同上、二五〇頁)。第五一章「肉食の共感呪術」。
(63) ペトルマン2、三〇〇頁(Simone Pétrement, *La vie de Simone Weil*, Paris, Fayard, 1997, p. 582-583)。
(64) *Œuvres* (sélection), Paris, Gallimard, coll. « Quarto », 1999, p. 979.
(65) OCVI 4, p. 224(『カイエ4』五一〇—五一一頁).
(66) フレイザーの進化論に基づいた呪術分類に対するヴェイユの批判は次のとおり。「未開人は自然現象(たとえば四季の推移)を模倣することで諸現象を惹起できると期待しているというフレイザーの断定。なんという愚かさ」(括弧内ヴェイユ。OCVI 3, p. 113.『カイエ3』五三一頁)。ヴェイユは、元来フレイザーのみならず進化論一般に対する嫌悪感が大きく、『ある修道者への手紙』にも進歩概念に対する厳しい批判が見られる。「この〔進歩の〕概念を捨ててしまわなければなりません。永遠を見出すためには、クロノロジーの盲信から解放されることが必要です」(*LR*, p. 54.『ヴェイユ著作集4』二四七頁)。
(67) ミルチア・エリアーデ『世界宗教史6』鶴岡賀雄訳、ちくま学芸文庫、二〇〇〇年、二一四頁(鶴岡氏による解説)を参照。
(68) OCVI 3, p. 239(『カイエ3』二四五頁).
(69) *LR*, p. 49(『ヴェイユ著作集4』二四四頁).
(70) ジョン・ヒック『神は多くの名前をもつ——新しい宗教的多元論』間瀬啓允訳、岩波書店、〔一九八六〕一九九〇年、同『宗教の哲学』間瀬啓允・稲垣久和訳、勁草書房、〔一九九四〕二〇〇二年、G・デコスタ編『キリスト教は他宗教をどう考えるか——ポスト多元主義の宗教と神学』森本あんり訳、教文館、一九九七年、参照。
(71) *PSO*, p. 149, 151(『神の愛についての雑感』一二九、一三一頁).

（72）ヴェイユの主張が現代の多元主義的宗教論と類似する点が多々ありつつ、包括主義でもあることについてのヴェイユ研究者からの指摘は、Robert Chenavier, « Un pluralisme culturel et religieux de principe », *CSW*, XXIX -N° 4, déc. 2006, p. 339-341 を参照。

第三章　社会における犠牲

（1）以下、ヴェイユ晩年の伝記的事実に関しては、第一章と同様、シモーヌ・ペトルマン『詳伝　シモーヌ・ヴェイユ』（*SP*）を参考にした。さらにジャック・カボー『シモーヌ・ヴェーユ伝』山崎庸一郎・中條忍訳、みすず書房、〔一九七四〕一九九〇年（Jacques Cabaud, *L'Expérience vécue de Simone Weil*, Paris, Plon, 1957）やジャック・カボー『シモーヌ・ヴェイユ最後の日々』山崎庸一郎訳、みすず書房、一九七八年も参考にした。

（2）一九四二年七月三十日付のモーリス・シューマン宛の手紙。「出発は私にとって根を奪われることでした。」« Le départ a été pour moi un arrachement. » (*EL*, p. 186). 尚、ヴェイユが使用する déracinement, arrachement には、「根こぎ」という既訳がある（『ヴェイユ著作集4』における山崎庸一郎氏による訳など）。だが「根こぎ」と訳される仏語には、他に éradication があり、これは「根絶」、特にユダヤ民族絶滅を連想させる語とされる。従って、本稿では彼女が用いた déracinement, arrachement を「根を失うこと」もしくは「根無し草になること」と訳し、éradication との意味上の混同を避けた。

（3）ヴェイユがアントニオ・アタレスに送った手紙は、*Œ*, p. 683-690 にある（*CSW*, t. VII-3, sept. 1984 掲載の再録）。

（4）ペトルマン2、三八七頁。

（5）*E*, p. 15-17（『ヴェイユ著作集5』二六―二七頁）.

（6）ヴェイユは「ヒトラー主義」（hitlérisme）という語を用いるにあたって、「ヒトラー主義の起源に関する考察」（一九三九年）の中で、その特徴として「反法律、反哲学、反宗教の精神」を挙げている。« Quelques réflexions sur les origines de l'hitlérisme » (1939) *OC* II 3, p. 208.

（7）*EL*, p. 191（『ロンドン論集』二二八―二二九頁）.

（8）「最前線看護婦部隊編成計画」*OC* IV 1, p. 402

（同上、二三一頁）．
（9）*EL*, p. 191（同上、二三〇頁）．
（10）*E*, p. 165-166（『ヴェイユ著作集5』一四五―一四六頁）．
（11）レジスタンス活動に従事して落命した歴史家マルク・ブロック（一八八六―一九四四）も『奇妙な敗北――一九四〇年の証言』において、フランスが台頭するファシズムに対し挙国一致して強硬な態度をとり得なかった、その原因の一つに左翼の国際平和主義路線を挙げており、ヴェイユ以上の厳しく強い調子で彼はこれを批判している。同書、平野千果子訳、岩波書店、二〇〇七年、一九九―二〇三頁。
（12）*E*, p. 184（『ヴェイユ著作集5』一六〇―一六一頁）．
（13）エルンスト・カントロヴィッチ『祖国のために死ぬこと』甚野尚志訳、みすず書房、一九九三年、二七頁。高橋哲哉『国家と犠牲』ＮＨＫブックス、二〇〇五年、一七二―一七九頁を参照。
（14）*AD*, p. 59（『ヴェイユ著作集4』四五頁）．
（15）「兵士の永遠の救済という重大な問題で、だれが正しくだれが間違っていたかは、歴史家にも、また信仰と理性の分裂のあとでは、哲学者にも決めることはできない。」カントロヴィッチ「中世政治思想における『祖国のために死ぬこと』」『王の二つの身体――中世政治神学研究上』小林公訳、ちくま学芸文庫、二〇〇三年、二九頁。
（16）エルネスト・ルナン『国民とは何か』鵜飼哲ほか訳、インスクリプト、一九九七年、五九頁。RENAN, Ernest, *Qu'est-ce qu'une nation ?; et autres écrits politiques*, présentation, Raoul Girardet, Paris, Imprimerie nationale, 1996, p. 238.
（17）*E*, p. 162-164（『ヴェイユ著作集5』一四三―一四八頁）．ここでヴェイユは « tolérance（寛容）» とのみ述べているが、明らかに « tolérance civile（国家が公認宗教以外の宗教に与える信教の自由）» のことを含意していると理解されるため訳は「信教の自由」とした。上記既訳にも同様の判断がみられる。
（18）稲垣久和は、『国家・個人・宗教』講談社、二〇〇七年、一六八頁で、公教育における（選択の自由を保障した）宗教教育の排除は、スピリチュアルな渇きを呼び、若者がカルト宗教やスピリチュアルブームに走ったり、「国家がこの空白部に入り込んで公民宗教を強調し、愛国心なるものを注入したりしていくことになるだろう。国家そのものがカルトのような役割を果たす」ようになるだろうと述べている。
（19）*E*, p. 162-168（『ヴェイユ著作集5』一四三―一四八頁）．
（20）*EL*, p. 83（『ロンドン論集』九五―九六頁）．ヴェイユはこのように、自然圏に「根づく」ことの重要性を、『根をもつこと』の中で繰り返し示すが、常に複数の自然圏に「根」をもつべきであると説き、またその根は自然圏のみならず最終的には超越的観念である善にも及ぶ、とする点に注目すべきである。モーリス・バレスが普仏戦争の敗戦による故郷のロレーヌ地方の喪失に衝撃を受けて『根をもたない人々』（一八九七年）を書き、その中で強いフランス再興を祈念しつつそれへの「根づき」の主張を展開したのと比較すると、バレスの「根」の思想とヴェイユのそれとは、あらかじめその射程とするところが大きく異なることに注意しなければならない。Maurice Barrès, *Les déracinés*, Union Générale d'Editions, Paris, 1986.
（21）*E*, p. 206（『ヴェイユ著作集5』一八〇頁）．
（22）*EL*, p. 173（『ロンドン論集』二〇六―二〇七頁）．
（23）*E*, p. 184. また、ヴェイユは、近い将来ヨーロッパが統合することは緊急の必要事だと言っている。*EL*, p. 123（『ロンドン論集』一四四頁）．
（24）*E*, p. 208（『ヴェイユ著作集5』一八〇頁）．
（25）*Ibid.*, p. 209（同上、一八一頁）．
（26）本章注（11）参照。
（27）アクションフランセーズと自らの「愛国心」の相違を、ヴェイユは次のように述べている。彼女は『根をもつこと』の中で「アクションフランセーズの連中は、フランスを、ひたすら成長し、肉づきがよくなることだけが必要な子供のように考えている」とベルナノスの言葉を引きながら批判する。そして、これに反し、フランスのために重要なことは「正義、他者に払うべき敬意、野心や欲望に限界を設ける厳格なる義務、すなわち小さな子どもたちの生活を服従させるように努めねばならぬいっさいの道徳」であるとし、アクションフランセーズのフランス国家観と自らのそれとを区別する。そして、みずからのそれに基づく愛国心を「新しい愛国心」とし、アクションフランセーズのそれを「偶像崇拝的愛国心」として排している。*E*, p. 177-

188（同上、一五五—一六三頁）.
(28) *E*, p. 185-194（同上、一六二—一六九頁）.
(29) フィヒテは、言語と思考様式を共有する集団を「民族」と呼び、その民族への愛こそ「祖国」すなわち「国家」への愛であると述べた（「これこそが自らの民族に対する彼の愛です。まずもって自らの民族を敬い、信頼し、これを喜び、この民族に生まれたことを誇りとする、そのような愛です。〔…〕こうしたものが祖国への愛です」「ドイツ国民に告ぐ　第八講演」『国民とは何か』前掲書、一三一頁）。しかし、フィヒテにおいては、「祖国」と「国家」の間の概念上の区別はみられない以上、上記の発言から、フィヒテが「民族愛」というとき、それはすなわち「愛国心」のことを指すことになる（同上、一四三頁）。
(30) *E*, p. 225（『ヴェイユ著作集5』一九四頁）.
(31) *Ibid.*, p. 202-203（同上、一七六頁）.
(32) *Ibid.*, p. 210（同上、一八二頁）.
(33) *Ibid.*, p. 231（同上、一九八頁）.
(34) マキアヴェッリ『君主論』第一七章、河島英昭訳、岩波文庫、一九九八年、一二五—一三〇頁。
(35) *E*, p. 168（『ヴェイユ著作集5』一四八頁）.
(36) ヴェイユはガンジーの非暴力主義を高く評価し、国民全員の非暴力によって国が滅びる方が「栄光の国」の存続よりも価値があるという。しかし、他国の侵略に対し非暴力主義を貫徹すると、国民の犠牲ははるかに大きく、ガンジーも現実主義者である以上、非暴力を貫徹することは不可能だった。非暴力主義は国民全員が「完徳状態」にある時に限られる。そうした状態は現実には、全くあり得ないのであり、キリストの受難に似たこの完徳は、個人の孤独な魂においてのみ求めることが許されるものだ、と言っている。*Ibid.*, p. 204（同上、一七七頁）.
(37) アクションフランセーズやヴィシー政権のみならず、当時ド・ゴールもしばしば「栄光のフランス」という表現を用いた。ヴェイユは、このド・ゴール的ボナパルティズムがレジスタンス内において説得力を持ちはじめフランスの威信回復が目指されつつあった当時の状況を批判している。ヴェイユが「戦うフランス」政府内で少数意見を主張し続け、最終的に一九四二年七月にはド・ゴールのもとを離れる意思を表明することになったのも、そのせいであろう。渡辺和行『ナチス占領下のフランス』講談社、一九九四年、一九九九頁を参照。ペトルマン2、四一五頁。

(38) *E*, p. 142（『ヴェイユ著作集5』一二八頁）.

(39) *Ibid.*, p. 293（同上、二五四頁）.

(40) *Ibid.*, p. 294（同上、二五四頁）.

(41) ヴェイユの実証主義的な歴史学への批判を読むと、ヴェイユが当時アナール派の雑誌（一九二九年創刊）などを読んで影響を受けた形跡はないにもかかわらず、それらアナール派の歴史学者たちと史料中心主義歴史学の限界の指摘などの問題意識を共有している点に、この『根をもつこと』を書いた一九四〇年代初頭の段階における彼女の先見性を感じさせられる。ただし、同じ『根をもつこと』からは、彼女が典型的な実証主義歴史学者の一人であるカミーユ・ジュリアン（一八五九—一九三三）の著作を読んでいたことが判るが（*Ibid.*, p. 282 ほか）、しかしヴェイユは、ジュリアンについてはその実証主義的手法を批判するというよりはむしろ彼のケルト文化やケルトの英雄ヴェルサンジェトリックスへの注目を評価するにとどまっていたことは指摘しておく。

(42) *Ibid.*, p. 298（同上、二五八頁）.

(43) *EL*, p. 75（『ロンドン論集』八六頁）.

(44) *SP*, p. 662-663（ペルトマン2、三九二—三九三頁）.

(45) 冨原眞弓「シモーヌ・ヴェイユの修業時代」『思想』一九九八年、第一一号、四—六、二四頁。

(46) *E*, p. 61（『ヴェイユ著作集5』六三頁）.

(47) *Ibid.*, p. 269（同上、二三五頁）.

(48) Michel Narcy, « La pertinence politique du christianisme », *Les catégories de l'universel Simone Weil et Hannah Arendt*, Michel Narcy et Eienne Tassin (sou la direction de), Paris, L'Harmattan, 2001, p. 205.

(49) 井上達夫「正義論」『現代法哲学1 法理論』東京大学出版会、一九八三年、七七—七八頁、アルトゥール・カウフマン『法・人格・正義』上田健二他編訳、昭和堂、一九九六年、一八七頁。

(50) J・R・ディンウィディ『ベンサム』永井義雄・近藤加代子訳、日本経済評論社、一九九三年、五三—六〇頁、加藤尚武『現代倫理学入門』講談社学術文庫、一九九七年、五八—五九頁。

(51) *EL*, p. 50, 56（『ロンドン論集』五四、六一頁）.

(52) *Ibid.*, p. 51（同上、五五頁）.

(53) *Ibid.*, p. 50-51（同上、五四頁）.

(54) ヴェイユは、アンティゴネーが従った不文律、キリストをして十字架に付かせた愛を例として挙げる。*Ibid*., p. 26（『ロンドン論集』二三頁）．また、プラトン『パイドロス』265a、244a、「コリント人への第一の手紙」第一章一八―二五節、なども関連箇所と思われる。

（55）*E*, p. 10-12（『ヴェイユ著作集5』二二―二三頁）．

（56）*Ibid*., p. 12（同上、二三頁）．

（57）「味方の兵士に対しては前線に向かう衝動をかきたて、敵に対しては混乱をひきおこし、そして傍観者に対しては驚きと感銘をあたえるような部隊」（*EL*, p. 228-229）。他に、ヴェイユはクレタ島攻略一番乗りを果たしたナチスのパラシュート部隊にも注目していた。彼女は後に、レジスタンスのパラシュート隊の一員に加わりフランスに降下したいと切望するようになった。ペトルマン2、四〇一頁。

（58）*EL*, p. 190-191（『ロンドン論集』二二八―二三〇頁）．

（59）*Ibid*., p. 190（同上、二二八頁）．

（60）*Ibid*., p. 191（同上、二二九頁）．

（61）*Ibid*., p. 191（同上、二二九頁）．

（62）*Ibid*., p. 192（同上、二三一―二三二頁）．

（63）*Ibid*., p. 192（同上、二三二頁）．

（64）*Ibid*., p. 192（同上、二三二頁）．

（65）*Ibid*., p. 192（同上、二三二頁）．

（66）*Ibid*., p. 192（同上、二三二頁）．

（67）*Ibid*., p. 188（同上、二二四―二二五頁）．

（68）*Ibid*., p. 191（同上、二二九頁）．

（69）*Ibid*., p. 188（同上、二二四頁）．

（70）*Ibid*., p. 193（同上、二三三頁）．

（71）*Ibid*., p. 193（同上、二三三頁）．

（72）*Ibid*., p. 193（同上、二三三頁）．

（73）「一つの象徴の精神的な効力というものは、量の大きさとはなんの関係もないのである」。*Ibid*., p. 193（同上、二三三頁）．

（74）*Ibid*., p. 193, 189（同上、二二五、二三三頁）．

（75）ヴェイユは、自ら実際にパリで赤十字主催の看護婦職入門講座に通ったり、ニューヨークで救急看護法の講習を受けたりしていたが、この部隊の女性たちに期待していたのも、おそらくその程度の準備であろう。ペトルマン2、三三五頁。

（76）*EL*, p. 190（『ロンドン論集』二二八頁）．

（77）ペトルマン2、三九八頁、ジャック・カボー『シモーヌ・ヴェーユ最後の日々』前掲書、一一九頁。

(78) *EL*, p. 189（『ロンドン論集』二二六頁）.
(79) *Ibid.*, p. 189（同上、二二六頁）.
(80) *Ibid.*, p. 192（同上、二三二頁）.
(81) *Ibid.*, p. 194（同上、二三五頁）.
(82) *Ibid.*, p. 194（同上、二三六頁）.
(83) フローレンス・ナイチンゲール『看護覚え書――看護であること・看護でないこと』湯槇ますほか訳、現代社、第四版、一九八三年、二頁。川本隆史編『ケアの社会倫理学――医療・看護・介護・教育をつなぐ』有斐閣選書、二〇〇五年、一六、一四六頁。
(84) 北條文緒「ナイティンゲールの看護改革」『英国文化の世紀3　女王陛下の時代』松村昌家・川本静子・長島伸一・村岡健次編、研究社出版、一九九六年、一五九―一七六頁。バーバラ・エーレンライク、ディアドリー・イングリッシュ『魔女・産婆・看護婦――女性医療家の歴史』長瀬久子訳、法政大学出版局、一九九六年、五〇―五九頁。
(85) ナイティンゲールは、当時の女性の権利拡張運動に批判的だった。北條文緒、前掲書、一七四頁。また、ヴェイユは「自分はフェミニストではない」と公言していた。ペトルマン1、八九頁。
(86) *EL*, p. 188（『ロンドン論集』二二四頁）.
(87) *Ibid.*, p. 188（同上、二二四―二二五頁）.
(88) *Ibid.*, p. 195（同上、二三六頁）.
(89) 北條文緒、前掲書、一七四頁。
(90) *EL*, p. 191（『ロンドン論集』二三〇頁）.
(91) *Ibid.*, p. 192（同上、二三一頁）.
(92) ラテン語「ペルソナ persona」の語源は、ギリシア語の「プロソーポン（仮面）」に遡る。ここから「役割」「位格」「理性的主体」「人格」などの意味が歴史的に派生していった。まず古代キリスト教においては、三位一体論（神は一つの本性でありつつかつ三つのペルソナ〔父・子・聖霊〕に区別される）において、神の二「位格」を表現する語として用いられた。その後、近代思想のデカルトやカントが自己完結的個人としての人間像とその内面に存在する「ペルソナ（理性的主体、人格）」を提示し、古代における「ペルソナ」が有していた超越的存在との関係性が捨象されることとなった。さらに十九世紀以後は、心理主義的な人間理解が進み、自律的で自由な「ペルソナ（人格）」が、人権思想や個人主義の基盤となった。こうした流れの中で、ムーニエらの人格主義者は、二十世紀における近代西洋文明の行き詰まりの原因を、近代以降の「ペルソナ」理解に見出して批判、本来「ペルソナ」が語義に有していた超越的存在である神との関係性に注目したのだった。J.-M. Domnach, *Emmanuel Mounier*, Paris, Le Seuil, 1972. エマニュエル・ムーニエ『人格主義』白水社、一九五三年。三嶋唯義『人格主義の思想』紀伊國屋書店、一九九四年、一二五―一三三頁。『岩波哲学・思想事典』岩波書店、一九九八年、項目「ペルソナ」。

（93）一九三八年に彼女のスペイン市民戦争参加手記が採用され掲載されている。なお、ヴェイユと『エスプリ』誌及びムーニエとの関わりについては、Géraldi Leroy « Une lettre inédite de Simone Weil à Emmanuel Mounier », *CSW*, VII-4, dec. 1984, Simone Fraisse « Simone Weil, la personne et les droits de l'homme », *CSW*, VII-2, juin 1984 を参照。

（94）マリタンの思想が「世界人権宣言」に多大な影響を与えたことに関しては、斎藤恵彦『世界人権宣言と現代』有信堂、一九八四年、四―一六、二一―二五、四七頁を参照。

（95）戦争中いかにカトリック教会がヴィシー寄りの言動を繰り返したかについては、第一章でも触れた通り、渡辺和行『ホロコーストのフランス――歴史と記憶』人文書院、［一九九八］二〇〇三年に詳しい。そのような風潮のなかで、ムーニエやマリタン、他にフランソワ・モーリャックなどは、多数派にくみすることなく良心的発言をし続けた、穏健派カトリックの知識人であった。同書、七五、一一一、一四三頁参照。

（96）*EL*, p. 20-21（『ヴェイユ著作集2』四四八―四四九頁）. なお、「人格と聖なるもの」の邦訳は、中田光雄訳（『ヴェイユ著作集2』）と杉山毅訳（『ロンドン論集』）があり、本書では両方を参考にしているが、注内での該当ページの指摘は、適宜どちらか一方に限った。

（97）*Ibid.*, p. 11（同上、四三八頁）.

（98）Jacques Maritain, « *Les droits de l'homme et la loi naturelle* », *Œuvres Complètes*, vol. 7, Paris, St. Paul et Universitaires Fribourg Suisse, 1988, p. 621.

（99）エマニュエル・ムーニエ『人格主義』前掲書、一一八頁。

（100）*EL*, p. 43（『ヴェイユ著作集2』四七〇頁）.

（101）*AD*, p. 197（『神を待ちのぞむ』田辺保・杉山毅訳、勁草書房、一九九一年、二一二頁）.

（102） J. Maritain, *op. cit.*, p. 624, 647, 652.

（103） *EL*, p. 27（『ヴェイユ著作集2』四五五頁）.

（104） ヴェイユは personnage（社会的に重要な人物）が personne（人格）から派生してできた語であることを踏まえ、敢えて二語の意味を混用していると思われる。

（105） *EL*, p. 16（『ヴェイユ著作集2』四四三頁）.

（106） *Ibid.*, p. 15（同上、四四三頁）.

（107） *CO*, p. 15（『ヴェイユ著作集1』一六四頁）.

（108） *PSO*, p. 80（『神の愛についての雑感』七二頁）.

（109） *AD*, p. 42（『ヴェイユ著作集4』三三一頁）.

（110） dégradation sociale という原語に、「社会的人格喪失」という訳語をあてたのは大木健である（本書第一章注（44）、大木健『シモーヌ・ヴェイユの不幸論』前掲書、七二―七四頁参照）。大木がこの訳語を選んだ理由は右にも紹介した通りで（人間の存在には「肉体、魂、社会的人格」の三つの側面があり、人間の不幸とは、それら「肉体、魂、社会的人格の喪失」である、というヴェイユの議論があること）、この意訳にはかなりの妥当性があると判断される。本論も、「ヴェイユは dégradation sociale という語を、personne sociale〔社会的人格〕が奪われている状態という意味で用いた」と理解し、大木の解釈に賛成しつつ、dégradation sociale を大木訳にほぼ等しい「社会的人格を失うこと」と訳した。他方、déchéance sociale という語については大木は「社会的人権失効」と訳したが（大木健『シモーヌ・ヴェイユの不幸論』前掲書、七三頁）、こちらには残念ながら意訳の根拠の明示が欠如していると思われたので、本書では「社会的失墜」とした。

（111） *OC* IV 1, p.348（『ヴェイユ著作集4』八三頁）.

（112） *E*, p. 86（『ヴェイユ著作集5』八二頁）.

（113） *OC* II 2, p. 242（『労働と人生についての省察』黒木義典・田辺保訳、勁草書房、一九九二年、二四二頁）.

（114） *EL*, p. 21（『ロンドン論集』一六頁）.

（115） 第一章第二節3「神秘体験」参照。

（116） 同上参照。

（117） *Ibid.*, p. 36（『ヴェイユ著作集2』四六三頁）.

（118） *Ibid.*, p. 29（同上、四五六頁）.

（119） *Ibid.*, p. 16（同上、四四三頁）.

（120） *Ibid.*, p. 16-20（同上、四四三―四四七頁）.

（121） *Ibid.*, p. 76（『ロンドン論集』八七頁）.

（122） *Ibid.*, p. 74-75（同上、八四―八六頁）.

（123） *Ibid.*, p. 13（『ヴェイユ著作集2』四四三頁）.

(124) *Ibid.*, p. 77（『ロンドン論集』八八頁）.

(125) 宮本久雄・大貫隆・山本巍編著『受難の意味——アブラハム・イエス・パウロ』前掲書、一六七頁。

(126) « Les hommes naissent et demeurent libres et égaux en droits. » *Les droits de l'homme*, Anthologie composée par Christian Biet, Edition Imprimerie National, 1989, p. 424.

(127) *EL*, p. 29（『ヴェイユ著作集2』四五七頁）.

(128) ヴェイユの啓蒙思想批判に関して、Jeanne Parain-Vial, « La critique des droits de l'homme chez Michel Villey, Simone Weil et G. Marcel », *Droit et cultures, cahier du Centre de recherche de l'U. E. R. de sciences juridique*, Paris, Université de Paris-X-Nanterre, No. 22, 1991を一部参照した。

(129) *E*, p. 9（『ヴェイユ著作集5』二一頁）.

(130) *EL*, p. 22, 26-27（『ヴェイユ著作集2』四五〇、四五三—四五五頁）.

(131) *Ibid.*, p. 14, 32, 36（同上、四四一、四六〇、四六三頁）.

(132) *Ibid.*, p. 23（同上、四五一頁）.

(133) *Ibid.*, p. 24（同上、四五二頁）.

(134) 恒藤武二「法思想史」『現代法学全集 3』筑摩書房、一九七二年、一六三—一六四頁。

(135) *EL*, p. 25（『ヴェイユ著作集2』四五二頁）.

(136) *E*, p. 9（『ヴェイユ著作集5』二一頁）.

(137) *Ibid.*, p. 9（同上、二一頁）.

(138) 最首悟『星子が居る——言葉なく語りかける重度重複障害の娘との二〇年』世織書房、［一九九八］二〇〇〇年、七三—七四、四三〇—四三一頁。また、「特集　自己決定権——私とは何か」『現代思想』vol. 26-8、一九九八年七月、五六頁の花崎皋平氏と川本隆史氏の対談の中で同書への言及がある。

(139) *EL*, p. 26（『ヴェイユ著作集2』四五四頁）.

(140) *E*, p. 12-13（『ヴェイユ著作集5』二四頁）.

(141) *EL*, p. 77-78、および p. 80-81 にも同様の記述がある（『ロンドン論集』八八、九二頁）。

(142) *Ibid.*, p. 78, *E*, p. 11, 15（『ロンドン論集』八九頁、『ヴェイユ著作集5』二二、二四頁）.

(143) *EL*, p. 84（『ロンドン論集』九七頁）.

(144) *E*, p. 13（『ヴェイユ著作集5』二四—二五頁）.

(145) 『道徳形而上学原論』篠田英雄訳、岩波文庫、一九六〇年、九〇—九一頁、「人倫の形而上学の基礎づけ」『カント全集』第七巻、深作守文訳、理想社、一九六五年、六六—六七頁。

(146) カントは「法義務」と「徳義務」の区別を設けていた。「人倫の形而上学」『カント全集』第一一巻、深作守文訳、理想社、一九六五年、七二頁を参照。

(147) *E*, p. 13-14（『ヴェイユ著作集5』二四—二五頁）.

(148) これは、ヴェイユ自身が単に「真理」の項目を書き忘れ、そのためこれを最後に追加することになったものである。それは「ロンドンで書かれた覚え書」（*CS*, p. 330）の記述内容から明らかである。この二文書（「人間に対する義務宣言のための試論」および『根をもつこと』第一部）における欲求のリストの比較については、*SP*, p. 465を参照した。

(149) *E*, p. 12（『ヴェイユ著作集5』二四頁）.

(150) *SP*, p. 653-654（ペルトマン2、三八三—三八四頁）.

(151) H. Michel, B. Mirkine-Guetzevitch, *Les idées politiques et sociales de la Résistance*, Paris, PUF, 1954, p. 278-280. この草案は、ド・ゴールの設けた委員会の一つである「国家改革のための委員会」が製作したものである。*SP*, 473を参照。

終章

(1)『事典哲学の木』講談社、［二〇〇二］二〇〇六年、項目「供犠」二八二—二八四頁、『文化人類学文献事典』弘文堂、二〇〇四年、綾部恒雄編『文化人類学の名著50』平凡社、一九九四年ほかを参考にした。

(2)『供犠』小関藤一郎訳、法政大学出版局、［一九八三］一九九九年。

(3) 同上、一九四頁。

(4) ジョルジュ・バタイユ『宗教の理論』湯浅博雄訳、ちくま文庫、二〇〇二年。

(5) ルネ・ジラール『世の初めから隠されていること』小池健男訳、法政大学出版局、一九八四年。

(6) むしろ、ジラールがヴェイユの影響を受けたというべきであろう。ジラール自らヴェイユから大きな影響を受けたと述べている。« Simone Weil vue par René Girard », *CSW*, XI-3, sept. 1988, p. 201-214.

(7) 例えばギュスターヴ・ティボンは、「〔ヴェイユは〕犠牲的行為を望むわが意志が打ち立てた計画がほんのわずかでも狂うことになるのには堪えられなかった。〔…〕目の前に置かれた世界という大きな書物の中で彼女の自我は、いわばひとつの単語であって、彼女はおそらくそれを消すことに成功しただろうが、かえってアンダーラインを引いて強調することになってしまった」と述べる（J－M・ペラン、G・ティボン『回想のシモーヌ・ヴェイユ』朝日出版社、一九七五年、二一四―二一五頁、傍点はティボン）。自らの救済を顧みず他者を生かすことのみを徹底して志すヴェイユの強い自我については、人間はおしなべて弱いものでありその救済はイエスの犠牲を受け継ぐ伝統的宗教共同体としての教会の役割、と考えるティボンのような立場から違和感が表明されるのは当然だろう。

シモーヌ・ヴェイユ略年譜（1909-43）

＊ *Œuvres complètes* II 1, Gallimard, 1988, p. 361-376, Simone Pètrement, *La vie de Simone Weil*, Paris, Fayard, 1997. 以上を元に著者作成。ヴェイユの著作は太字で示した。

西暦	齢	月日	
一九〇九		2月3日	パリでユダヤ系の知識人家庭に生まれる。父親は軍医
			父の転勤でフランス各地（東部ヌーシャトー、北西部マイエンヌ、中部シャルトル、西部ラヴァル）を転々とする
一九一九	10	1月	パリに戻る。名門フェヌロン校に二年飛び級で入学。それでもまだ同級生より知的に成熟していた
一九二〇	11	10月	病弱により休学。個人教授を受ける
一九二一	12	10月	フェヌロン校に復学
一九二三	14		この頃、後に数学者になる兄アンドレの天才ぶりに強い劣等感を感じ、悩む
一九二五	16		フェヌロン校卒業。名門アンリ四世高校に入学。アランの教えを受ける。哲学自由作文「**グリムにおける六羽の白鳥**」（*OC I*）。
一九二六	17		哲学自由作文「**美と善**」「**時間について**」「**存在と対象**」（*OC I*）
一九二七	18	8月以降	労働者向けの民衆大学でボランティアで教える
一九二八	19	10月	アンリ四世高校卒業後、高等師範学校入学。アランの授業は引き続き聴講した
一九二九	20		組合活動や平和主義運動に参加。鉄道員向けにボランティアで授業をする。ジュラ山地で農作業
		5月	哲学試論「**知覚について、あるいはプロテウスの冒険**」（*OC I*）
一九三〇	21		12歳くらいから始まっていた頭痛の発作がこの頃より一層激しくなる

一九三一	22	7月	卒業論文「**デカルトにおける科学と知覚**」（OCⅠ）を提出。ブランシュヴィック指導教授は厳しい評価（二〇点満点中一〇点の合格最低点）
		7－10月	大学教授資格試験に合格。ル・ピュイ（フランス南部）の国立女子高等学校に哲学教授として赴任
		秋	サンテティエンヌで炭鉱夫向けの教養講座を組織、ボランティアで教える
		11月	共産党系（CGTU）と社会党系（CGT）に分離していた労働組合を統一しようと奔走する
		12月	小学校教職員組合活動、失業者支援に積極的に関与する。地方紙に取り上げられ批判されて大きな問題に
一九三二	23		「**資本と労働者**」（OCⅡ1）ほか多くの政治的論文を『ラ・レヴォルーション・プロレタリエンヌ』『レ・フォール』誌他左翼系雑誌数誌に投稿。
		8月	ドイツに旅行し、ナチズム台頭を視察。全体主義的傾向が強まる状況を分析した論文「**待機するドイツ**」「**ドイツの現状**」（OCⅡ1）など数編を発表
		10月	オセール（フランス中央部）の国立女子高等学校に異動
一九三三	24	7月	ボリス・スヴァリーヌ主宰の『社会批評』誌に参加。バタイユとも知己を得るが後に断交
		8月	「**われわれはプロレタリア革命に向かっているか**」「**ソ連の問題**」（OCⅡ1）など、スターリン主義批判、ロシア革命の失敗を指摘する論文発表
		10月	オセール校における哲学講座閉鎖に伴い、ロアンヌ（フランス中央部）の国立女子高等学校に異動。『**哲学講義**』（生徒による講義記録）
		12月	トロツキーをパリの自宅に数日泊める。その間にロシア革命、ソ連政治状況をめぐり激論をかわす
一九三四	25	3月	「**十四世紀フィレンツェにおけるプロレタリア蜂起**」（OCⅡ1）

		6月	個人的研究目的で一年半の休暇取得
		秋	**『自由と社会的抑圧の原因をめぐる考察』**（OCII 1）
		12月	休暇を利用し三カ所の工場（電気機器、鉄工、自動車）で八カ月間、単純肉体労働に従事する。「**工場日記**」「**工場生活の経験**」など（OCII 2）
一九三五	26	4月	工場労働終了後、スペインとポルトガルに休暇旅行
		8-9月	ポルトガル旅行中、一回目の神秘体験（カトリシズムとの第一の接触）
		10月	ブールジュ（フランス中央部）の国立女子高等学校に異動。**『カイエ』**執筆開始、しかし三冊目で中断（K1〜3）（OCVI 1）
			この頃**『カイエ』**K1〜3における犠牲についての言及例＝数はわずか。「『イリアス』戦争の原動力は絶望。この絶望は人間が犠牲にされるところ全てに存在する」「プロテスタンティズムは犠牲と献身の観念に基づいている」
一九三六	27	3月	フランス中部シェール県で農作業に従事
		5月	「**アンティゴネー**」（OCII 2）
		6月	「**冶金女工の生活とストライキ**」（OCII）
		8月	スペイン内戦にアナルコサンディカリスト側の義勇兵として参戦。野営中、足に火傷し帰国
		9月	火傷治療のため一年間の病気休暇取得
一九三七	28	4月	「**トロイア戦争を繰り返すまい**」（OCII 3）
		5-6月	イタリア旅行中、アッシジで二回目の神秘体験（カトリシズムとの第二の接触）
		9月	「**労働の条件**」（OCII 2）
		10月	サンカンタン（フランス北部）の国立女子高等学校に異動
一九三八	29	1月	頭痛悪化により二年半の長期休暇取得
		4月	ソレム修道院で、三回目の神秘体験（カトリシズムとの第三の接触）

		5-8月	二度目のイタリア旅行（ヴェネツィアほか）
		11月頃	G・ハーバートの形而上詩「愛」の暗唱中にキリストの現存を実感する神秘体験
一九三九	30	3月	ヒットラーのチェコスロヴァキア侵攻を境に、非戦主義と訣別
		秋	**「ヒットラー主義の起源に関する考察」「『イリアス』あるいは力の詩篇」**（OC II 3）
		秋以降	宗教史関係の書物（旧約聖書、『エジプト死者の書』『アッシリア・バビロニア宗教文書選集』『マニ教講話』など）を多読する
一九四〇	31	2-4月	徴兵忌避嫌疑で拘留された数学者の兄アンドレとの間で科学に関する往復書簡（**『科学について』**所収）
		春	宗教史についての研究進める。『ギルガメッシュ叙事詩』や『バガヴァッド・ギーター』を読む
		春	**「最前線看護婦部隊編成計画」**構想開始（OC IV 1）
		7月	**「救われたヴェネツィア」**執筆開始
		6月13日	パリ無防備都市宣言。両親と共にパリを脱出。翌14日、ドイツ軍パリ入城
		9月	両親と共にヴィシーを経て、マルセイユ到着
		10月3日	「ユダヤ人排斥法」により教授資格喪失
一九四一	32	1月頃	ルネ・ドーマルと会いサンスクリット語を習う。マルセイユの哲学サークルに参加
		1月半ば	中世南仏の異端カタリ派研究に没頭。**「オック文化の真髄」**（OC IV 1）
		1月末頃	五年ぶりに**『カイエ』**の執筆を再開（K4から）
		3月	マルセイユ居留インドシナ難民の惨状に心を痛め、当局に改善を訴える手紙を書く
			難民キャンプにいたスペインからの難民アントニオ・アタレスと文通、援助
		4-5月	**「科学とわれわれ」**（OC IV 1）
		6月以降	ドミニコ会士ペラン神父、農民哲学者ギュスターヴ・ティボンと交流。急速にカトリックに接近、しかし洗礼は受けず

年	年齢	月	事項
一九四二	33	9月	『道経』『ウパニシャッド』、民俗学的文献を多読
		9－10月	ティボン所有農地ほかマルセイユ近郊各地で農作業（ぶどう摘み等）に従事。「主の祈り」を唱えているときにキリストの現存を実感する神秘体験
		10月	この頃『**カイエ**』K4～5（OCⅥ2）執筆 『**カイエ**』K4～5における犠牲についての言及例＝数やや増加。「聖体拝領＝労働生活の疲労、神と人間の相互性（食する―食される）」「アブラハムの犠牲＝完全な真空」「労働。日々の犠牲。神に対してなされるもの」など
		冬	「**イスラエルと異邦人**」（『**神の愛についての雑感**』所収） 「**科学の未来**」「**量子論についての考察**」（OCⅣ1） 「**プラトン『ティマイオス』注釈**」（OCⅣ2）など論文多数 「**海**」「**星**」などの詩（『**ヴェイユ詩集**』所収）
		2月半ば	禅仏教、ギータへの関心さらに深まる（友人S・ペトルマンに手紙）
		3月末	重度の身体障害をもつ詩人ジョー・ブスケをカルカソンヌに訪ね対話
		4－5月	マルセイユに戻り、「**前キリスト教的直観**」（OCⅣ2）、「**主の祈りについて**」「**ノアの三人の息子と地中海文明の歴史**」「**神の愛についての雑感**」「**神の愛と不幸**」（OCⅣ1）ほか多くの論文を書く この頃『**カイエ**』K6～11（OCⅥ2, 3）執筆 『**カイエ**』K6～11における犠牲についての言及例＝数が多い。「犠牲が聖なるものを生み聖性を作り出す」。ギリシア神話、ユダヤ教、古代エジプトの宗教、旧新約聖書、仏典などおける犠牲の例を挙げる ラビナ版聖書購入
		5月12、14日	ブスケ、ペラン神父へ別れの手紙（「**精神的自叙伝**」『**神を待ち望む**』所収）

		5月14日	ティボンにそれまで書いた『**カイエ**』を託し、両親と共にアメリカへ亡命
		7月	ニューヨークでカトリック哲学者ジャック・マリタン、クーチュリエ神父と知り合う
		7月	『**ある修道者への手紙**』執筆開始
		10月	この頃『**カイエ**』K12〜16（OCVI 3, 4）執筆 『**カイエ**』K12〜16における犠牲についての言及例＝数が多い。「犠牲、神への贈与」「非存在への同意／犠牲、自己放棄、歓喜、苦痛」。旧新約聖書、古代エジプト神話、古代ギリシア神話、各民間伝承などに出てくる神々の犠牲、人間の神への犠牲について述べる 「最前線看護婦部隊編成計画」の実現に奔走、他方レジスタンスのためヨーロッパに戻る手段を画策 ハーレムの黒人教会に通う。黒人霊歌、アメリカ先住民など各地の民間伝承を研究
		9月	クーチュリエ神父に『**ある修道者への手紙**』を送る
		11月10日	単身ニューヨークを発ちロンドンへ
		12月14日	ロンドンに戻り、ド・ゴールのレジスタンス・グループに加わる。文案起草委員となり精力的に執筆 『**根を持つこと**』、「**人格と聖なるもの**」「**われわれは正義のためにたたかっているのか**」「**人間に対する義務宣言のための試案**」「**この戦争は宗教戦争である**」「**政党全廃に関する覚書**」（『**ロンドン論集とさいごの手紙**』所収）など執筆多数 この頃『**カイエ**』K17〜18（OCVI 4）執筆 『**カイエ**』K17〜18における犠牲についての言及例＝わずか。「人間の犠牲、神の犠牲」
一九四三	34	4月15日	下宿で倒れ入院（慢性の疲労、栄養不足から急性肺結核に）
		4-5月	入院中も食事摂取を最小限しかせず、病状悪化

5月末	病床でサンスクリット学習再開
7月26日	方向性の違いからド・ゴールのレジスタンス・グループを脱退
8月17日	ロンドン近郊アッシュフォードの病院に転院
8月24日	死去。死因は「肺結核と栄養欠乏による心臓衰弱」

吉田敦彦「ディオニュソス・ザグレウスとキリスト」『現代思想』8-9、1980 年
リクール、ポール『記憶・歴史・忘却』（全 2 冊）久米博訳、新曜社、2004 年
ルソー、J-J『社会契約論』桑原武夫・前川貞次郎訳、岩波文庫、1954 年
レヴィナス、エマニュエル『困難な自由——ユダヤ教についての試論』内田樹訳、国文社、1985 年
ロック、ジョン『市民政府論』鵜飼信成訳、岩波文庫、1968 年
ロールズ、ジョン『正義論　改訂版』川本隆史・福間聡・神島裕子訳、紀伊國屋書店、2010 年
渡辺和行『ナチス占領下のフランス——沈黙・抵抗・協力』講談社、1994 年
渡辺和行『ホロコーストのフランス——歴史と記憶』人文書院、1998 年
『聖書』新共同訳、日本聖書協会、1987 年
『バガヴァット・ギーター』上村勝彦訳、岩波文庫、1992 年
『ヴェーダ　アベスター』辻直四郎編、辻直四郎ほか訳、筑摩書房、1967 年
『岩波哲学・思想事典』岩波書店、1998 年
『岩波キリスト教辞典』岩波書店、2002 年
『新カトリック大事典』研究社、2002 年

プルタルコス『エジプト神イシスとオシリスの伝説について』柳沼重剛訳、岩波文庫、1996年
フレイザー、J-G『金枝篇』(全5冊) 永橋卓介訳、岩波文庫、1966-67年
ブロック、マルク『奇妙な敗北――1940年の証言』平野千果子訳、岩波書店、2007年
ペトルマン、シモーヌ『二元論の復権――グノーシス主義とマニ教』神谷幹夫訳、教文館、1985年
ベルナノス、ジョルジュ『ベルナノス著作集　第4巻』伊藤晃・石川宏訳、春秋社、1978年
ベンヤミン、ヴァルター『暴力批判論他十篇』野村修編訳、岩波文庫、1994年
ヘロドトス『歴史』上、岩波文庫、1982年
ホフマン、スタンレイ『革命か改革か――フランス現代史1』天野恒雄訳、白水社、1977年
ポッパー、カール『自由社会の哲学とその論敵』武田弘道訳、世界思想社、1977年
ホッブズ、トマス『リヴァイアサン』(全4冊) 水田洋訳、岩波文庫、1954-85年、改訳1992年
マキアヴェッリ『君主論』河島英昭訳、岩波文庫、1998年
マッキンタイア、アラスデア『美徳なき時代』篠崎栄訳、みすず書房、1993年
ミシェル、アンリ『ヴィシー政権』長谷川公昭訳、白水社文庫クセジュ、1979年
三嶋唯義『人格主義の思想』紀伊國屋書店、1994年
ミル、J-S『自由論』塩尻公明・木村健康訳、岩波文庫、1971年
ムーニエ、エマニュエル『人格主義』白水社、1953年
モース、M・ユベール、H『供犠』小関藤一郎訳、法政大学出版局、1983年
モルトマン、ユルゲン『20世紀神学の展望』渡部満訳、新教出版社、1989年
モルトマン、ユルゲン『十字架につけられた神』喜田川信ほか訳、新教出版社、1976年
山本博史共編著『「食」の人間学』ナカニシヤ出版、2002年

竹沢尚一郎『表象の植民地帝国——近代フランスと人文諸科学』世界思想社、2001年
谷川稔『十字架と三色旗——もうひとつの近代フランス』山川出版社、1997年
谷川稔・渡辺和行編著『近代フランスの歴史——国民国家形成の彼方に』ミネルヴァ書房、2006年
ダントレーヴ、A-P『国家とは何か』石上良平訳、みすず書房、1972年
恒藤武二『現代法学全集3　法思想史』筑摩書房、1972年
デカルト、ルネ『デカルト著作集　第3巻』三輪正ほか訳、白水社、1973年
デュルケム、エミール『宗教生活の原初形態』（全2冊）古野清人訳、岩波文庫、1975年
デリダ、ジャック「「正しく食べなくてはならない」あるいは主体の計算」『主体の後に誰が来るのか』ナンシー、J-L編、港道隆ほか訳、現代企画室、1996年
デリダ、ジャック『死を与える』ちくま学芸文庫、2004年
ドゴール、シャルル『ドゴール大戦回顧録』第3、4巻、村上光彦ほか訳、みすず書房、1963年
ドロワ、R-P『虚無の信仰——西欧はなぜ仏教を怖れたか』島田裕巳・田桐正彦訳、トランスビュー、2002年
中木康夫『現代フランスの国家と政治』有斐閣選書、1987年
長尾龍一・田中成明編『現代法哲学1　法理論』東京大学出版会、1983年
『ニーチェ全集』第11巻（第2期）氷上英廣訳、白水社、1983年
バタイユ、ジョルジュ『呪われた部分』生田耕作訳、二見書房、1973年
ヒック、ジョン『宗教多元主義——宗教理解のパラダイム転換』間瀬啓允訳、法藏館、1990年
プティフス、J-Ch『フランスの右翼』池部雅英訳、白水社文庫クセジュ、1975年
プラトン『国家』（全2冊）藤沢令夫訳、岩波文庫、1979年
プラトン『パイドン』岩田靖夫訳、岩波文庫、1998年
プラトン『パイドロス』藤沢令夫訳、岩波文庫、1967年

芳美訳、青土社、1997年
ヴィノック、ミシェル『ナショナリズム・反ユダヤ主義・ファシズム』川上勉・中谷猛監訳、藤原書店、1995年
ヴェイユ、アンドレ『アンドレ・ヴェイユ自伝』稲葉延子訳、シュプリンガー・フェアラーク東京、1994年
エウリピデス「バッコスの信女」松平千秋訳、『ギリシア・ローマ古典劇集』世界文学大系2、筑摩書房、1959年
エリアーデ、ミルチア『世界宗教史』（全8冊）鶴岡賀雄ほか訳、ちくま学芸文庫、2000年
大貫隆・佐藤研編『イエス研究史——古代から現代まで』日本基督教団出版局、1998年
オットー、ルドルフ『聖なるもの』華園聰麿訳、創元社、2005年
カウフマン、アルトゥール『法・人格・正義』上田健二他編訳、昭和堂、1996年
カント、イマヌエル『道徳形而上学原論』篠田英雄訳、岩波文庫、1960年、改訳1976年
カント、イマヌエル「人倫の形而上学の基礎づけ・実践理性批判」『カント全集　第7巻』深作守文訳、理想社、1965年
カント、イマヌエル「人倫の形而上学」『カント全集　第11巻』深作守文訳、理想社、1965年
カント、イマヌエル『実践理性批判』宇都宮芳明訳注、以文社、1990年
北森嘉蔵『神の痛みの神学』講談社学術文庫、1986年
ケレーニイ、カール『ディオニューソス』岡田素之訳、白水社、1993年
斎藤恵彦『世界人権宣言と現代』有信堂、1984年
柴田三千雄・樺山紘一・福井憲彦編『世界歴史大系　フランス史3』山川出版社、1995年
ジャンメール、アンリ『ディオニューソス——バッコス崇拝の歴史』小林真紀子他訳、言叢社、1991年
ジラール、ルネ『暴力と聖なるもの』古田幸男訳、法政大学出版局、1982年
鈴木大拙『東洋的な見方』岩波書店、1997年
『荘子』（全4冊）金谷治訳、岩波文庫ワイド版、1994年
高津春繁『ギリシア・ローマ神話辞典』岩波書店、1960年

Ⅲ　その他の参考文献

欧語（著者アルファベット順）

BARRÈS, Maurice, *Les déracinés*, Paris, Union Générale d'Editions, 1986.

BERGÈS, Michel, *Vichy contre Mounier*, Paris, Economica, 1997.

BIET, Christian (éd.), *Les droits de l'homme ; Anthologie composée*, Edition Imprimerie Nationale, 1989.

BUCH, Henri, FORIERS, Paul, PERELMAN, Ch., *L'Egalité*, vol.1, Bruxelles, Etablissement Emile Bruylant, 1971.

DOMENACH, J.-M., *Emmanuel Mounier*, Paris, Seuil, 1972.

EPICTÈTE, *Manuel*, trad. J.-J. Barrère et C. Roche, Paris, Nathan, 1990.

FESTUGIÈRE, J., *Etudes de religion grecque et hellénistique*, Paris, J. Vrin, 1972.

GANDHI, M. K., *Hind Swaraj and other Writings*, Cambridge, Cambridge University Press, 1997 (1909).

GIDE, André, *Œuvres Complètes*, vol.2, « A propos des Déracinés », Paris, NRF, 1939.

GRIFFIN-COLLART, Evelyne, *Egalité et Justice dans l'Utilitarisme : Bentham, J. S. Mill, H. Sidgwick*, Bruxelles, Etablissement Emile Bruylant, 1974.

NONNOS de Panopoils, *Les dionysiaques*, t. I, éd. Francis Vian, Les Belles Lettres, 1976.

MARITAIN, Jacques, *Œuvres Complètes*, vol.7, « Les droits de l'homme et la loi naturelle », Paris, St. Paul et Universitaire Fribourg Suisse, 1988.

MICHEL, H., et MIRKINE-GUETZEVITCH, B., *Les idées politiques et sociales de la Résistance*, Paris, PUF, 1954.

MOUNIER, Emmanuel, *Personnalisme*, Paris, PUF, coll.« Que sais-je? », 1re éd. 1949, 16e éd. 1995.

SUZUKI, Disetz-Teitaro, *Essays in Zen Buddhism*, seconde series, London, Luzac and company, 1933.

邦語著作・論文（著者五十音順）および辞書・事典他

石井洋二郎・工藤庸子編『フランスとその〈外部〉』東京大学出版会、2004年

ヴァンダーエイケン、W・ヴァン＝デート、R著『拒食の文化史』野上

PERRIN, Joseph-Marie, *Mon dialogue avec Simone Weil*, Paris, Nouvelle Cité, 1984.
PÈTREMENT, Simone, *La vie de Simone Weil*, Paris, Fayard, [1973] 1997.
SAINT-SERNIN, Bertrand, *L'Action politique selon Simone Weil*, Paris, Cerf, 1988.
TOMIHARA, Mayumi, *La transposition de la notion grecque de médiation dans la pensée religieuse de Simone Weil*, Thèse de troisième cycle, Université de Paris-Sorbonne, 1982.
VETÖ, Miklos, *La métaphysique religieuse de Simone Weil*, Paris, 1re éd. Vrin, 1971, 2e éd. L'Harmattan, 1997.
WEIL, Sylvie, *Chez les Weil : André et Simone*, Paris, Buchet Chastel, 2009.

欧語雑誌

Cahiers Simone Weil (juin 1978- : Revue trimestrielle publiée par l'association pour l'Etude de la pensée de Simone Weil)

邦語著作・論文（刊行順）

大木健『シモーヌ・ヴェイユの不幸論』勁草書房、1969 年
ペラン、J-M・ティボン、ギュスターヴ『回想のシモーヌ・ヴェイユ』田辺保訳、朝日出版社、1975 年
ペトルマン、シモーヌ『詳伝シモーヌ・ヴェイユ』（全 2 冊）、杉山毅・田辺保訳、勁草書房、［1978］2002 年
カヴォー、ジャック『シモーヌ・ヴェーユ最後の日々』山崎庸一郎訳、みすず書房、1978 年
大木健『カルカソンヌの一夜――ヴェイユとブスケ』朝日出版社、1989 年
冨原眞弓『ヴェーユ』（人と思想 107）清水書院、1992 年
冨原眞弓「〈根づき〉と〈根こぎ〉の文明論」『地球時代のキリスト教』聖心女子大学キリスト教文化研究所編、春秋社、1998 年
冨原眞弓『シモーヌ・ヴェイユ　力の寓話』青土社、2000 年
冨原眞弓『シモーヌ・ヴェイユ』岩波書店、2002 年
ヴェイユ、シルヴィ『アンドレとシモーヌ――ヴェイユ家の物語』稲葉延子訳、春秋社、2011 年

II　シモーヌ・ヴェイユに関する文献

欧語著書・論文（著者名アルファベット順）

BROC-LAPEYRE, Monique (éd.), *Simone Weil et les langues ; Recherches sur la philosophie et le langage*, 13, Université P.Mandès-France, Grenoble, 1991.

CABAUD, Jacques, *L'Expérience vécue de Simone Weil*, Paris, Plon, 1957.

CABAUD, Jacques, *Simone Weil à New York et à Londres : Les quinze derniers mois (1942-1943)*, Paris, Plon, 1967.

CHENAVIER, Robert, *Simone Weil : Une philosophe du travail*, Paris, Cerf, coll. « la nuit surveillée », 2001.

DUJARDIN, Philippe, *Simone Weil - idélogie et politique*, Grenoble, Presse Universitaire de Grenoble, 1975.

GABELLIERI, Emmanuel, *Être et don : Simone Weil et la philosophie*, Louvain, Peeters (Bibloiothèque philosophique de Louvain 57), 2003.

GINIEWSKI, Paul, *Simone Weil ou la haine de soi*, Paris, Berg International, 1978.

KAHN, Gilbert (éd.), *Simone Weil - Philosophe, historienne et mystique*, Paris, Aubier, 1978.

KEMPFNER, Gaston, *La philosophie mystique de Simone Weil*, Paris, La Colombe, 1960, rééd. Nataraj, 1996.

L'YVONNET, François (textes recueillis par), *Simone Weil : Le grande passage, Qesution de n.97*, juin 1994, Paris, Albin Michel, 1994.

L'YVONNET, François, *Simone Weil*, Paris, Adpf, 2006.

McLELLAN, David, *Simone Weil : Utopian Pessimist*, London, MacMillan, 1989.

MULLER, Jean-Marie, *Simone Weil : L'exigence de non-violence*, Ed. Témoignage chrétion, 1991, 1993.

NARCY, Michel, *Simone Weil, Malheur et beauté du monde*, Paris, Centurion, 1967.

NARCY, M., et Tassin, E. (éd.), *Les Catégories de l'universel, Simone Weil et H. Arendt*, Paris, L'Harmattan, 2001.

PERRIN, J.-M., et THIBON, Gustave, *Simone Weil telle que nous l'avons connue*, Paris, La Colombe, 1952.

PERRIN, J.-M. (préface) et al., *Réponses aux questions de Simone Weil*, Paris, Aubier, 1964.

Poèmes, suivis de *Venise sauvée*, Paris, Gallimard, coll. « Espoir », 1968.
La Pesanteur et la Grâce, 1re éd. Paris, Plon, 1947.
Pensées sans ordre concernant l'amour de Dieu, Paris, Gallimard, coll. « Espoir », 1962.
Réflexions sur les causes de la liberté et de l'oppression sociale, Paris, Gallimard, 1980.
Sur la science, Paris, Gallimard, coll. « Espoir », 1966.
La source grecque, 1re éd. Paris, Gallimard, coll. « Espoir », 1953.

訳書（刊行順）

『抑圧と自由』石川湧訳、東京創元社、1965年
『シモーヌ・ヴェーユ著作集』（全5冊）春秋社、1967-68年
『労働と人生についての省察』黒木義典・田辺保訳、勁草書房、1967年
『ロンドン論集とさいごの手紙』田辺保・杉山毅訳、勁草書房、1969年
『シモーヌ・ヴェーユ詩集』小海永二訳、青土社、1971年
『工場日記』田辺保訳、講談社、1972年
『神の愛についての雑感』渡辺義愛訳（現代キリスト教思想叢書第6巻）、白水社、1973年
『神を待ちのぞむ』田辺保・杉山毅訳、勁草書房、1975年
『科学について』福居純・中田光雄訳、みすず書房、1976年
『シモーヌ・ヴェーユ　哲学講義』川村孝則・渡辺一民訳、人文書院、1981年
『ギリシアの泉』冨原眞弓訳、みすず書房、1988年
『カイエ』（全4冊）冨原眞弓ほか訳、みすず書房、1992-98年
『自由と社会的抑圧』冨原眞弓訳、岩波文庫、2005年
『根をもつこと』（上・下）冨原眞弓訳、岩波文庫、2010年
『シモーヌ・ヴェイユ選集Ⅰ　初期論集　哲学修業』冨原眞弓訳、みすず書房、2012年

主要参考文献

I　シモーヌ・ヴェイユの著作

原著（アルファベット順）

Attente de Dieu, 4e éd. Paris, Fayard, 1966.

Cahier 1, 2, 3, 2e éd. Paris, Plon, 1970, 1972, 1974.

La condition ouvrière, 1re éd. Paris, Gallimard, coll. « Espoir », 1951.

La connaissance surnaturelle, Paris, Gallimard, coll. « Espoir », 1950.

Ecrits historiques et politiques, Paris, Gallimard, coll. « Espoir », 1960.

Ecrits de Londres et dernières lettres, Paris, Gallimard, coll. « Espoir », 1957.

L'Enracinement, 2ème éd. Paris, Gallimard, coll. « idées », 1962.

Intuitions pré-chrétiennes, Paris, Fayard, 1951,1985.

Leçons de philosophie de Simone Weil (Roanne 1933-1934), 3e éd. Paris, Plon, 1989.

Lettre à un religieux, 1re éd. Paris, Gallimard, coll. « Espoir », 1951.

Oppression et liberté, Paris, Gallimard, coll. « Espoir », 1955.

Œuvres (séléction), Paris, Gallimard, collection « Quarto », 1999.

Simone Weil ; Œuvres complètes (*OC*), Paris, Gallimard

OC I : *Premiers écrits philosophiques*, 1988.

OC II 1 : *Ecrits historiques et politiques. L'Engagement syndical (1927-juillet 1934)*, 1988.

OC II 2 : *Ecrits historiques et politiques. L'Expérience ouvrière et l'adieu à la révolution (juillet 1934-juin 1937)*, 1991.

OC II 3 : *Ecrits historiques et politiques. Vers la Guerre (1937- 1940)*, 1989.

OC IV 1 : *Ecrits de Marseille. Philosophie, science, religion, question politiques et sociales (1940-1942)*, 2008.

OC IV 2 : *Ecrits de Marseille. Grèce-Inde-Occitanie (1941-1942)*, 2009.

OC VI 1 : *Cahiers (1933-septembre 1941)*, 1994.

OC VI 2 : *Cahiers (1941-février 1942)*, 1997.

OC VI 3 : *Cahiers (février 1942-juin 1942)*, 2002.

OC VI 4 : *Cahiers (juillet 1942-juillet 1943)*, 2006.

フロイト，S.　136
プロセルピナ　84, 121
プロメテウス　84-5, 113
ペトルマン，S.　23, 98
ヘラクレイトス　133
ヘラクレス　84
ペラン，J.-M.　19-20, 27, 63, 66, 98-105, 107, 114-5, 119, 127, 174, 234, 280
ペルキン博士　149
ベルナノス，G.　46
ヘロドトス　112, 118-9, 151
ボーヴォワール，S. de　1
ホセア　82

マ　行

マキアベリ，N.　189
マタイ　71, 230, 237
マリタン，J.　225, 227-30, 267
マルクス，K.　40-1, 136
マルコ　71, 81, 237
宮本久雄　244-5
ムーニエ，E.　224-5, 227-9
メルキセデク　84, 108
メルロ＝ポンティ，M.　1
モース，M.　136, 273
モーセ　74, 78
モルトマン，J.　157

ヤ　行

ユスティノス　79
ユノー　121
ユベール，H.　273
ヨナ　82
聖ヨハネ　79, 82, 85, 135
ヨブ　72-5, 84-5

ラ　行

ラニョー，J.　22, 34
ラーマ　84-5
リヴォネ，F.　67
リクール，P.　24
リシュリュー　185, 194
ルイ十四世　185
ルーズヴェルト，F. D.　212
ルソー，J.-J.　136
ルナン，E.　176-9, 187, 197
レヴィ＝ストロース，C.　1
レヴィ＝ブリュール，L.　136
レーニン，V. I.　44
ロック，J.　247

サ　行

最首悟　256-8
最首星子　256-7
サウル　75-6
ザグレウス　84, 120-2, 124-5
サムエル　75-6
ジャコブ，C. 神父　101, 126
シュナヴィエ，R.　24, 27
シューマン，M.　164
ジラール，R.　274-5, 277
鈴木大拙　112, 129-34, 137
スターリン，J.　28, 39
スピノザ，B. de　22, 131, 133
スプリングステッド，E. O.　23
スミス，R.　272-3
ゼウス　84, 121

タ　行

タイラー，E.　272-5
ダニエル　72, 74, 77, 82
ダビデ　76
チェンバレン，A. N.　47
ディオニュソス　84, 112-27, 129, 134-5, 137, 150-1
ティタン　120-2, 124-5
ディドロ，D.　252
ティボン，G.　18-20, 22, 27, 98
デカルト，R.　22, 136
デュルケム，E.　136
ドヴォー，A.　19
ド・ゴール，Ch.　4, 49, 164-5, 196, 212, 219-20, 222, 225, 246, 256, 267, 278, 281
ドーマル，R.　129
冨原眞弓　23, 27
トロツキー，L.　39, 44

ナ　行

ナイティンゲール，F.　215-21
ナポレオン　194
ナルシー，M.　22-3
ネヘミヤ　72
ノア　77-8, 84-5, 113
ノンノス　119-21, 151

ハ　行

パウロ　244
パスカル，B.　19
バタイユ，G.　132, 274-5
バッコス　121, 125
ハーバート，G.　90
ヒック，J.　157
ヒッポリュトス　84
ヒトラー，A.　50-2, 168-9, 194, 205-6, 208, 210, 214, 222
ピュタゴラス　133
ファイドロス　84
フィヒテ，J. G.　187
ブスケ，J.　98, 102, 104-5, 234
プラトン　22, 73, 112, 136, 190
フランコ，F.　45, 176
ブランシュヴィック，L.　19, 136
聖フランチェスコ　62
プルタルコス　118-9, 121
ブルトン，A.　132
フレイザー，J. G.　112, 135-7, 140-3, 145-51, 153-6, 273-6

人名・神名等索引

本文から人名・神名等を拾い，姓名の 50 音順に
配列した。イエス／キリストは一項目にまとめた。

ア 行

アイスキュロス　133
アタレス，A.　163
アッティス　84, 116, 142-6, 150-1
アドニス　84, 116, 145
アピス　121-2
アブラハム　77-8, 244
アポロン　116
アラン　2, 22, 34, 36, 69, 136
アルテミス　148
アーレント，H.　245
アンティゴネー　84-5
イエス・キリスト　79-83, 85, 88, 95, 98, 108, 113, 115, 123, 156, 173, 273
　イエス　71, 73, 76, 81-4, 90, 108, 145, 156-7, 199, 223, 238, 244, 271, 275-7, 280, 283
　キリスト　3, 63-4, 66, 68-9, 71-3, 78-87, 89, 91-2, 94, 97-8, 101-3, 105-8, 112-9, 122-9, 134-5, 141, 144-7, 149-51, 153-5, 157, 159-60, 167, 175, 228, 230-3, 236-8, 241, 243, 245, 270-1, 276-7, 279-80
イサク　77
イザヤ　72-3, 77, 82
イシス　118-9
ヴィダル師　101
ウィッツィロポチトゥリ神　148
ヴェート，M.　22-3, 25
エウリピデス　121, 125
エステル　72
エズラ　72, 74
エゼキエル　72, 74, 82
エリアーデ，M.　154
エリシャ　75, 76
オシリス　84-5, 108, 113, 115-23, 127
オーディン　84, 147, 150-1
オリゲネス　79
オルフェウス　120, 125, 127
オレステス　84

カ 行

ガブリエリ，E.　24, 26
カボー，J.　23
カミュ，A.　20-1
カント，I.　22, 136, 262-3
カントロヴィッチ，E. H.　172-7, 190, 198-9
キュベレ　142, 144, 146
クーチュリエ神父　115, 127
クリシュナ　84-5, 108
グリム兄弟　84
クーン，R.　23
コペルニクス，N.　245
コント，I. A. M. F. X.　136

著者紹介

鈴木順子（すずき・じゅんこ）

1965 年生。東京大学大学院総合文化研究科地域文化研究専攻博士課程満期退学。学術博士。フランス・ポワティエ大学 DEA 取得。中部大学教授。フランス思想・哲学、フランス地域文化。本書の元となった論文「シモーヌ・ヴェイユ晩年における犠牲の観念をめぐって」により第 5 回河上肇賞本賞受賞。

主な著作に、『シモーヌ・ヴェイユ 「歓び」の思想』（藤原書店、2023 年）、別冊『環』㉙「甦るシモーヌ・ヴェイユ 1909-1943」（編著、2024 年）など。

シモーヌ・ヴェイユ 「犠牲《ぎせい》」の思想《しそう》

2012年 9 月30日　初版第 1 刷発行©
2024年 7 月10日　初版第 2 刷発行

著　者　鈴　木　順　子
発行者　藤　原　良　雄
発行所　株式会社 藤　原　書　店

〒 162-0041　東京都新宿区早稲田鶴巻町 523
電　話　03（5272）0301
F A X　03（5272）0450
振　替　00160 - 4 - 17013
info@fujiwara-shoten.co.jp

印刷・製本　中央精版印刷

落丁本・乱丁本はお取替えいたします
定価はカバーに表示してあります

Printed in Japan
ISBN978-4-89434-875-2

ありのままのヴェイユ

シモーヌ・ヴェイユ「歓び」の思想

鈴木順子

弱さ、矛盾を抱えつつ〝歓び〟に生きる――数学者の兄との対話、鈴木大拙を通じた禅への関心、高校教師の仕事への情熱、音楽の歓び、語られなかった恋愛、「拒食」の思想、そして、死に際した自己消滅の歓び等、生涯の随所に煌めいた「歓び」の思想に迫る。

シモーヌ・ヴェイユ歿八〇年記念

四六上製　二九六頁　**三六〇〇円**
（二〇二三年一一月刊）
◇978-4-86578-408-4

ヴェイユ、新たな全体像！

別冊『環』㉙

甦るシモーヌ・ヴェイユ〔純粋にして、勇敢・寛容〕1909-1943

鈴木順子編

〈序〉甦るシモーヌ・ヴェイユ　鈴木順子

Ⅰ　総論　今、なぜヴェイユか　鈴木順子／F・ド・リュシー（西文子訳）〈コラム〉山田登世子

Ⅱ　「犠牲」と「歓び」の思想――永遠なるものと内奥の往還　合田正人／鶴岡賀雄〈コラム〉小林康夫

Ⅲ　共にあるために――「利己」と「利他」の間で　岩野卓司／柳澤田実〈コラム〉最首悟

Ⅳ　歴史を問うヴェイユ、歴史に問われるヴェイユ　長谷川まゆ帆／渡名喜庸哲／S・ヴェイユ（稲葉延子訳）〈コラム〉木崎さと子

幕間　最後の日々　父母への最晩年の書簡（西文子訳）

Ⅴ　ヴェイユ研究をひらく　R・シュナヴィエ（鈴木順子訳）／稲葉延子

〈資料〉略年譜（1909-1943）／文献一覧

菊大並製　二二四頁　**二八〇〇円**
（二〇一四年六月刊）
◇978-4-86578-423-7

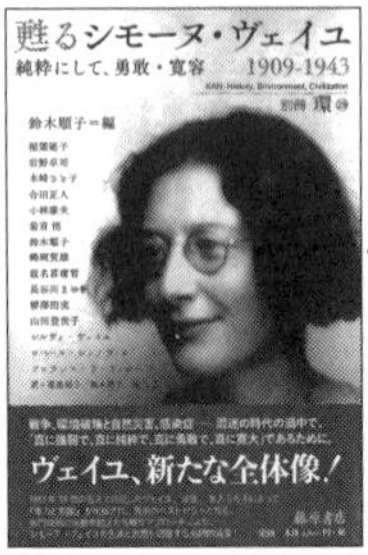

高群逸枝の全貌を描く初の成果！

別冊『環』㉖

高群逸枝 1894-1964〔女性史の開拓者のコスモロジー〕

芹沢俊介・服藤早苗・山下悦子編

〈序〉今、なぜ高群逸枝か？　山下悦子

Ⅰ　高群逸枝の生涯―小伝 高群逸枝　山下悦子／石牟礼道子

Ⅱ　高群逸枝のコスモロジー―作品を通して　芹沢俊介／芹沢俊介＋山下悦子／丹野さきら／石牟礼道子

Ⅲ　高群女性史の成果と課題　南部昇／西野悠紀子／服藤早苗／義江明子／後藤みち子／長島淳子／蔭木達也

Ⅳ　高群逸枝　新しい視点から　尾形明子／岡田孝子／上村千賀子／山下悦子

Ⅴ　高群逸枝は今、どう読まれているか　高良留美子／米田佐代子／棚沢直子／西川祐子＋蔭木達也

世界からのメッセージ　R・ロフタス／A・ゲルマー／佐藤泰子／李煒／S・テナント／ジン・ニウ（蔭木達也編訳）

ゆかりの人びと／作品から／関連年表／関連文献一覧

菊大並製　三八四頁　**三二〇〇円**
（二〇二二年一月刊）
◇978-4-86578-317-9

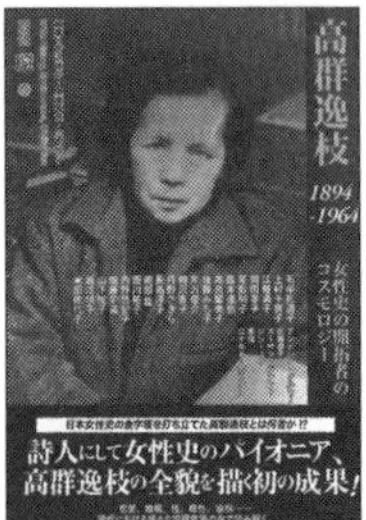

第二次世界大戦前夜の庶民の「感性」

1930年代の只中で〔名も無きフランス人たちの言葉〕

A・コルバン

寺田寅彦・實谷総一郎訳

一九六七年、駆け出し研究者だったコルバンが地方庶民から聴き取った、人民戦線時代（一九三〇年代）における政治観、経済的苦境、近隣国イメージなどの率直な回想。『記録を残さなかった男の歴史』で挑んだ「名も無き庶民の歴史」に、未公刊のオーラルヒストリーから迫る。

四六変上製　二四〇頁　**二六〇〇円**
（二〇二三年一〇月刊）
◇978-4-86578-398-8

PAROLES DE FRANÇAIS ANONYMES
Alain CORBIN

現代文明の根源を問い続けた思想家

イバン・イリイチ

(1926–2002)

1960～70年代、教育・医療・交通など産業社会の強烈な批判者として一世を風靡するが、その後、文字文化、技術、教会制度など、近代を近代たらしめるものの根源を追って「歴史」へと方向を転じる。現代社会の根底にある問題を見据えつつ、「希望」を語り続けたイリイチの最晩年の思想とは。

八〇年代のイリイチの集成

新版 生きる思想

〈反=教育／技術／生命〉

I・イリイチ　桜井直文監訳

コンピューター、教育依存、健康崇拝、環境危機……現代社会に噴出している全ての問題を、西欧文明全体を見通す視点からラディカルに問い続けてきたイリイチの、八〇年代末発表草稿を集成した『生きる思想』を、読者待望の新版として刊行。

四六並製　三八〇頁　**二九〇〇円**

（一九九一年一〇月／一九九九年四月刊）

◇978-4-89434-131-9

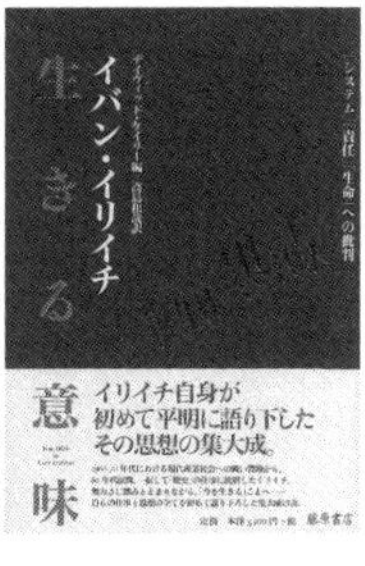

初めて語り下ろす自身の思想の集大成

生きる意味

〈「システム」「責任」「生命」への批判〉

I・イリイチ

D・ケイリー編　高島和哉訳

一九六〇～七〇年代における現代産業社会への鋭い警鐘から、八〇年代以降、一転して「歴史」の仕事に沈潜したイリイチ。無力さに踏みとどまりながら、「今を生きる」ことへ——自らの仕事と思想の全てを初めて語り下ろした集大成の書。

四六上製　四六四頁　**三三〇〇円**

（二〇〇五年九月刊）

◇978-4-89434-471-6

IVAN ILLICH IN CONVERSATON

Ivan ILLICH

「未来」などない、あるのは「希望」だけだ。

生きる希望

〈イバン・イリイチの遺言〉

I・イリイチ

D・ケイリー編　臼井隆一郎訳

「最善の堕落は最悪である」——教育・医療・交通など「善」から発したものが制度化し、自律を欠いた依存へと転化する歴史を通じて、キリスト教-西欧-近代を批判、尚そこに「今・ここ」の生を回復する唯一の可能性を探る。

［序］Ch・テイラー

四六上製　四一六頁　**三六〇〇円**

（二〇〇六年一二月刊）

◇978-4-89434-549-2

THE RIVERS NORTH OF THE FUTURE

Ivan ILLICH

「ことばが失われた」時代に

セレクション

竹内敏晴の「からだと思想」

（全４巻）

四六変型上製　各巻口絵1頁　**全巻計13200円**

単行本既収録・未収録を問わず全著作から精選した、竹内敏晴への入門にして、その思想の核心をコンパクトに示す決定版。各巻に書き下ろしの寄稿「竹内敏晴の人と仕事」、及び「ファインダーから見た竹内敏晴の仕事」（写真＝安海関二）を附す。

（1925-2009）

■本セレクションを推す

木田 元（哲学者）
「からだ」によって裏打ちされた「ことば」

谷川俊太郎（詩人）
野太い声とがっちりしてしなやかな肢体

鷲田清一（哲学者）
〈わたし〉の基《もとい》を触診し案じてきた竹内さん

内田 樹（武道家、思想家）
言葉が身体の中を通り抜けてゆく

1 主体としての「からだ」　◎竹内敏晴の人と仕事１　福田善之

名著『ことばが劈かれるとき』と演出家としての仕事の到達点。

［月報］松本繁晴　岡嶋正恵　小池哲央　廣川健一郎

408頁　**3300円**　◇ 978-4-89434-933-9（2013年9月刊）

2 「したくない」という自由　◎竹内敏晴の人と仕事２　芹沢俊介

「子ども」そして「大人」のからだを問うことから、レッスンへの深化。

［月報］稲垣正浩　伊藤伸二　鳥山敏子　堤由起子

384頁　**3300円**　◇ 978-4-89434-947-6（2013年11月刊）

3 「出会う」ことと「生きる」こと　◎竹内敏晴の人と仕事３　鷲田清一

田中正造との出会いと、60歳からの衝撃的な再出発。

［月報］庄司康生　三井悦子　長田みどり　森洋子

368頁　**3300円**　◇ 978-4-89434-956-8（2014年2月刊）

4 「じか」の思想　◎竹内敏晴の人と仕事４　内田　樹

最晩年の問い、「じか」とは何か。「からだ」を超える「ことば」を求めて。

［月報］名木田恵理子　宮脇宏司　矢部顕　今野哲男

392頁　**3300円**　◇ 978-4-89434-971-1（2014年5月刊）

他者の共同体

他者なき思想

（ハイデガー問題と日本）

浅利誠・荻野文隆編
Ph・ラクー＝ラバルト
芥正彦・桑田禮彰

ハイデガーのナチ加担問題の核心に迫るラクー＝ラバルト『政治という虚構』を出発点に、ハイデガー問題の全容、「日本」という問題の歴史性に迫る。『政治という虚構』のダイジェスト、「国民社会主義の精神とその運命」収録。

A5変上製　三三六頁　**三八〇〇円**
（一九九六年七月刊）
◇978-4-89434-044-2

ハイデガー対リオタール

ハイデガーと「ユダヤ人」

J-F・リオタール
本間邦雄訳

「存在忘却」の偉大な思惟は、なぜ国家社会主義の政治に能動的に参加することができたのか？　〈殲滅〉の事実をなぜ忘却することができたのか？　カントの「崇高」、「無意識的情動」、「法」等、リオタール積年の研究による諸概念を駆使した、初のハイデガー論。

四六上製　二七二頁　**三二〇〇円**
（一九九二年四月刊）
◇978-4-938661-48-9
HEIDEGGER ET《LES JUIFS》
Jean-François LYOTARD

リオタールの到達点

リオタール 寓話集

J-F・リオタール
本間邦雄訳

リオタールが一貫して追究してきた「ポスト・モダン」の思想を平易に俯瞰できるように、九〇年代に書かれた論考、エセーを一篇ごとに丁寧な解題を付し構成した十四篇の寓話集。表象＝再現され得ない「出来事」をひとはいかに感受し得るかを語る、感性の冒険の物語。

四六上製　三一六頁　**三二〇〇円**
（一九九六年一〇月刊）
◇978-4-89434-048-0
MORALITÉS POSTMODERNES
Jean-François LYOTARD

アーレント政治思想のエッセンス

ハンナ・アーレント入門

杉浦敏子

メディア化、大衆化による民主主義のいびつな肥大化が問題視されるなか、ますます評価が高まる女性政治哲学者ハンナ・アーレント（1906–75）。公共性の復権、多様性の擁護、労働の再考等、その思想のエッセンスを説き明かし、現代に甦らせた秀逸のアーレント入門。

四六上製　二二四頁　**二四〇〇円**
（二〇〇二年一一月刊）
◇978-4-89434-314-6